ULLRICH FICHTNER & CORDT SCHNIBBEN (HG.)

BILLIONENPOKER

Wie Banken und Staaten die Welt mit Geld überschwemmen – und uns arm machen

Beat Balzli, Ferry Batzoglou
Klaus Brinkbäumer, Jochen Brenner
Uwe Buse, Manfred Ertel
Hauke Goos, Ralf Hoppe
Frank Hornig, Thomas Hüetlin
Alexander Jung, Ansbert Kneip
Guido Mingels, Christoph Pauly
Christian Reiermann, Christoph Schult
Thomas Schulz, Anne Seith
Alexander Smoltczyk

Deutsche Verlags-Anstalt

FSC
www.fsc.org
MIX
Papier aus verantwortungsvollen Quellen
FSC® C014496

Das für dieses Buch verwendete FSC®-zertifizierte Papier
Munken Premium Cream liefert Arctic Paper Munkedals AB, Schweden.

1. Auflage

Typografie und Satz: DVA/Brigitte Müller
Gesetzt aus der Jenson
Druck und Bindung: GGP Media GmbH, Pößneck
Printed in Germany
ISBN 978-3-421-04576-8

www.dva.de

INHALT

VORWORT

In den tiefen Kellern der Federal Reserve Bank von New York lagert, knapp 7000 Tonnen schwer, die Erinnerung an eine vermeintlich gute alte Zeit. Hinter hellblau lackierten Gittertüren stapelt sich in 122 geräumigen Schließfächern das Gold der Welt, über ein Fünftel des globalen Bestandes, fast 400 Milliarden Dollar wert, gut 550 000 Barren. Sie waren einst das Maß des Geldes, der Urmeter der Währungen, der beruhigende »Gold-Standard« in einem streng regulierten Weltfinanzsystem, der die Verschuldung der Staaten begrenzen sollte. Es gibt keine Tür, es gibt einen 90 Tonnen schweren Stahlzylinder, der sich um 90 Grad drehen lässt. Kein einzelner Mensch kann die Tür öffnen, nur mehrere Beschäftigte zusammen kennen den gesamten Code.

Sechs Stockwerke höher im wuchtigen Haus der »Fed« an der Maiden Lane von Manhattan lässt sich ein Ort begehen, an dem die Finanzierung von Staaten eine recht gemütliche Angelegenheit gewesen zu sein scheint. Eine Schalterhalle belegt die erste Etage des 1924 eingeweihten Kalk- und Sandsteinbaus, die an Bilder von englischen Herren-Clubs erinnert. Gutbürgerliche Ohrenbackensessel stehen auf schimmerndem Specksteinboden vor verzierten Kassenfenstern, an denen die Investoren ihre Geschäfte mit den Vereinigten Staaten von Amerika abwickelten, das ging so bis in die 1980er Jahre.

In der »Fed« kauften und verkauften sie Anleihen, gaben ihrem Land Kredit oder entzogen ihn, sie schlossen Geschäfte ab, zu denen sie persönlich anreisten, die sie handschriftlich niederlegten auf verspielt bedrucktem Papier, in Schatzbriefen, die genauso aussahen, wie ihr Name vermuten lässt. Computerhandel? Kam erst viel später.

Nach dem Zweiten Weltkrieg und bis 1971 konnten die Kunden der Fed und auch sonst alle Teilnehmer am Finanzmarkt ihre Geschäfte machen, ohne groß über den Wert des eingesetzten Geldes nachdenken zu müssen. Ein Dollar war ein Dollar war ein Dollar, sein Wert war im sogenannten System von Bretton Woods klar festgelegt und mit dem Goldpreis fest verkoppelt: Eine Unze Feingold, exakt 31,103 Gramm, entsprach 35 US-Dollar, und dazu setzten die meisten anderen Notenbanken der westlichen Welt ihre Währungen, Gulden, Kronen, Schilling, Lire, Escudos, bald auch die neue D-Mark, in ein fixes Verhältnis.

Es ging darum, die richtigen Lehren aus der Zeit der Weltkriege, aus dem Börsenkrach der 1930er Jahre zu ziehen, die Gefahr von Hyperinflationen künftig auszuschließen, mit einem Wort: das Geld sicherer zu machen, verlässlicher. Zu diesem Ziel hatten sich 1944 die Vertreter von 44 Staaten in Bretton Woods weit im Norden von Neu-England getroffen und obige Formeln gefunden. Sie beförderten zweifellos das europäische Wirtschaftswunder der Nachkriegszeit sowie den Aufbau und die Stabilität der westlichen Welt im heraufziehenden Ost-West-Konflikt.

Ende der 1960er Jahre aber war die Menge der umlaufenden Dollars in aller Welt so groß geworden, dass ihr Wert die Goldreserven der USA gefährlich überstieg. Aus dem Gold- war de facto ein Dollar-Standard geworden, und es krachte im Gebälk von Bretton Woods. Aufstrebende Länder, voran Deutschland, saßen auf völlig unterbewerteten Währungen, schwächere Nationen hatten zu teures Geld. Beschränkt und theoretisch sogar existenziell bedroht vom herrschenden Gold-Standard, suchten die USA, die für den Vietnam-Krieg zudem mehr Geld brauchten als sie Gold hatten, bald nach Auswegen. Sie fanden ihn in der Aufgabe des Systems fester Wechselkurse. Bretton Woods war gescheitert. Aus einem fest gefügten, staatlich kontrollierten Finanzsystem wurde das freie Spiel der Finanzmärkte, schon damals wurden die Kräfte entfesselt, die sich in knapp vier Jahrzehnten potenzieren, bis sie die Welt an den Rand des Abgrunds bringen.

Das Gold der Fed und ihre alte Schalterhalle verloren schnell an Bedeutung. Letztere ist im Herbst 2012 nur noch Kulisse. Sie dient den Beschäftigten als Cafeteria, manchmal werden hier noch Essen und Events veranstaltet, in einem Flügel ist ein Museum eingerichtet. Aber einmal noch im 21. Jahrhundert wurde hier über die Geschicke der ganzen Welt verhandelt: An einem Wochenende im September 2008 versammelten sich Minister, Banker, Konzernchefs und viele Juristen, um über die Schieflage einer Investment-Bank namens Lehman Brothers zu beraten. Daraus wurde Weltgeschichte, an deren Kapiteln seither fortlaufend weiter geschrieben werden muss.

Denn damals begann eine Achterbahnfahrt, die alle durchschüttelt, Banker, Politiker und Manager, Spekulanten und Sparer, Ökonomen und Analysten, vor allem aber Zeitungsleser, Internetsurfer und Fernsehzuschauer, die dem Stakkato der schlechten Nachrichten kaum noch folgen können, ohne an der Vernunft und der Weitsicht der Akteure zu zweifeln. Eine lange Reihe Namen und Begriffe waren und sind zu lernen und zu begreifen, EFSF und ESM und Eurobonds, EZB und IWF, CDS und CDO, es ist tatsächlich eine Buchstabensuppe. Mit Ländernamen, die gestern noch für Urlaub standen, verbinden sich heute multiple Krisen, die das europäische Projekt bedrohen: In Not sind Portugal, Irland, Griechenland, Spanien, zwischenzeitlich zusammen mit dem wackelnden Italien respektlos als »PIGS« abgekürzt, zu schweigen von Ungarn, Zypern, Lettland, aber sie alle haben in ihrer Not unerwartete Gesellschaft bekommen. Frankreich bekommt es mit der Angst zu tun, muss sich reformieren, Deutschland fürchtet um seinen Wohlstand.

Seit jene amerikanische Bank Lehman Brothers im September 2008 kollabierte, sind Billionen Dollar öffentlicher Gelder aufgewendet worden, um den Zusammenbruch des Weltfinanzsystems abzuwenden. Diese Tausende Milliarden Dollar aber reichten nicht, um die Finanzmärkte so zu beruhigen, dass sie wieder so funktionieren, wie sie sollen: als effiziente Netzwerke zwischen den Warenmärkten, als Bindegewebe zwischen Volkswirtschaften. Und mittlerweile dämmert vielen, dass dieser alte Zustand sehr wahrscheinlich nicht wiederherzustellen ist: Die romantische Vorstellung des 20. Jahrhunderts, die Finanzmärkte seien die Diener der Warenökonomie, das ist vorbei. Die Finanzmärkte und ihre Jongleure sind vielmehr aufgestiegen zu den eigentlichen Herrschern der Welt und ihrer Ökonomie, in der Produzenten realer Waren nicht mehr die Hauptrolle spielen.

Die neuen Herrscher sind keine Monster, keine Heuschrecken, keine Blutsauger. Sie sind in der Regel gut gekleidete Herren mit perfekten Lebensläufen und Manieren, die ihr Geld bei nicht mehr als einigen Dutzend weltweit operierenden Banken und Hedgefonds, Pensionsfonds, Versicherungen und Staatsfonds verdienen, deren Geschäfte vorrangig darin bestehen, die Welt mit Geld und Kredit zu versorgen. Sie sind so wichtig geworden für das heutige System, dass Regierungen und Zentralbanken alles daran setzen, und alles daran setzen müssen, um sie auf jeden Fall flüssig zu halten. Das klingt logisch. Aber ist es nicht, bei Licht betrachtet, Wahnsinn?

Die Weltfinanz ist, in ihren systemrelevanten Teilen, mittlerweile so konzentriert und die wenigen Spieler jeder für sich so groß, dass ein einziger Ausfall zum Einsturz des ganzen Gebäudes führen kann. Die Welt hat es staunend erfahren in den vergangenen Jahren: Was zunächst wie irgendeine ferne Krise auf dem amerikanischen Hypothekenmarkt aussah, wurde mittels scheinbar risikoloser Wertpapiere von den Großbanken über den Globus verteilt, infizierte die Portfolien von Anlegern aller Größen und

Klassen und schwächte am Ende die Banken so, dass Staatsgelder nötig wurden, um sie zu stützen.

Die Staaten – seit Jahrzehnten an immer höhere Verschuldung gewöhnt – finanzierten diese Hilfen so lange über Staatsanleihen, bis Banken und andere Anleger so hohe Zinsen für Kredite verlangten, dass sie die Hilfe anderer Staaten brauchten. Und nun hat der Teufelskreis der Schulden den Punkt erreicht, wo die Staaten, die anderen Staaten geholfen haben, schon selber Hilfe brauchen. Am Ende sitzt die ganze Welt in einem Boot.

Es ist nicht nur eine Krise zu beschreiben, es ist vor allem zu beschreiben, wie sich – unbemerkt über Jahre und von innen heraus – das Wirtschaftssystem veränderte, das seit 150 Jahren Kapitalismus genannt wird. Es ist zu beschreiben, wie sich lange für allgemein gültig gehaltene Wahrheiten über die Rationalität von Märkten, über die Symbiose von Markt und Demokratie, über den Einfluss von Politik und Notenbanken auf die Ökonomie, wie all diese Säulen westlicher Weltanschauung in sich zusammensacken.

Am deutlichsten spüren diese Verunsicherung diejenigen, die in den Kommandohöhen von Politik und Wirtschaft entscheiden müssen über Lösungen und Auswege. Und weil sie in ihrer Ratlosigkeit zaudern, treten Organe an ihre Stelle, die nun zu Ersatzregierungen werden: die Notenbanken.

Der Beschluss der Europäischen Zentralbank, unbegrenzt Anleihen europäischer Staaten aufzukaufen, ersetzt politische Lösungen, für die in den Regierungen und Parlamenten der Euro-Staaten im Moment keine Mehrheit zu finden ist. Der Beschluss der amerikanischen Federal Reserve, wieder unbefristet Hunderte Milliarden Dollar in die Märkte zu pumpen, um Wirtschaftswachstum zu stimulieren, erklärt sich aus der Unfähigkeit von Demokraten und Republikanern, sich auf einen Kompromiss zu verständigen zwischen Schuldenbegrenzung und Konjunkturprogrammen. Geld zu drucken ist auf beiden Seiten des Atlantiks die letzte verzweifelte Antwort, also noch einmal – wie in einer Wette – Hunderte von Milliarden zu setzen, in der Hoffnung darauf, dass die Krisenstaaten in Europa wieder zu erträglichen Zinsen Staatsanleihen platzieren können, und in der Hoffnung darauf, dass die Konjunktur in den USA anspringt – obwohl sie trotz niedrigster Zinsen bisher nicht angesprungen ist.

Der Versuch der Staaten, das wankende Finanzsystem zu stützen, hat ihre Abhängigkeit von den Finanzmärkten so erhöht, dass ihre Politik nun von zwei Souveränen bestimmt wird: von den Bürgern und den Gläubigern. Die Gläubiger verlangen Schuldenabbau und die Aussicht auf Wachstum, die Bürger wollen Arbeit und Wohlstand und merken, dass die Regierenden inzwischen mehr auf die Gläubiger hören. Denn die haben den gefährlichen Zins und sie nur den wütenden Protest. Aus einer Finanzkrise ist so eine Krise der Demokratie geworden, die viel existenzieller werden kann als jede Finanzkrise.

Im Spagat zwischen Wählern und Gläubigern suchen Politiker den Rat von Experten, von Ökonomen, die ihnen helfen sollen, das zu verstehen, worüber sie entscheiden müssen. Aus zwei Lagern – das macht die Sache nicht einfacher – bekommen sie Rat, von den Angebotsökonomen und den Nachfrageökonomen. Die einen glauben daran, dass der Staat sich – so weit es geht – aus der Wirtschaft heraushalten soll, dass das Wachstum der Wirtschaft vor allem über wachsende Gewinne der Unternehmen, also über niedrige Löhne, niedrige Steuern und Abgaben zu stimulieren ist; die anderen sind davon überzeugt, dass die Marktkräfte immer wieder Krisen verursachen und der Staat deshalb durch steigende Ausgaben den Ausfall privater Nachfrage ausgleichen muss.

Der Ökonom John Maynard Keynes entwickelte diese nachfragestimulierende Wirtschaftspolitik als Antwort auf die Weltwirtschaftskrise nach 1929, bis in die siebziger Jahre bestimmte sein

Denken die Politik der westlichen Staaten. Weil hohe Inflationsraten und gleichzeitig steigende Arbeitslosenzahlen Zweifel an der Nachfragetheorie schürten, gewann der angebotsorientierte Monetarismus des Chicagoer Professors Milton Friedman Einfluss auf die Wirtschaftspolitik vieler Staaten: Über die Begrenzung der Geldmenge soll der Staat die Inflation bekämpfen, schuldenfinanzierte Staatsausgaben seien das Hauptübel, über niedrige Steuersätze soll der Staat Wirtschaftswachstum fördern und so seine Steuereinnahmen erhöhen.

Bis heute konkurrieren beide Auffassungen miteinander: Wenn sich der Bundesbankpräsident Jens Weidmann dagegen wehrt, dass die EZB Staatsanleihen aufkauft, dann argumentiert er monetaristisch; wenn der französische Präsident auf Wachstumsprogramme drängt, dann argumentiert er keynesianisch. Der häufige Machtwechsel in westlichen Staaten zwischen neoliberalen, konservativen und linken, sozialdemokratischen Kräften hat in den letzten Jahrzehnten mal die eine, mal die andere Auffassung an die Macht gebracht und so die Staatsverschuldung nach oben getrieben: Die einen haben die Einnahmen des Staates reduziert, die anderen haben seine Ausgaben erhöht. Manche taten beides.

Bis zum Finanzcrash 2008 dominierten in den westlichen Staaten die Angebotspolitiker. Um einen Zusammenbruch der Weltwirtschaft zu verhindern, legten sie allerdings Konjunkturprogramme von Hunderten Milliarden Dollar und Euro auf und ließen Keynes wieder auferstehen.

Im Moment herrscht ein ratloses Patt zwischen Keynes und Friedman: Unternehmer kommen so billig wie nie an Kredite, die Zinsen sind auf Tiefststand, doch in den USA investieren die Unternehmer nicht so, wie in der Theorie erwartet. Aber keynesianische Konjunkturprogramme sind nicht mehr zu finanzieren, noch mehr Verschuldung würde noch mehr Staaten endgültig zu Krisenstaaten machen.

Es ist an der Zeit, den Teufelskreis der letzten vier Jahre so zu beschreiben, dass der Leser Ursachen und Wirkungen begreift und mögliche Auswege erspähen kann. Deshalb folgt dieses Buch einem simplen Gedanken: zu beschreiben und zu erklären, wie die Welt – um es mit Helmut Schmidt zu sagen – so »in die Scheiße geritten« werden konnte. Und wie sie da womöglich wieder herausgeritten werden kann.

So einfach dieser Gedanke ist, so schwierig ist allein die Beschreibung der globalen Finanzmärkte. Um verstehen zu können, wie die Märkte zunächst die USA und die Weltwirtschaft, dann den Euro und die europäischen Staaten an den Abgrund getrieben haben, muss man verstehen, wie sie funktionieren und warum sie so mächtig geworden sind in den letzten beiden Jahrzehnten.

Im ersten Kapital beschreiben wir das Ineinandergreifen der Finanzmärkte am Beispiel von acht Bankern, Hedgefondsmanagern, Devisenhändlern und Fondsverwaltern. Ihr Wirken ist, logischerweise, darauf gerichtet, die ihnen anvertrauten Vermögen zu mehren, woraus ihnen kein Vorwurf zu machen ist. Festzuhalten bleibt aber auch, dass ihr jeweils individuelles Tun dem kollektiven Gemeinwohl nicht unbedingt dient – woraus sich Fragen an die Politik und die Behörden der Finanzaufsicht ableiten.

Das Wirken der acht Finanzmarktakteure schildern wir vor dem Hintergrund der sich dramatisch zuspitzenden Eurokrise im Dezember 2011. Das Kapitel dokumentiert die Vorgänge mehrerer Wochen im Vorfeld eines der vielen politischen Gipfel. Der Leser dieses Kapitels versteht, wie sich Finanzmanager am Markt bewegen, wie dieser Markt strukturiert ist, nach welchen Kriterien die Teilnehmer urteilen, wie sie zu ihren Entscheidungen kommen und durch ihr Handeln Druck auf politische Entscheidungen entwickeln. Auf den Märkten für Staatsanleihen etwa entscheidet sich das Schicksal des Euro und – wenn man Angela Merkel glauben will – auch das Schicksal Europas.

Im zweiten Kapitel wird erzählt, wie aus einer eigentlich kraftvollen, visionären Idee – die Einheit Europas – eine neue europäische Tragödie werden konnte, die nicht nur Griechenland, sondern im Fortgang alle Euro-Staaten bedroht. In diesem Kapitel wird anschaulich, wie die Staaten selbst an der Schuldenspirale drehten, wie sie sich immer weiter von den Realitäten ihrer Einnahmen entfernten und warum sich das Epizentrum der globalen Finanzkrise von den USA nach Europa verschoben hat.

Griechische und deutsche Finanzminister kommen zu Wort, Gründerväter des Euro, Profiteure und Gauner und amerikanische Ökonomen, die die ganze Konstruktion von Anfang an für romantisch hielten. Haben sich die Euro-Europäer die Welt schöner geredet, als sie ist? Haben die Regierungen die Haushalte ihrer Länder sehenden Auges ruiniert, nur um sich mit immer neuen Geschenken an der Macht zu halten?

Die Vehemenz, mit der die Verschuldung der Euro-Staaten die Finanzmärkte beschäftigt, ist nur zu verstehen, wenn man sie begreift als nächste Phase einer Kreditblase, die zunächst in den USA platzte. Das dritte Kapitel schlägt deshalb den Bogen zurück nach Amerika, zu den Anfängen der Krise. In Europa waren es vor allem Staaten, die sich unverantwortlich verschuldeten, in den USA waren es der Staat und die Konsumenten gleichermaßen. Tatsächlich wüchse die amerikanische Volkswirtschaft nicht mehr, wenn der – auf Schulden gebaute – Konsum nachließe. Das US-Wachstum der Vorkrisendekade, durchschnittlich drei Prozent, ist anders nicht zu erklären: Denn obwohl die Durchschnittslöhne in Amerika sanken, stiegen die Konsumausgaben, finanziert gewissermaßen durch Millionen kleiner Keynes, die agierten, als wären sie die Finanzminister ihres eigenen Staates und verordneten sich ein schönes Konjunkturprogramm.

Lange ging das gut, zumal der Kapitalismus, dieses einfallsreichste Wirtschaftssystem der Geschichte, einen Ausweg gefunden zu haben schien aus dem großen Dilemma des Systems, nämlich Geld nur vermehren zu können, wenn man es in einen Produktionsprozess steckt, der Waren hervorbringt, die sich mit Profit verkaufen lassen. Es ging auch anders: Wer sein Geld – über die Banken – in die Finanzierung von Konsum- und Immobilienkrediten steckt, erspart sich die umständliche Investition in Fabriken. Auf dieser Idee basierte letztlich die in den USA entwickelte, zunächst hochprofitable Anlageform: Man nahm Hypotheken zahlungsschwacher Hausbesitzer, viele davon, »verbriefte« sie zu Wertpapieren und hatte damit, so dachte man, eine neue, risikolose Anlage.

Im dritten Kapitel schildern wir, wie irrig diese Annahmen waren und wie sich die tatsächlich hochriskanten Anlagepapiere an der Wall Street vermehrten; wie sie die Welt überschwemmten, wie sie bis in deutsche Kirchengemeinden und die Portfolios deutscher Kleinanleger vordrangen, weil deutsche Banken und Sparkassen sie ihren Kunden als risikolose Geldanlage verkauften. Es war, in den neunziger Jahren, die Boomphase der Finanzmärkte, die Zeit, als Politiker sich von der Deregulierung Wachstumsimpulse für die Volkswirtschaften versprachen, und jeder, der widersprach, als ewig gestrig galt. Die Modernisierer folgten dem Rat neoliberaler Ökonomen und dem Lob der Gier: die Märkte zu entstaatlichen, Staatskonzerne zu privatisieren, Steuern zu senken, den Sozialstaat zu beschneiden.

Warum viele Regierungen diese Entfesselung förderten, zuließen und so lange nichts unternahmen, bis es zu spät war, ist nicht nur von historischem Interesse, sondern ist wichtig, um die Chancen zukünftiger Regulierung zu beurteilen. Ein Jahrzehnt lang profitierten Anleger, Konsumenten, Hausbesitzer und Unternehmer rund um den Globus von der wundersamen Methode der Geldvermehrung. Volkswirtschaften wie die von Deutschland und China profitierten, Börsianer, Banker, Manager und Politiker. Der Kapitalismus schien in eine neue Phase der sicheren Prosperität zu treten.

Im Blick zurück, nach dem Zusammenbruch dieser seltsamen Kettenbriefwirtschaft, schaut man nun staunend und ehrfürchtig, gegruselt und befremdet auf das weitverzweigte digitale Netzwerk, das wie aus sich selbst heraus die Welt überzogen hat mit Geld- und Kreditströmen. Vielleicht sind doch Monster am Werk? Oder ein einziges, riesengroßes? Gibt es die »Superblase«, von der der Spekulant, Milliardär und heutige Menschenfreund George Soros spricht, eine Art Tsunami aus ausstehenden Krediten?

Eine Blase von enormer Größe ist in jedem Fall zu bestaunen, und sie ist das Grundproblem der Finanzmärkte heute. Es geht nicht um Gier oder menschliches Versagen, sondern um viele vagabundierende Billionen, deren Besitzer nicht daran denken, sie wie noch im 20. Jahrhundert in arbeitsplatzschaffende Fabriken zu stecken, sondern die nach immer neuen Wegen suchen, Geld mit Geld zu machen. Keine Branche ist deshalb heute so kreativ und mit so vielen kreativen Köpfen bestückt wie die Finanzmärkte. Und selbst wenn es den Regierenden gelingen sollte, die Finanzmärkte transparenter zu machen und sie besser zu regulieren, bleibt diese Urgewalt des herumirrenden Geldes. »Die Innovationskraft der Finanzmärkte«, sagt der deutsche Finanzminister Wolfgang Schäuble, »ruiniert die Märkte«.

Entstanden ist daraus die wilde Achterbahn unserer Zeit, ein manisch-depressives System, dessen Aufs und Abs seit den 1990er Jahren immer schneller aufeinander folgen. Mexiko- und Russland-Krise, Argentinien, Japan, Südostasien-Crash, Aufstieg und Absturz der New Economy, Aufstieg und Absturz des Subprime-Marktes, Aufstieg und Absturz des Staatsanleihemarktes – immer größere Krisen produziert die spekulative Macht, obwohl Ökonomen und Politiker warnen und mahnen, obwohl sie, manchmal, neue Gesetze beschließen, obwohl Weltgipfel und G-20-Staaten tagen; es ist beunruhigend.

Der Kapitalismus hat eine Entwicklungsstufe erreicht, in der Geld mehr Ware als Zahlungsmittel geworden ist: mit Devisen, Schulden, Krediten lässt sich heute einträglicher handeln als mit Industrieprodukten, und das finden nur die verwerflich, die glaubten, der Sinn der Marktwirtschaft sei die optimale Versorgung der Menschen mit Arbeit und Brot. Der Sinn der Marktwirtschaft ist die Vermehrung von Geld, und es stellt sich die drängende Frage, wie verhindert werden soll, dass der finanzgetriebene Kapitalismus immer wieder durch spekulative Blasen die Weltkonjunktur in Krisen stürzt.

Wie drängend diese Frage ist, belegt ein Vergleich der Zeiten: Das globale Finanzvermögen lag 1980 bei 12 Billionen Dollar und hat sich bis 2011 auf weit über 200 Billionen Dollar vervielfacht. Die Finanzvermögen sind mittlerweile dreimal so hoch wie die Weltproduktion von Gütern und Dienstleistungen.

Von den Regierenden der Welt zu verlangen, den finanzgetriebenen Weltkapitalismus ins vorletzte Jahrzehnt zurückzuzwingen, ist Unsinn. Die vagabundierenden Billionen sind in der Welt, sie suchen nach Rendite, und wie ernsthaft die Regierenden sie daran hindern werden, ob ihnen weiter erlaubt wird, »die gesamte Wirtschaft aufs Spiel« zu setzen, wie US-Präsident Barack Obama am Beginn seiner Amtszeit sagte, das wird sich in den kommenden Jahren zeigen.

Im vierten Kapitel beschreiben wir, warum Regierungen kein Gegengewicht sind zu den Akteuren auf den Finanzmärkten, sondern deren Kunden. Sie brauchen die Märkte, um staatliches Handeln finanzieren zu können. Fast alle Regierungen müssen regelmäßig Anleihen verkaufen, sie brauchen Banken, Hedgefonds, Versicherungen und Pensionsfonds, die für zwei, drei oder fünf Prozent Zinsen bereit sind, den Staaten immer wieder Geld zu leihen.

Wir beschreiben die Abhängigkeit der Staaten von den Finanzmärkten, die in den letzten Jahren zugenommen hat, weil Billionen neuer Schulden nötig waren, um die Großbanken und das globale Finanzsystem vor dem Kollaps zu bewahren. Für Länder wie Italien, Spanien, Portugal ist es nach wie vor schwierig, zehnjährige Anleihen zu platzieren, es sei denn, sie zahlen Zinsen zwischen fünf und sechs Prozent, die wiederum zu höherer Staatsverschuldung führen. Es ist in der Tat ein Teufelskreis.

Jahrzehntelang waren die Finanzmärkte ein scheinbar unerschöpfliches Reservoir für die staatliche Verschuldungspolitik, nun aber wirken sie wie ein unerbittliches Korrektiv. Regierungen bekommen nur noch neue Kredite, wenn ihre Politik überzeugend auf Schuldenabbau und Wirtschaftswachstum ausgerichtet ist. Wie ein globaler Sachverständigenrat zensieren Ratingagenturen die Politik demokratisch gewählter Regierungen, und wenn sie nicht reagieren auf die Zuckungen der Märkte, können sie stürzen.

Die Banken in die Schranken zu weisen und als Geldgeber trotzdem zu behalten, ist Teil der heutigen Herausforderung. Schulden abzubauen und trotzdem Wirtschaftswachstum zu stimulieren, ist die komplizierte Aufgabe der Euro-Regierungen und der US-Regierung – Griechenland liefert unschöne Bilder für den Fall, wenn es misslingt.

Für das vorliegende Buch brauchte es ein Team von 21 Reportern, um das Geflecht der Finanzmärkte zu durchdringen, die Genesis der Finanzkrise zu recherchieren, um ihren amerikanischen Ursprung ebenso gründlich zu durchleuchten wie die europäische Staatsschuldenkrise. Entstanden ist eine akribische und anschauliche Gesamtschau eines globalen Geldbebens, dessen Ausgang noch nicht abzusehen ist. Festzuhalten ist jedoch die Erkenntnis eines Mannes, der weiß, wovon er spricht: »Eigentlich ist es gut, dass die Menschen unser Bank- und Geldsystem nicht verstehen. Würden sie es nämlich, so hätten wir eine Revolution vor morgen früh.« Formuliert hat diese Einsicht einer, der etwas vom Gelderdienen verstand, der Auto-Milliardär Henry Ford.

KAPITEL I

DAS GELDBEBEN

Wie die Finanzmärkte regieren

Der texanische Hedgefonds-Manager Kyle Bass ist ein Geisterfahrer der Märkte, der als Einziger die richtige Richtung kennt, während der große Gegenverkehr mit Tempo 200 immer neuen Abgründen entgegenrast. Bass bog zum ersten Mal vor fünf Jahren vorsätzlich falsch ab, als alle Welt noch glaubte, mit faulen Immobilienkrediten Gewinne machen zu können. Er dagegen setzte ein paar hundert Millionen Dollar darauf, dass die Subprime-Blase platzen würde. Dann, Mitte 2008 schon, als noch als wahnsinnig galt, wer den Bankrott eines europäischen Staats für denkbar hielt, schwamm er wieder gegen den Strom, wettete lange vor der Zeit gegen Europas überschuldete Nationen und fand neuerlich die Quelle für sagenhafte Gewinne. Ist Kyle Bass ein Spekulant? Ein Schurke der verfluchten Märkte? Oder ein Genie?

Die Büroflucht seiner Firma Hayman Capital Partners liegt hoch in einem bläulich verglasten 14-Geschosser am Rand von Downtown Dallas, aus den Fenstern seines Eckbüros sieht Amerika aus, kitschig verziert, wie eine der neureichen Neustädte Chinas. Bass ist der formlose Typ, er trägt Cowboystiefel, bei der Begegnung knabbert er an einem Eis in der Waffel, auf Regalbrettern stehen Fotos, die ihn mit George W. Bush zeigen. Er fühlt sich nicht sonderlich wohl in seiner Haut. »Die besten Jahre sind vorbei«, sagt er, »das waren die Zeiten, als wir alle gute Geschäfte gemacht haben. Du willst nicht der Einzige sein, dem es gutgeht, wirklich nicht, es macht keinen Spaß.«

Er betreibt seine Geschäfte mit Ernst und Eifer, im Grunde wie ein Forscher der Finanzmärkte. Bass' Tage vergehen im Wesentlichen damit, Statistiken zu ermitteln, zu lesen und zu verstehen, aus Zahlenkolonnen korrekte Schlüsse zu ziehen und dabei weitgehend zu ignorieren, wie die Kollegen, wie die Politik und die Medien die Lage auf den verschiedenen Märkten beurteilen. »Es macht mich verrückt, wie die Wahrheit verkannt und verschleiert wird«, sagt Bass. »Die Wahrheit dient den Mächtigen nicht, aber es muss jemand aufstehen und sie aussprechen: Wir haben da draußen den größten Schuldenberg, der in der gesamten Weltgeschichte zu Friedenszeiten je aufgehäuft worden ist. Es wird einen nie dagewesenen Erdrutsch geben. Und der einzige Ausweg in Europa, in der Welt ist ein brutaler Schuldenschnitt.«

Bass blättert Mappen mit Schaubildern auf, vertrauliche Papiere, die sonst nur seine Investoren zu sehen bekommen. Ihre Botschaft ist erschütternd. Ein Diagramm setzt, nach Ländern gegliedert, die im jeweiligen Bankensektor vorhandenen Vermögenswerte und die Staatsverschuldung ins Verhältnis zu den staatlichen Einnahmen.

Es ist eine Art Gesamtrechnung der Verbindlichkeiten, die auf die Staaten zukämen, wenn sie alle ihre Banken retten müssten, ein Szenario für den äußersten Krisenfall. Bass' Finger gleiten über die Grafik, eine Reihe blauer Säulen: In Irland übersteigt die Summe der Bankvermögen, für die der Staat womöglich eintreten müsste, und der Staatsschulden die Einnahmen um das 40fache. In Japan um mehr als das 35fache. Im schlimmsten Fall 17fach überschuldet wäre die Schweiz, die USA 16fach, Großbritannien 14fach, Spanien 11fach, Deutschland 9fach.

»Irland und Japan liegen so weit jenseits aller Schmerzgrenzen«, sagt Bass, »da ist nichts mehr zu reparieren. Da hilft nur noch beten.« Und seine Firma Hayman Capital sucht derweil nach Wegen, aus den Schieflagen Kapital zu schlagen, asymmetrische Geschäfte zu finden, das heißt: mit möglichst wenig Einsatz möglichst viel Gewinn zu machen.

»Warum soll es unmoralisch sein«, sagt Bass, mit Schärfe in der Stimme, »gegen Länder zu wetten, deren Regierungen jahrelang in geradezu idiotischer Weise Schulden gemacht haben? Und warum soll ich, ein kleiner Fondsmanager aus Dallas, Texas, daran schuld sein, dass Europa seine Billionenschulden nicht in den Griff kriegt? Das ist absurd! Es ist lächerlich! Die Regierungen haben in ganz großem Stil Mist gebaut, und nun zeigen sie mit dem Finger auf andere. Forget it. Die Politik versagt. Nicht die Märkte versagen.«

Die Märkte – keine Adresse wäre schwammiger als diese. Und doch wird sie ständig genannt, wenn Schuldige oder wenigstens Verantwortliche für die dramatische Lage des Augenblicks dingfest gemacht werden sollen. In allen Zeitungen steht es derzeit, in allen Sprachen wird es wiederholt: Die Märkte, »the markets«, »les marchés« sind enttäuscht von Gipfeln, die Märkte hoffen, drohen, bestrafen. Es sind Schlagzeilen wie über eine große Schlacht, die über den Globus tobt, über einen Feldzug offenbar monströser Mächte gegen Menschen, Länder und deren Regierungen.

Ein Gespenst geht um in Europa, es ist das Gespenst der Märkte. Sie alle, jahrzehntelang gefeiert als eine sich selbst regulierende Wundermaschine, die Wohlstand produziert, als Ausdruck kollektiver Vernunft auch, stehen als unheimliche Bedrohung da. Die Völker starren auf sie voller Angst und Zweifel, voller Fragen, die ihnen ihre Regierungen – ratlos wie sie selbst – nicht mehr beantworten.

Wie kann es sein, dass die Staaten den Banken Milliarden leihen, nur um sich bei denselben Banken zu verschulden?

Wie kann es sein, dass ein einziger Finanzmarkt zehnmal so groß ist wie die Wirtschaftsleistung der gesamten Welt?

Stimmt der Vorwurf der Politik, »die Märkte« trieben mutwillige Spekulationen mit Europa?

Warum ist es den Regierungen nicht gelungen, die Macht der Finanzmärkte zu beschneiden?

Wer Antworten sucht, muss Akteure der Finanzmärkte durch deren Geschäftsalltag begleiten, was wir auf einem der Gipfel im Gebirge dieser Krise getan haben. Es geht zurück in den Winter 2011, in dramatische Wochen, in denen Regierungen stürzten und viel wütendes Volk auf der Straße war; Wochen, in denen die Märkte hysterische Bocksprünge vollführten, in denen die Zentralbanken der Welt nach Monaten des Zuwartens plötzlich den großen Hammer schwangen. Es waren Wochen, die zuliefen auf ein Datum: den 9. Dezember 2011.

Für jenen Tag war in Brüssel neuerlich ein Befreiungsschlag angekündigt, ein weiterer Gipfel der Geldrettung, eine Konferenz der Staats- und Regierungschefs, die Kompromisse suchten, um dem vereinten Europa Zukunft zu geben. Diesmal aber wollten sie, mussten sie ihre oft als müde empfundene Routine brechen, voran Bundeskanzlerin Angela Merkel und Frankreichs Präsident Nicolas Sarkozy, diesmal wollten sie Nägel mit Köpfen machen. Es sollte darum gehen, die Lücken der alten EU-Verträge zu beseitigen, ein neues Vertragswerk auf den Weg zu bringen, um den entscheidenden Geburtsfehler Euro-Europas zu beheben: eine Währungsunion ohne politische Union geschaffen zu haben, eine Art Amerika, aber ohne das zugehörige Washington, ein Bündel Länder, aber ohne Bundesgesetze, geschweige denn eine europäische Bundesregierung.

Die Lage damals, im Dezember 2011, erforderte eine schnelle, entschlossene Reaktion. Wie in den Monaten nach der Lehman-Pleite drei Jahre zuvor, herrschte Eiszeit auf dem Interbanken-Markt, die Banken trauten sich untereinander nicht mehr über den Weg, verweigerten sich gegenseitig die existenznotwendigen Kredite, und sie entzogen der Realwirtschaft die Mittel für Investitionen und Geschäfte. Wieder, wie während des Krachs an der Wall Street, musste um die Funktionstüchtigkeit der Weltwirtschaft in Gänze gefürchtet werden – und in diesen Wirbeln steckte auch Europa und sein historisches Projekt einer Union, in einem scheinbar unaufhaltsamen Zerfallsprozess. Das Treffen in Brüssel, das war die Hoffnung, müsste eine Wende bringen, wenigstens ein Signal zum Aufbruch, neue Ideen, politische Zuversicht.

Aber auch dieser Gipfel scheiterte. Statt einer Einigung auf neue Verträge musste eine Spaltung der Union der 27 festgestellt werden, Großbritannien verhinderte jede neue Vertragsdebatte, stellte sich undiplomatisch garstig quer, und so blieb nur die laue Absicht übrig, dass sich die Euro-Zone der 17 neue Regeln geben und mit einigen weiteren EU-Ländern »in Richtung« einer »Fiskalunion« gehen wolle.

Die Tünche des politischen Selbstlobs konnte damals nicht überdecken, dass Europas Führer neuerlich damit gescheitert waren, den Märkten Klarheit darüber zu verschaffen, wie die Schuldenkrise zu bewältigen wäre. Stattdessen gab es eine 180-Grad-Wende zu bestaunen: Was »Merkozy« beim berüchtigten Strandspaziergang von Deauville ein gutes Jahr zuvor verabredet hatten – etwa private Gläubiger im Fall von Staatsbankrotten einzubinden, keine automatischen Strafen für Schuldenmacher –, galt nun schon wieder nicht mehr. Den Banken wurde in jenem Dezember 2011 zugesichert, künftig nicht noch einmal einen Teilverlust ihrer Kredite an Staaten hinnehmen zu müssen. Banken waren und sind stets die Gewinner der politischen Prozesse, die sich um die große Finanzkrise ranken.

Aber das Bild ist uneinheitlich, und als wir in den beiden Wochen vor dem Dezember-Gipfel Akteure der Finanzmärkte begleiteten, war die Unruhe über den politischen Wirrwarr zu spüren, war das unschlüssige Auf und Ab der Märkte in aufgewühlten Zeiten hautnah zu erleben: Drei Wochen vor dem Gipfel ging es abwärts, zwei Wochen vor Brüssel dümpelten die Märkte, bis eine dramatische Intervention der Notenbanken – ähnlich einer Injektion ins Herz – die Kurse abrupt nach oben trieb und bald alles nur noch auf den Krisengipfel zulief.

Das Wechselspiel zwischen den Finanzmärkten und den politischen Märkten intensiviert sich vor und nach politischen Gipfeln: Als wollten die Finanzmärkte vor einem Euro-Gipfel oder dem Treffen der G-20-Staaten den Regierenden einflüstern, was sie beschließen sollten, so agieren die Akteure auf den Märkten und formulieren in den Kursen die Erwartungen. Ist ein Gipfel vorbei, dann lässt sich an den Börsen am Morgen danach sofort ablesen, ob die Erwartungen erfüllt wurden.

Wir begleiteten einen Investor, der für Versicherungsgesellschaften nach sicheren Anlagen sucht auf den Märkten für Staatsanleihen. Wir verfolgten die Tagesarbeit in einem großen Aktienfonds, dessen Chef mit Informationen jongliert. Und wir beschreiben die Arbeit eines hochrangigen Derivate-Händlers, der an der New Yorker Wall Street jeden Tag Milliarden bewegt, und die Routine eines Bremer Devisen-Händlers, der Mittelständlern Dollar, Yen und Franken besorgt.

In der Bundesbank wurden wir Zeugen, wie die Ökonomen alles dafür tun, damit die deutschen Banken aus ihrer Angststarre erwachen. In der Bundesanstalt für Finanzdienstleistungsaufsicht hatte der Chef besonders die Schattenbanken im Visier. Hedgefonds-Manager Kyle Bass schließlich hatte den bösen Part, er machte aus den Schulden der Staaten große Gewinne.

Wer mit diesen Insidern sprach, ihr Tun beobachtete, wurde Augenzeuge einer Wette, die Europa verändert: An den Märkten wurde damals auf den Untergang der Euro-Zone gewettet, und diese Wette läuft noch immer.

Dahinter steckt kein Plan, keine Verschwörung, noch nicht einmal Absicht. Die Richtung ergibt sich vielmehr aus der Analyse der Situation und den Notwendigkeiten täglicher, manchmal sekundenschneller Entscheidungen, die die Akteure auf den Finanzmärkten fällen, um im Geschäft zu bleiben. Von diesen Entscheidungen, von ihren Bedingungen und ihren teils hochkomplexen Gegenständen erzählt dieses Kapitel. Es geht darin auch exemplarisch um die Zukunft und vielleicht um das jähe Ende des historischen Projekts eines vereinten Europa, und es geht darum, was es eigentlich heißt, wenn zu lesen steht, dass Märkte Politik machen.

MONTAG, 21. NOVEMBER 2011, NOCH 18 TAGE BIS ZUM EURO-GIPFEL

Peking, Bürogebäude in der Financial Street (Anleihemarkt)

Eigentlich sitzt Reiner Back, Vermögensverwalter bei der MEAG, im Münchener Bankenviertel, eigentlich ist der 51-Jährige für Dutzende Versicherungen auf dem Markt für Staatsanleihen unterwegs; an diesem besonderen Montag jedoch sitzt er in Peking und hält einen Vortrag.

25 chinesische Vermögensverwalter, Geschäftspartner der MEAG, wollen hören, was in Europa los ist, warum der Bond-Markt verrücktspielt.

Der Bond-Markt hat Silvio Berlusconi verjagt. Er hat die Regierungschefs Georgios Papandreou und José Luis Rodríguez Zapatero aus den Ämtern getrieben. Der Bond-Markt ist der Böse, wenn Politiker zusammenkommen, um ihre Finanzen zu retten. Der Bond-Markt, so steht es dauernd in der Zeitung, so sagen sie es im Fernsehen, »schöpft Verdacht«, er »wird misstrauisch«, er lässt »sich nicht beruhigen«, er »weicht nach Asien aus«, er »flieht Europa«. Er ist der große Unbekannte.

Back leitet die Rentenmarktabteilung der MEAG. Das ist die Vermögensverwalterin der Ergo und des Versicherungskonzerns Munich Re, des weltgrößten Rückversicherers. 170 Milliarden Euro hat Back im Portfolio, er ist der Spezialist für Bonds, zu Deutsch: Obligationen oder Rentenpapiere, in der deutschen Debatte heißen sie meistens Staatsanleihen.

Staaten finanzieren sich, indem sie großen Investoren Anleihen verkaufen, verzinste Schuldpapiere. An der Höhe der Verzinsung lässt sich ablesen, wie es um die Kreditwürdigkeit eines Landes steht. Je höher der Zins, desto schlechter die Lage. Reiner Back ist in Peking, auch weil die Lage sehr schlecht ist. Seit dem Schuldenschnitt für Griechenland ist auf dem Anleihemarkt nichts mehr sicher.

»Die gegenwärtige Krise ist eine Situation, die eine Eigendynamik entwickelt …«, mit diesen Worten fängt er seinen Vortrag an. Er ist jetzt nicht mehr Deutscher, sondern Europäer. Es wäre gut, wenn chinesische Vermögensverwalter einen Teil ihres Kapitals in europäische Staatsanleihen stecken würden. Aber kann Back ihnen dazu raten?

Dieser Montag ist nicht irgendein Montag. Genau ein Jahr zuvor hatte Irland als erstes Euro-Land Hilfe aus dem Rettungsfonds beantragt. Es war der Beginn einer Abwehrschlacht der europäischen Regierungen gegen die Märkte, vor allem gegen den Bond-Markt. Irland konnte damals seine 8-jährigen Anleihen nur noch mit einem Zinssatz von sechs Prozent verkaufen, schlüpfte unter den Rettungsschirm, um den drohenden Bankrott zu verhindern.

Seither eilen die Euro-Regierungen von einem Krisengipfel zum anderen, und nach draußen versichern sie den Anlegern der

Bond-Märkte, dass es sich lohnt, Staatsanleihen aus Europa zu kaufen. Der Verkauf gelingt vielen nur noch, indem sie immer höhere Zinsen bieten, die die Schuldenlast so stark erhöhen, dass die Länder in Zukunft unregierbar werden. Seit aber Banken und andere Gläubiger zum angeblich freiwilligen Schuldenschnitt in Griechenland gezwungen wurden, seit die Hälfte ihrer etwa 200 in griechischen Staatsanleihen angelegten Milliarden Euro in Rauch aufgegangen sind, sind sie in eine Art Käuferstreik getreten.

Auch Backs Abteilung bei der MEAG hat die Order bekommen, sich bei Zukäufen vom Staatsanleihenmarkt Europas bis auf weiteres möglichst zurückzuhalten.

Die 25 Chinesen hören dem Gast aus Deutschland höflich zu. Es kommt nur eine einzige Nachfrage: »Mr. Back, wird die Europäische Zentralbank in größerem Maß die Papiere der Krisenstaaten aufkaufen?« Die Chinesen stellen die wichtigste Frage dieser Tage. Sie haben alles verstanden. Back weiß keine Antwort.

Frankfurt, Zentrale der Vermögensverwaltung DWS (Aktienmarkt)

Thomas Schüßler hat eigentlich Physik studiert und nur »nebenbei« Volks- und Betriebswirtschaft, trotzdem verwaltet er heute den Aktienfonds »DWS Top Dividende«, einen der größten Fonds Europas. Er ist an diesem Montag gegen halb neun in seinem Büro, und alles deutet auf eine turbulente Woche hin, schon wieder. Die Rating-Agentur Moody's warnt vor Risiken im französischen Finanzsystem, die Weltbank vor einer globalen Krise.

Schüßler ist 45 und gleich für mehrere Fonds der DWS verantwortlich. Die Tochter der Deutschen Bank ist Deutschlands größte Fondsgesellschaft, und mit mehr als 250 Milliarden Euro an verwalteten Geldern zählt sie weltweit zu den zehn größten Anbietern am Markt.

Schüßler, ein schlanker, langer Mann, hat den leicht nach vorn gekrümmten Gang von Leuten, die Probleme mit dem Rücken haben, sein zehnköpfiges Team führt er von einem Schreibtisch aus, der rechts hinten in einer Ecke des Großraumbüros steht.

An diesem Montagmorgen holt er sich zuerst die Bloomberg-Nachrichten auf den Schirm. Er hat am Wochenende nicht auf die Nachrichten geschaut, »aus Prinzip«. »Die Strategie, die wir fahren, setzt auf Langsamkeit«, sagt er. Er zwingt sich, in großen Linien zu denken, er will sich nicht vom Tagesrauschen der Kurse und Meldungen verrückt machen lassen. »Schneller als der Markt sein zu wollen ist keine gute Strategie.«

Märkte, das sind zum einen die Handelsplätze, auf denen Güter, Dienstleistungen, Rohstoffe, Immobilien und Arbeitskräfte gehandelt werden; zum anderen sind es jene Märkte, auf denen Devisen, Aktien, Staatsanleihen und Derivate gehandelt werden, die vielschichtigen strukturierten Finanzprodukte.

Die längste Zeit hatten die Finanzmärkte die Aufgabe, den anderen Märkten zu dienen: Sie verkauften einem Unternehmer Devisen, der im Ausland eine Maschine kaufen wollte. Unternehmen gaben Aktien und Anleihen aus, um sich bei Anlegern Kapital für Investitionen zu besorgen, die Staaten ebenso. Aber seit den achtziger Jahren entwickelten die Finanzmärkte ein immer größeres Eigenleben.

Zum einen suchten Investoren stets neue profitablere Anlagen jenseits der Warenproduktion, zum anderen ermöglichten die Regierenden in den USA und Großbritannien, später auch in Deutschland und anderen Ländern, durch die Deregulierung der Finanzmärkte neue, riskantere Anlagestrategien. Zum dritten kamen die Banken über die Zentralbanken an billiges Geld, konnten großzügig Kredite vergeben und Profite weit jenseits der in der Warenproduktion üblichen Gewinne bieten.

Das globale Finanzvermögen hat sich von 1980 und 12 Billionen Dollar bis heute auf weit über 200 Billionen Dollar vervielfacht, das Finanzvermögen ist dreimal so hoch wie die reale Weltproduktion. Der Spekulant und Milliardär George Soros sieht eine »Superblase« im System lauern, eine bedrohliche Kreditexpansion, die durch die entfesselten Märkte und die stark gestiegene Verschuldung der Staaten in die Welt gesetzt wurde. Die Regierungen verschuldeten sich bei den Banken in einem bisher ungekannten Maß, lockerten die gesetzlichen Bestimmungen für die Akteure auf den Finanzmärkten, senkten die Besteuerung der Finanzvermögen und mischten mit bei der Jagd nach neuen Finanzanlagen.

So haben sich die Billionen, die auf den Finanzmärkten vagabundieren, verdreifacht, vervierfacht und werden durch Banken und Hedgefonds, durch Versicherungen und Pensionsfonds, durch Staatsfonds und staatliche Finanzagenturen von einem Markt zum anderen geschoben.

Das ist die heutige Lage, in einer Welt, die jährlich reale Güter und Dienstleistungen im Wert von über 70 Billionen Dollar produziert: Auf den weltweiten Aktienmärkten wird mit Aktien in jedem Jahr ein Umsatz von 63 Billionen Dollar erzielt, mit Unternehmensanleihen und Staats-Bonds werden 24 Billionen Dollar umgeschlagen. Auf den Devisenmärkten werden 1007 Billionen Dollar bewegt, und auf den Derivatemärkten – den dynamischsten und gefährlichsten aller Märkte – wurden 708 Billionen Dollar umgesetzt.

Wenn Politiker von den »Märkten« sprechen, auf die man hören müsse, dann meinen sie in der Regel die Finanzmärkte. Sie meinen den mächtigen, verschlossenen Derivatemarkt, den mittlerweile hochpolitischen Markt für Staatsanleihen, und auch den zittrig volatilen Aktienmarkt.

Auf diesem Markt ist Thomas Schüßler für die DWS unterwegs, verheiratet, Vater von vier Kindern. Thomas Schüßler kam 2001 zur DWS, zuvor hatte er fünf Jahre für die Deutsche Bank gearbeitet, war auch Vorstandsassistent unter Josef Ackermann. Drei

Fonds verantwortet er jetzt, der DWS Top Dividende hantiert allein mit sechs Milliarden Euro. Der Dax wird zur Eröffnung an diesem Montag ein Prozent schwächer erwartet, das deuten die Futures an, mit denen man auf Kurse der Zukunft wetten kann. Am Freitag hatte er bei 5800 Punkten geschlossen. »Sieht nicht gut aus«, sagt Schüßler.

Frankfurt, Gebäude der Bundesbank, Zentralbereich Märkte (Geldmarkt)

Marc Resinek sitzt an diesem Montag in der Frankfurter Bundesbank-Zentrale einem »segmentierten Geldmarkt« gegenüber, andere Banker sagen: Der Markt ist tot. Frozen. Zugefroren. Resinek meint mit »segmentiert«, dass die Banken sich gegenseitig nichts mehr leihen, weil sie sich misstrauen – der Geldmarkt ist zu einem Bild für die Verwundbarkeit der Banken geworden.

Die Banken versorgen sich auf ihm kurzfristig – sie leihen es sich bei anderen Banken, finanzieren ihre Geschäfte über Nacht oder für einen Monat, aber kaum je für länger als ein Jahr. Im Augenblick aber horten sie ihr Geld, sie sitzen auf »Überschussliquidität«, sagt Resinek – sie haben Geld, aber statt es zu verleihen, deponieren sie es lieber bei einer der 17 Zentralbanken, auch wenn der Zins mit 0,5 Prozent sehr niedrig ist. In dieser Woche beträgt die Überschussliquidität 390 Milliarden, in der Woche zuvor waren es 366 Milliarden, in der Vorvorwoche 221 Milliarden.

Der Geldmarkt, heißt das, wurde immer frostiger mit der wachsenden Unsicherheit, die sich mit der europäischen Schuldenkrise über die Finanzmärkte legte. Und Resinek, 37 Jahre alt, groß, freundlich, hellblaues Hemd, rote Krawatte, soll das Schlimmste verhindern. Er lässt sich in seinen Drehstuhl fallen, wartet, bis der Computer hochgefahren ist. Resinek ist stellvertretender Hauptgruppenleiter M10 im Zentralbereich Märkte der Deutschen Bundesbank. Er ist seit fast zehn Jahren hier, auf diesem Flur mit dem blauen Nadelfilzteppich, Zimmer 650.

Er ist zuständig für »Geldpolitische Instrumente im Wirkungszusammenhang, bilanzstrukturelle Aspekte, Offenmarktgeschäfte und Geldmarktinfrastruktur«, ein Kopf im Think-Tank des Zentralbereichs – sie überlegen sich, was man machen kann, was sie noch nicht ausprobiert haben, hier, bei der Bundesbank: zehn Gebäudetrakte, ein eigenes Museum, alles in Frankfurt-Bockenheim, eingezäunt, abgeschottet, von bewaffneten Sicherheitsleuten bewacht.

Fast 4000 Personen arbeiten hier in der Zentrale, Banker, Wirtschaftswissenschaftler, Informatiker, Mathematiker, ein Heer von Spezialisten, die beobachten, welche Zinsen gerade hinaufwandern oder absinken, die den Liquiditätsbedarf schätzen, Experten für Devisen, Portfolios, Sicherheiten.

6230 Banken gibt es in der Euro-Zone, und bei den 17 nationalen Notenbanken erfassen sie jeden Tag ein paar tausend Daten, in denen unzählige Einzelentscheidungen zusammengefasst sind, die einer Sparkasse in Fulda ebenso wie die einer französischen Großbank oder eines darbenden Kreditinstituts in Thessaloniki.

Sie sammeln, sammeln, sammeln, denn sie müssen sich etwas einfallen lassen. Das ist Marc Resineks Job, unter anderem.

Und sie werden sich etwas einfallen lassen, etwas Großes.

Frankfurt, Zentrale der Vermögensverwaltung DWS (Aktienmarkt)

Fondsmanager Thomas Schüßler klickt sich durch eine Reihe von Indikatoren, als Erstes ruft er den Ölpreis auf. Öl, sagt Schüßler, ist ein Konjunkturanzeiger. Ein stabiler Ölpreis signalisiert, dass die Wirtschaft gut läuft. Gleichzeitig ist ein hoher Ölpreis ein Risiko für die Aktienmärkte, weil dadurch die Produktionskosten steigen.

Viele Firmen, die deutschen Chemieunternehmen etwa, haben es dann schwerer, Geld zu verdienen.

Es ist kurz nach neun, die Futures für den US-Markt, an denen sich ablesen lässt, wie die amerikanischen Märkte in den Handelstag starten werden, sind negativ. Schüßler war zweieinhalb Tage lang in New York, jetzt will er ein Gefühl für den Markt bekommen.

Er wirft einen Blick aufs Gold. »Gold ist ein klassischer Fluchtpunkt«, sagt er. »Der Goldpreis zeigt die Erwartungen des Marktes für die Geldpolitik.« Würden die europäischen Politiker sich beispielsweise dafür entscheiden, die Schuldenkrise über die EZB zu lösen, durch unbegrenzten Ankauf von Staatsanleihen, wie es in diesen Tagen diskutiert wird, ginge sofort der Goldpreis hoch, sagt Schüßler – weil sie damit eine höhere Inflation in Kauf nähmen.

Er checkt routinemäßig ein paar andere Indikatoren, Konjunkturanzeiger wie die Preise für Kupfer und Nickel, dann den Euro-Kurs. Der Euro gilt vielen Investoren mittlerweile als Risikowährung. Spitzt sich die Krise in Europa zu, flüchten Anleger in den Dollar, entspannt sie sich, kehren sie zurück. Entspannung und Zuspitzung bilden sich auch im Aktienmarkt ab, für Schüßler hat das einen positiven Nebeneffekt: Da er in seinem Fonds auch mehrere amerikanische Unternehmen hat, Euro- und Dollar-Werte also gemischt sind, gleichen sich Gewinne und Verluste je nach Entwicklung ein wenig aus, steigen die einen, fallen die anderen, so geht ein »Hedge«, eine Absicherung. Es ist kein Nullsummenspiel, aber es hält Verluste in Grenzen.

Mit seinen Fonds verfolgt Schüßler, was er eine Value-Strategie nennt, Value heißt Wert, er investiert in Unternehmen, die ein bewährtes Geschäftsmodell haben und eine überdurchschnittlich hohe Dividende, Unternehmen wie Nestlé, Roche, McDonald's oder Intel. Kleinere Unternehmen können bei sechs Milliarden Euro Fondsvolumen keine Rolle spielen, 80 Werte hat Schüßler im Portfolio. Weltweit gebe es nur etwa 2000 Unternehmen, die groß genug sind, damit ein Fonds von der Größe des DWS Top Dividende in sie investieren kann.

Computer helfen Schüßler und seinen Leuten, eine Vorauswahl zu treffen, Modelle filtern heraus, welche Aktien gerade billig sind, die Maschinen werden immer mächtiger im Spiel der Investoren, manche Händler fürchten sich schon vor dem Angriff der Algorithmen. Bis auf weiteres aber entscheidet am Ende ein Mensch, was gekauft wird, bei der DWS ist das Thomas Schüßler. Sein Dividenden-Fonds hat die Krise heil überstanden, bisher jedenfalls. Allein im September 2011 haben deutsche Anleger 2,8 Milliarden Euro aus Fonds abgezogen.

Das Problem ist: Auch die anderen Fondsmanager haben Modelle, mit denen sie nach günstigen Aktien suchen. Je nachdem, welche Variablen sie einsetzen, von welchen Hypothesen sie ausgehen, kommen sie zu unterschiedlichen Ergebnissen. So kommt es, dass an den Aktienmärkten immer ein Preis zustande kommt; für jeden Anleger, der eine Aktie kaufen will, gibt es auf der Gegenseite jemanden, der sie loswerden will – und im Moment des Kaufs sind beide davon überzeugt, ein gutes Geschäft gemacht zu haben.

Bevor Schüßler zu einem »Morning Meeting« aufbricht, schaut er noch einmal auf den Dax. »Das sieht auf den ersten Blick desaströs aus – und auf den zweiten wird's noch schlimmer«, sagt er.

New York, Wall Street, Devisenabteilung einer Großbank (Devisenmarkt)

Um 6.30 Uhr morgens tritt Ben Koch aus der U-Bahn-Station World Trade Center, hinein in das Geknatter von über den Wolkenkratzern kreisenden Helikoptern und das Gedränge von sich formierenden Polizeistaffeln. Von hier ist es nicht weit zum Zucotti Park, dem Hauptquartier der Occupy-Wall-Street-Bewegung. Seit Tagen geht es hin und her, erst räumte die Polizei den Park, dann schlugen die Demonstranten zurück, etliche wurden verletzt, mehr als 200 Menschen verhaftet.

Viele Banker laufen inzwischen einen Umweg ins Büro, sie schleichen durch die Seitenstraßen mit ihren Aktenkoffern und Nadelstreifenanzügen, die sie ausweisen als Zielobjekt der Protestierer.

Ben Koch ist schon lange bei seiner Großbank angestellt, er hat in verschiedenen Investment-Bereichen gearbeitet, er war in Hongkong stationiert und in London. Heute handelt er mit Devisen-Derivaten an der Wall Street.

Ben Koch heißt nicht Ben Koch, er möchte anonym bleiben, und sein Arbeitgeber sieht es nicht gern, wenn Angestellte mit der Presse reden. Er macht nur Geschäfte mit großen Kunden, mit denen, die den Markt treiben. Den großen Hedgefonds, globalen Konzernen. 30 Millionen Dollar ist die kleinste Summe, die er abwickelt. Am Tag gehen bis zu zwei Milliarden über seinen Tisch.

Der Devisenhändler hat Verständnis für die Demonstranten, er sagt, vieles laufe schief hier in Amerika. Er kommt aus einfachen Verhältnissen, hat früher am Fließband gearbeitet, um sich sein Studium zu finanzieren. Aber das Verständnis geht nicht so weit, um sich beschimpfen zu lassen und durch Menschenketten zu schlagen, um zum Eingang seiner Bank zu kommen.

Die Währungsabteilung belegt ein hochgelegenes Stockwerk: Auf der einen Seite der Vertrieb, das Verkaufsteam, das Aufträge eintreibt von Unternehmen, Fonds, Spekulanten. Auf der anderen Seite die Händler, aufgeteilt nach den Währungspaaren, die sie betreuen: Euro / Dollar, Dollar / Yen, Euro / Pfund.

Der Devisenmarkt kennt viele Superlative, er ist bei einem Umsatz von über tausend Billionen Dollar der größte Markt der Welt. Nur fünf Banken teilen sich die Hälfte des Marktes, der mit

Abstand größte Spieler von allen ist die Deutsche Bank. Mehr als ein Fünftel aller Devisengeschäfte laufen über sie.

Auf den ersten Blick wirkt der Devisenhandel zugänglicher als andere Finanzgeschäfte, bestimmt vom Kaufen und Verkaufen von Währungen, mit dem die Kurse bestimmt werden. Aber es sind die Spezialgeschäfte, die den größten Teil des Marktes ausmachen, die komplizierten, verschachtelten und manchmal exotischen Deals: die Derivate.

»Abgeleitet« sind diese Derivate, daher das lateinische Wort. Ihr Wert leitet sich ab von der künftigen Preisentwicklung bei Rohstoffen, Aktien, Zinsen oder Devisen. Es geht um Geschäfte, die in der Zukunft spielen, um Wetten und Erwartungen. Es ist ein Markt, der alle Märkte wie ein Schatten begleitet und noch weiter miteinander verschränkt.

Wer will, kann auf den Niedergang des New Yorker Dow-Jones-Index spekulieren, auf die Zukunft der serbischen, mexikanischen oder vietnamesischen Industrie. Es werden Wetten angeboten auf das Wetter in Spanien, auf den Erdölpreis von morgen, die Weizenernte von übermorgen und den Output südamerikanischer Silberminen von überübermorgen.

Wer will, und das ist bemerkenswert, kann bei der Commerzbank Papiere kaufen, die auf den Niedergang der Commerzbank wetten, und bei der Deutschen Bank Papiere, die darauf setzen, dass die Deutsche-Bank-Aktie fällt.

Hunderttausende derivative Finanzprodukte werden an den Börsen heute gehandelt, sie werden von den Banken auf den Markt geworfen wie billige Wettscheine, und viele Sparer lassen sich von ihren Bankberatern zur Teilnahme an der bizarren Lotterie einladen – nicht selten mit dem Risiko des Totalverlusts.

Koch handelt nur mit Devisen-Derivaten, der Devisenmarkt besteht zu mehr als 60 Prozent aus dem Handel mit solchen Papieren. Die geschäftigsten Stunden sind oft die gleich nach

Handelsbeginn um sieben Uhr, wenn die europäischen und die asiatischen Märkte noch aktiv sind. Ab den Mittagsstunden halten die Wall-Street-Händler allein die Stellung, sie schauen auf ihre Bloomberg-Terminals und CNN, sie warten auf Ereignisse irgendwo in der Welt, die ihren Markt treiben könnten. »Im Kern ist unser Geschäft nichts anderes als ein Handel auf News«, sagt Koch. Das sei immer so, nur in diesen Zeiten der Krise sei die Sensibilität gegenüber jeder Art von Nachricht besonders hoch, »die Reaktionen geradezu hysterisch«, die Ausschläge »zu extrem«.

An diesem Montag sollte eigentlich die wichtigste Nachricht sein, dass Frankreich sein Top-Rating verlieren könnte, so vermelden es die Nachrichtenkanäle rund um die Welt. Doch diese Spekulationen lassen die Währungshändler an der Wall Street kalt. »Das ist längst eingepreist«, sagt Koch. »Es glaubt doch sowieso keiner mehr, dass die noch Triple-A sind.«

Erst am Nachmittag kommt bei den Devisenhändlern Bewegung auf: Der New Yorker Aktienindex verliert 2,7 Prozent, parallel steigt die Nachfrage nach Schweizer Franken. Das sei ein gutes Beispiel dafür, sagt Koch, wie eng Aktien- und Währungsmärkte oft zusammenhängen. »Raus aus Aktien wird oft gefolgt von rein in den Franken, das ist die Suche nach Sicherheit.«

Überhaupt sei alles eine einzige riesige Reaktionskette, ein endloses Dominospiel: Die Aktien beeinflussen die Währungen beeinflussen die Staatsanleihen beeinflussen die Aktien, »wo die Bewegung losgeht, ist oft nicht zu sehen und meistens auch nicht wichtig für uns«.

Der ominöse Markt sei am Ende nichts anderes als das sich sekundenschnell bewegende Geld, und es fließe dorthin, wo es sich am besten vermehrt, eine globale Suchbewegung, »as simple as that«. Und wenn die Wirtschaftsdaten schlecht sind in Europa, dann fließt das Geld weg vom Euro und hin zum Yen oder Dollar,

»je nachdem, welche politischen und wirtschaftlichen Informationen gerade über den Ticker laufen«.

Einer wie Koch lenkt einen winzigen Teil dieser Geldströme, im Interesse seiner Kunden, er ist der Großhändler der Großanleger. Reiner Back ist der Vertrauensmann der Lebensversicherten, Thomas Schüßler hat das Wohl von Aktionären im Blick, Kyle Bass vertritt die Weitsichtigen und Zocker unter den Anlegern – hinter jedem dieser vier Akteure auf den Finanzmärkten stehen Tausende Leute, die ihr Geld vermehren wollen. Und Frank Möller aus Bremen ist der Mann des Mittelstands.

Bremen, Handelsraum der Landesbank (Devisenmarkt)

Frank Möller ist Devisenhändler der Bremer Landesbank, er ist seit gut 20 Jahren im Geschäft, im Handelsraum der Landesbank hat er das Ende der Sowjetunion, den 11. September, den Crash der New Economy und den Beginn der Finanzkrise im September 2008 erlebt. Möller hat die Welt viele Male untergehen sehen, und jedes Mal ging es weiter, und so wird es auch dieses Mal sein, das hofft er zumindest.

Möller sitzt im Zentrum des Handelssaals, umgeben von 40 Kollegen, er hat drei Monitore vor sich, rechts den Chart zum Euro/Dollar, in der Mitte weitere Wechselkurse, Nachrichten von Reuters, den Gold-, Silberpreis. Links die Eingabemaske für seine Währungsgeschäfte. Möllers Telefon klingelt, er greift sich ein Blatt Papier, hebt ab.

Die Bremer Landesbank kam unbeschadet durch die Krise des Jahres 2008, weil sie sich fernhielt von den wundersamen Schuldenpapieren des US-Immobilienmarktes, heute wirbt sie mit dem Slogan: »Wir verkaufen nur, was wir verstehen«. Möllers Kunden sind keine Hedgefonds, sondern deutsche Mittelständler, Firmen, die ins Ausland exportieren, aus dem Ausland importieren und die verhindern wollen, dass schwankende Wechselkurse ihre Gewinne auffressen.

Möllers Kunden brauchen Devisen, um ihr eigentliches Geschäft betreiben zu können, um Schiffe zu bauen, Klappstühle aus Asien zu importieren, Öl ins Land zu bringen, darum geht es ihnen, das ist ihr wichtigstes Motiv. Am Telefon hat Möller einen Rohstoffhändler, der Dollar braucht, er muss in den nächsten Tagen Rechnungen bezahlen, mehrere hunderttausend Dollar, er ist unsicher, wann er kaufen soll, aber am Ende des Gesprächs gibt er Möller den Auftrag, Dollar zu kaufen, sobald der Kurs bei 1,3490 steht.

Möller tippt den Auftrag in seinen Computer ein, der schickt ihn weiter auf den Interbankenmarkt, den Geldmarkt der Banken, wo es nun ein zusätzliches Angebot gibt: Kaufe Dollar gegen Euro zum Kurs von 1,3490.

Dallas, Texas, Büro von Hayman Capital

Hedgefonds-Manager Kyle Bass blättert sich durch die Lageberichte seiner Geschäftspartner und Abteilungsleiter, wie jeden Montag haben sie am Morgen ihre Wochenvorschauen geschickt, die Rating-Agentur Moody's beschäftigt sich mit Frankreichs Schulden. Der Ausblick ist düster.

In der Vorwoche haben die Franzosen erfolgreich Staatsanleihen für 6,98 Milliarden Euro verkauft, Papiere mit zwei bis fünf Jahren Laufzeit, das ist die gute Nachricht; die schlechte ist, dass Frankreich seinen Gläubigern jetzt deutlich höhere Zinsen als Deutschland zahlen muss, und diese Tendenz, meint Moody's, werde sich verfestigen. Es geht um Frankreichs Status als absolut zuverlässiger Schuldner, um den Dreifach-A-Status, den die Rating-Agenturen in naher Zukunft schon kassieren könnten.

Nach Meinung der meisten Marktteilnehmer ist dieser Status längst dahin. Kyle Bass erlaubt sich den Luxus, eigene wissenschaftliche Mitarbeiter zu bezahlen, von ihnen lässt er sich einmal pro Woche Studien schicken, die die Länder-Ratings der großen Agenturen regelmäßig in Frage stellen. Sie konfrontieren die Bewertungen von Standard & Poor's (S&P), Moody's und Fitch mit der Lage auf den Kreditmärkten – und kommen so zu Markt-Ratings, die viel genauer spiegeln, wie die Lage ist.

Frankreich hat danach längst kein Dreifach-A-Rating mehr verdient, Österreich ist nicht Dreifach-A, sondern bestenfalls Dreifach-B, das sind glatt acht Bewertungsstufen weniger. Italien ist nicht mehr A wie bei S&P, sondern nur noch B+, ebenfalls acht Stufen niedriger. Selbst Deutschlands so sicher geglaubter Dreifach-A-Status wird vom Markt bezweifelt und bei A angesiedelt, fünf Stufen weniger. Diese Liste sagt: Die Lage ist noch schlechter, als es ohnehin den Anschein hat, jedenfalls sieht es der amorphe Schwarm der Investoren so. Und vielerorts ist die Lage heillos.

Kyle Bass überfliegt solche Berichte nur noch, Europa spielt in seinen Planungen keine große Rolle mehr. Seit alle Welt gemerkt hat, dass die Schuldenkrise Europas Staaten und die Euro-Zone zerfrisst, bieten sich keine Geschäfte mehr an, bei denen mit wenig Einsatz viel zu holen wäre. Die Preise und Gebühren sind zu hoch, die Gewinnaussichten zu mickrig, um noch irgendwo einzusteigen.

Mitte 2008, als Bass die kommende Krise aus seinen Zahlen und Figuren herausgelesen hatte, nüchtern, rational, als er sie diskutiert hatte unter anderem mit dem Harvard-Professor und Bankrott-Spezialisten Kenneth Rogoff, begann er, gegen Griechenland und andere europäische Pleitekandidaten zu wetten. Er kaufte zu diesem Zweck Kreditausfallversicherungen auf Staatsanleihen, Credit Default Swaps, CDS. Das Finanzinstrument kam in den achtziger Jahren in die Welt, ein großer Markt ist erst vor zehn, elf Jahren daraus geworden, so groß, dass Ende 2011 der Ausfall von Krediten in Höhe von 28,6 Billionen Dollar versichert ist, das ist eine beängstigend große Zahl.

Im Prinzip waren die CDS als Gegengift gegen Risiko gedacht: Eine Bank, die einen Großkredit an eine Firma vergibt, kauft sich gegen Gebühr Schutz bei einer dritten Partei, die im Fall eines »Kreditereignisses« – Zahlungsunfähigkeit des Schuldners, Bankrott – den Ausfall ersetzt. Es ging um Risikostreuung, nicht um Profite. Das ist heute oft anders.

Es gibt keine Börse für Kreditversicherungen, es gibt keine Regeln, keine Aufsicht, keine Vorschriften, Anbieter und Kunden legen die Details ihrer Verträge in direkten Verhandlungen fest. Niemand weiß deshalb genau, auch die Banken untereinander nicht, wie groß die Netto-Verbindlichkeiten aus CDS-Verträgen sind, niemand weiß genau, wer wie viele CDS in den Büchern hat.

CDS sind gefährlich, weil sie Sicherheit versprechen, wo es keine Sicherheit gibt. Platzen große Kredite, wachsen sich Pleiten zur großen Krise aus, krachen nicht selten auch die CDS-Verkäufer – was wiederum deren Kunden, die sich versichert wähnten, in Bedrängnis bringt. CDS wirken, im schlechten Fall, wie Öl, das man ins Feuer gießt.

Bis vor kurzem war es zudem nicht verboten, dass einer wie Kyle Bass den Ausfall von Anleihen versichert, die er gar nicht besitzt, im Jargon »naked CDS« genannt. Aber genau das tat Bass im Fall Griechenlands in großem Stil: Er schloss Versicherungen auf Staatsanleihen ab, weil er die Krise voraussah und sich deshalb sicher sein konnte, dass der Wert seiner Policen gen Himmel steigen würde.

Anfangs waren lächerlich geringe Jahresgebühren fällig, um Griechen-Bonds zu versichern. Kurz darauf schon, je weiter sich die Lage Griechenlands verschärfte und je offenkundiger sie wurde, stiegen die CDS-Prämien in den Himmel – und der Wert jener CDS, die Bass so billig gekauft hatte, vervielfachte sich. Ist er ein Spekulant? Ein Schurke? Immerhin besaß er ja die Staatsanleihen gar nicht, die er da versicherte.

Bass versteht die Frage nicht. »Warum sollte es unmoralisch sein, mit CDS zu handeln?«, fragt er zurück. Optionsgeschäfte gehörten zum Markt seit 40, 50 Jahren. Jeder könne heute Aktien handeln, ohne dass er sie physisch besitzen müsse, alle Welt kaufe und verkaufe heute Derivate, spekuliere auf Ölpreise oder Weizenernten, alle Welt hantiere mit strukturierten Produkten, selbst Kleinanleger seien eifrig dabei.

Bass' Urteil steht fest: Die Euro-Zone ist gescheitert, sie will es nur noch immer nicht wahrhaben und zögert ihr Ende künstlich hinaus. Der Texaner, ein attraktiver, trainierter Mann, der einst viel dicker war, sich heute aber in einem Film über sein Leben selbst spielen könnte, schaut dem Treiben zu wie einem Showdown in Zeitlupe.

Er ist immer ein fleißiger Student der Wirtschaftsgeschichte gewesen. Er lese, sagt er, ausschließlich Sachbücher, er sammelt und verschlingt alle Werke, die ihm helfen könnten, die Lage besser zu verstehen, er besucht Professoren, er trifft Kollegen, nur die klügsten Köpfe. Seine Investitionsentscheidungen fielen, sagt er, in einem »offenen Verfahren«, im Diskurs, anders sei die Komplexität heute nicht mehr zu bewältigen.

Im Zuge seiner Studien und Beratungen ist er dennoch zu sehr klaren Erkenntnissen gelangt. Eine lautet: Wann immer in der Weltgeschichte ein Land zahlungsunfähig wurde, hatte es am Ende nur zwei Auswege – es führte einen Krieg, gewann ihn und raubte beim Feind die fehlenden Vermögen; oder es erklärte den Konkurs, zwang die Gläubiger zum großen Schuldenschnitt und wertete danach seine Währung drastisch ab.

»Das Gelddrucken ist der Korrekturmechanismus eines zahlungsunfähigen Landes«, sagt Bass. Es sei stets so gewesen im Räderwerk der Geschichte. Und deshalb, sagt Bass, war die Euro-Zone ein Irrweg, die gemeinsame Währung eine Missgeburt, ein Werk von Politikern, denen es an volkswirtschaftlichem Sachverstand mangelte. »Inflation«, sagt er, »natürlich kommt nach dem Gelddrucken die Inflation. Das ist ja der Sinn der Sache – und es ist die Strafe für vorangegangene Sünden.«

Frankfurt, Zentrale der Vermögensverwaltung DWS (Aktienmarkt)

DWS-Fondsmanager Schüßler fragt seine Leute nach Gründen dafür, »warum Europa so schwach ist«. Es gebe »Bits und Pieces«, antwortet eine blonde Frau, die ihm in einem Meeting an diesem Montagvormittag gegenübersitzt. Berlusconi habe gemutmaßt, dass Italiens neuer Regierungschef Monti das Amt nicht dauerhaft übernehmen werde, Barroso habe die Debatte um Euro-Bonds wieder angefacht, als wollte er den europäischen Rettungsschirm EFSF beerdigen.

Die Unsicherheit steigt, auch auf dem Anleihemarkt, viele Staaten Europas müssen ihre Bonds höher verzinsen, um sie überhaupt loszuwerden. Gerade seien nicht Italien und Spanien das Thema, sagt die Blonde, es gehe um Frankreich. »Frankreich, EFSF«, notiert Schüßler auf einem kleinen Zettel. Während die anderen weiterreden, malt er das Fragezeichen nach, das er dahinter gesetzt hat.

Im Moment geht die Debatte darum, Euro-Bonds auszugeben oder Geld zu drucken, also kurzfristig zu helfen, unter großen Schmerzen, oder langfristig zu sanieren, unter ebenso großen Schmerzen. Das wissen alle Marktteilnehmer, und die Politiker wissen es auch. »Diese Zuspitzung sieht der Markt jetzt«, sagt Schüßler. »Der Markt will, dass die EZB Staatsanleihen kauft, so lange, bis die Fiskalunion da ist, der Markt will die EZB zum Eingreifen zwingen.«

»Die Märkte spekulieren darauf, dass Deutschland es letztlich macht«, sagt Schüßler. Die Frage sei: Wie hoch muss der Stress werden, bis es passiert?

Für den Stress gibt es eine Reihe von Indikatoren. Der wichtigste, sagt Schüßler, sei der Aktienmarkt, auf den sich der Stress aus dem Rentenmarkt übertrage. »Die Übertragung läuft im Augenblick eins zu eins. Wenn die Anleihemärkte in Europa kollabieren, kollabieren auch die Aktienmärkte.«

Natürlich könne man auch die Spreads der Staatsanleihen als Stress-Indikator nehmen, den Abstand also zwischen holländischen, österreichischen oder vor allem französischen Anleihe-Zinsen zu deutschen. Oder den Interbankenmarkt. »Wenn Sie's noch genauer haben wollen: Gucken Sie sich im Aktienmarkt die Sektoren an, die besonders leiden. Der Europäische Bankenindex ist der Krisenindex schlechthin. Hier entlädt sich alles. Die Bank-Aktionäre haben Angst, enteignet zu werden.«

Schüßler holt sich den Newsletter der Credit Suisse auf den Schirm. Der Titel heißt »The ›Last Days‹ of the Euro«. »Endzeitstimmung«, sagt Schüßler. Und, nach einer Pause: »Möglich ist es.«

Bonn, Bundesanstalt für Finanzdienstleistungsaufsicht

Wenn man den scharfsinnigen, wortgewaltigen Chef der Bundesanstalt für Finanzdienstleistungsaufsicht (BaFin) im Dezember 2011 fragt, was sich geändert hat auf den Finanzmärkten in den vergangenen Jahren, dann sagt Jochen Sanio: »Alles.« Und dann hebt er, der Ende 2011 aus dem Amt schied, an zu einer großen Erzählung, die vor 37 Jahren mit der Herstatt-Pleite beginnt und erst nach Stunden spannender Geschichten in der Gegenwart ankommt.

Sanio erzählt von abenteuerlichen Besuchen auf den Cayman Islands, über seine Erfahrungen im Financial Stability Board (FSB), dem internationalen Gremium von Finanzaufsehern, er teilt sein Wissen über die »Sifis«, die »Systematically Important Financial

Institutions«, jene weltweit 29 Großbanken, die – wenn nur eine von ihnen umfällt – womöglich das gesamte Weltfinanzsystem mit umreißen.

Da sitzt in Bonn-Auerberg, in einem dreistöckigen Bürogebäude, ein Mann mit schütterem Haar und kühlen, listigen Augen, der mehr über die Finanzmärkte weiß, als den Banken lieb ist, der aber die Ohnmacht aller Finanzmarktaufsicht lächelnd eingesteht. »Den Gott-Modus haben wir hier nicht.«

Sie haben bei der BaFin 1976 Mitarbeiter, die meisten davon Experten, die Banken, Versicherungen und Börse überwachen und die Geldwäsche bekämpfen sollen. Außerdem überprüfen sie die Geschäftspraktiken und die Zahlungsfähigkeit der Banken – soweit sie es eben können.

Zu wenig Personal, zu schlechte Bezahlung und zu wenig Kompetenzen, das sind nur drei Dinge, die den Wächtern der BaFin die Arbeit schwermachen. Seit durch den Crash der Lehman Bank deutlich wurde, welche Milliardenrisiken unentdeckt bei deutschen Landesbanken oder der Hypo Real Estate schlummerten, steht die Bankenaufsicht nicht nur in Deutschland unter Aufsicht. Sanio möchte härter durchgreifen, als die BaFin es darf, sie untersteht dem Bundesfinanzministerium und wird per Zwangsumlage von den deutschen Banken und Versicherungen finanziert. Die haben Berichtspflicht gegenüber der BaFin und der Bundesbank, müssen auch tagesaktuell besonders große Transaktionen melden, Sonderprüfungen zulassen und den Prüfern der BaFin jederzeit Zugang gewähren. Seit die Banken aber begonnen haben, im großen Stil Milliarden hin und her zu schieben, hat ein Hase-und-Igel-Rennen begonnen, bei dem die Prüfer dem Einfallsreichtum der Banker immer hinterherlaufen.

Dem Heer von Händlern und Managern der Deutschen Bank sind bei der BaFin zehn Prüfer auf den Fersen, den mehr als 2000 Banken in Deutschland sitzen bei der BaFin zu wenige Aufseher gegenüber. Die BaFin ist der Hase. Die Igel sind, egal, wie schnell sie rennt, »all dor«.

Jeden Tag bekommen die Bonner Prüfer »MaRiA« auf den Tisch, die Markt- und Risikoanalyse des Referats Q 11 Finanzstabilität. Mit MaRiA versucht ein fünfköpfiges Analystenteam auf neue Probleme und gefährliche Entwicklungen hinzuweisen, in Charts werden Risikoindikatoren für den Geld- und den Aktienmarkt, den Bond- und den Derivatemarkt mit Hilfe der Prämien für die Kreditausfallversicherungen (CDS) aufgelistet.

An diesem Montag wird auf den erneuten Anstieg der CDS-Prämien für griechische Staatsanleihen hingewiesen, die Prämien für Italien sind leicht gesunken, die für italienische Banken- und Versicherungswerte sind indes gestiegen – die Banken brauchen 6,1 Milliarden zusätzliches Kapital, berichtet MaRiA, weil die italienischen Staatsanleihen, die sie besitzen, in den vergangenen Wochen im Wert gefallen sind.

Noch größere Sorgen macht den Aufsehern die Lage auf dem Geldmarkt. MaRiA zitiert den Chef einer deutschen Großbank, der die Lage mit der nach dem Lehman-Crash vergleicht: »Damals wie heute ist der Markt für kurzfristige Banken-Refinanzierungen von bis zu zwei Jahren de facto tot.« Und MaRiA lässt den polnischen Finanzminister Jacek Rostowski zu Wort kommen: »Die Gefahr der Ansteckung ist heute größer denn je, und die Summe, die wir brauchen, um sie zu stoppen, ist gewachsen, weil wir nicht schnell genug gehandelt haben. Wenn es nicht gelingt, die Märkte zu beruhigen, gibt es nicht die geringste Chance, dass die Krise bei Italien haltmacht. Sie wird sich weiter ausbreiten, und zwar in jedes Land der Euro-Zone.«

DIENSTAG, 22. NOVEMBER 2011, NOCH 17 TAGE BIS ZUM EURO-GIPFEL

Frankfurt, Gebäude der Bundesbank, Zentralbereich Märkte (Geldmarkt)

Bundesbanker Marc Resinek arbeitet an einem Positionspapier, an diesem Dienstag ist Abgabe. Das Papier dient der Vorbereitung des EZB-Rats, der jeden zweiten Donnerstag tagt, am Tisch die 17 Gouverneure genannten Chefs der nationalen Notenbanken, dazu ein aus 6 Leuten bestehendes Direktorium.

Alle geldpolitischen Maßnahmen werden mit einfacher Mehrheit beschlossen, one man, one vote, die Stimme des Notenbankchefs von Malta oder Zypern hat ebenso viel Gewicht wie die der Zentralbankpräsidenten von Frankreich oder Deutschland. Das war die Idee: ein vereintes Europa.

Der Präsident der Deutschen Bundesbank, Jens Weidmann, als Vertreter im »Governing Council«, ist auch nicht zuerst den Interessen Deutschlands verpflichtet, sondern den europäischen Interessen. Vor allem dem einen wesentlichen Ziel der EZB-Geldpolitik – Preisstabilität im Euro-Raum. Nicht mehr als zwei Prozent Inflation. Das ist heiliges Gesetz, es war jedenfalls bislang so.

Um 11.15 Uhr ist der »Tender« da – so nennen die Notenbanken jenen wöchentlichen Vorgang, durch den sie Geschäftsbanken mit Geld versorgen. Jeden Montagmorgen schicken die Notenbanken ein paar karge Zeilen aus, über Bloomberg und Reuters, an alle Geschäftsbanken. Die Notenbanken teilen mit, zu welchem Zinssatz man für eine Woche Geld bekommt; zurzeit liegt der bei 1,25 Prozent, was sehr niedrig ist – aber in Zukunft wird dieser Zins weiter fallen. Heute, an diesem Dienstag, werden noch bis 9.30 Uhr Gesuche angenommen, dann erfolgt die Zuteilung. Im fünften Stock sitzen die Händler, die das Milliardenspiel abwickeln.

Auf seinem Bildschirm kann Resinek die Liste jener Banken einsehen, die sich um Geld beworben haben, und um wie viel. Diese Liste umfasst einige hundert Banken und ist absolut vertraulich, Resinek darf nicht mal Kollegen aus anderen Abteilungen Details davon verraten. Für ihn zeigt die Liste ein Profil der europäischen Bankenwelt und Wirtschaftslage.

Dass griechische Banken zuhauf auf der Liste stehen, ist keine Überraschung, und dass die meisten deutschen Banken kein frisches Geld brauchen, ist ebenfalls klar. Die interessanteren Kandidaten sind spanische, portugiesische, irische Institute – und seit neuestem auch italienische und französische Banken.

Die Banken sind die Drehscheibe der Märkte, sie verbinden die Finanzmärkte mit den Realmärkten, über sie laufen die Geldströme der Finanzmärkte, und falls sie Aktiengesellschaften sind, unterliegen sie der Bewertung durch den Aktienmarkt, steigen und fallen im Wert. Sparer vertrauen Banken ihr Geld an, Banken versorgen Unternehmen mit Krediten. Sie sind das Herz der Marktwirtschaft, und in Krisenzeiten wie dieser vom Infarkt bedroht.

Wenn die Staatsanleihen, die sie in großen Mengen halten, an Wert verlieren, sinkt ihr eigener Aktienkurs. Deutsche Bankaktien haben seit Beginn der Krise durchschnittlich mehr als 70 Prozent ihres Werts verloren, ein dramatischer Verfall. Und in der Folge sind die Banken kaum noch in der Lage, eigene Anleihen am Markt zu platzieren. Anleger meiden sie inzwischen so, wie sie Staatsanleihen europäischer Staaten meiden. Es mag deshalb komisch klingen, wenn in Nachrichten vermeldet wird, die Banken trauten sich gegenseitig nicht mehr; aber das Misstrauen hat eine sehr reale Grundlage. Die Geschäfte laufen so schlecht und die Gefahr ausfallender Staatsanleihen ist so groß, dass die Pleite von Banken nicht mehr auszuschließen ist, jedenfalls im Denken von Anlegern.

Praktisch sieht die Sache anders aus: Regierungen und Zentralbanken versuchen mit allen Mitteln und vielen Milliarden, dass keine Bank bankrottgeht, um die Gefahr eines Dominoeffekts zu bannen. Aber ist die Gefahr wirklich so groß?

»Ich glaube«, sagt Bundesbanker Resinek, »der derzeit segmentierte Geldmarkt ist das Ergebnis einer Überreaktion. Vor 2007 war man zu leichtfertig, jetzt ist die Zuversicht dahin. Es ist Psychologie, die Banken sind übervorsichtig.« Wie man daran etwas ändern könnte, ist die Frage. »Vertrauen geht schnell verloren«, sagt er, »und man gewinnt es nur langsam zurück.«

Frankfurt, Zentrale der Vermögensverwaltung DWS (Aktienmarkt)

DWS-Manager Thomas Schüßler schaufelt auch an diesem Dienstag wieder Informationen in sich hinein, die US-Sparquote ist leicht gesunken, »das ist gut«, sagt Schüßler, »weil die amerikanische Wirtschaft an der Konsumfreude der Amerikaner hängt«. Wenn die Leute ihr Geld nicht ausgeben, sondern sparen, würgen sie die Wirtschaft ab.

Er kommt erst am frühen Nachmittag an seinen Platz, der Vormittag war mit Terminen belegt, internen Besprechungen, so hat er nicht mitbekommen, dass der Dax zunächst um über ein Prozent gestiegen war – und bis Mittag die Gewinne fast vollständig wieder abgegeben hat. Sein Thema heute ist Amerika.

Viele Investoren machen sich Sorgen, dass die USA in eine neue Rezession steuern könnten. Verlieren die Märkte das Vertrauen in die amerikanische Wirtschaft? Steigen die Zinsen? Oder bleiben sie so niedrig? Wo gibt's dann überhaupt noch Rendite?

Schüßler hockt vor seinen Bildschirmen, die langen Beine ausgestreckt, er liegt beinahe auf dem lehnenlosen Gesundheitsstuhl, der seine Rückenmuskulatur stärken soll. Auf dem News-Ticker von Bloomberg läuft die Nachricht, dass Mohammed El-Erian, der Chef von Pimco, dem weltgrößten Anleiheninvestor, die ökonomischen Bedingungen in den USA »terrifying« genannt hat. »Super«, sagt Schüßler, »das macht den Markt restlos kaputt.«

Kurz nach 17 Uhr entschließt er sich doch noch zu einem Kauf, er will eine Aktie aufstocken. 100 000 Stück ordert er, als Stufe der Dringlichkeit, »urgency«, wählt er »neutral«.

Die Umsätze sind auch an diesem Tag schwach, der Broker am Trading Desk der Bank soll den Auftrag ohne Eile abarbeiten.

Ein paar Minuten später schaut Schüßler auf den Kurs der Aktie, für die er gerade die Kauforder erteilt hat. Sie dreht ins Plus; offenbar hat seine Order ausgereicht, um ihren Kurs zu bewegen.

New York, Wall Street, Devisenabteilung einer Großbank (Devisenmarkt)

Das größte Geschäft dieses Dienstags kommt für den Devisenhändler Ben Koch erst am Abend, er hat den Mantel schon in der Hand, doch er setzt sich wieder: Ein Hedgefonds will für 300 Millionen Dollar Yen kaufen und damit auf einen Kursanstieg in den kommenden Wochen spekulieren.

Auf der Nachrichtenseite ist nichts passiert, es gibt kein Risiko auszubalancieren. »Das ist eine rein spekulative Wette, wie so oft«, sagt der Händler. Es ist ein riskantes Geschäft für die Bank, die Wahrscheinlichkeit, dass der Hedgefonds richtigliegt, ist groß. Aber der Händler macht das Geschäft, er sagt: »Es gibt keinen Deal, den wir nicht abschließen.« Bei jedem Risiko? »Wenn das Risiko hoch ist, setzen wir den Preis erheblich höher.«

Spekulation mache über die Hälfte des Geschäfts aus, sagt Ben Koch. Der Boom des Währungsmarktes begann mit dem neuen Jahrtausend, als die Aktienmärkte nicht mehr schnell genug wuchsen und die neue Welt der Hedgefonds nach neuen Anlagemöglichkeiten suchte. Heute sind Devisen eines der beliebtesten Spekulationsobjekte und eine eigene Anlageklasse. Allein Privatanleger bewegen jeden Tag hundert Milliarden Dollar.

Auf einem seiner fünf Bildschirme sieht Koch nicht nur die Namen der Hedgefonds, Banken, Unternehmen, die mit ihm ins Geschäft kommen wollen, sondern auch, welcher Händler gerade am Ruder ist. Meistens sind es die gleichen Gegenüber: Der Markt ist riesig, doch am Ende ist der Kreis der bedeutenden Spieler überschaubar. Sie versuchen sich gegenseitig zu lesen, zu durchschauen, die Motivation zu erkennen: »Der bessere Pokerspieler zu sein.«

Es gilt, die »Sniper« herauszufiltern, die Scharfschützen aus dem Hinterhalt, so nennen die Währungshändler Kunden, die sie in ein schlechtes Geschäft locken wollen. Sie stellen Fallen und versuchen, die Bank zu einem vermeintlich guten Handel zu bewegen, bei dem sie am Ende aber nur verlieren kann.

»Das sind immer die gleichen Clowns«, sagt der Händler, er kennt die Spekulanten, die so handeln, sie bringen »unfriendly money«, feindliches Geld. Trotzdem braucht es nur einen schlechten Moment, »einen dicken Kater«, und schon hat man den Deal gemacht, der die Bank Millionen und ihn den Job kosten kann.

Der Stress ist enorm für Ben Koch. Er schläft nachts oft schlecht, ist jeden Abend erschlagen. Manchmal geht er schon um acht ins Bett. Tausende seiner Geschäfte laufen parallel nebeneinander her, zahllose Fälligkeitsdaten von Optionen sind im Spiel. Die Gefahr, dass sich ein Deal am Stichtag in naher oder ferner Zukunft als falsch erweist, dass er draufzahlen muss, obwohl er auf Gewinne hoffte, ist immer groß.

Seine Chefs machen Druck, die Gewinnziele zu erfüllen. Wer seine Millionen nicht verdient, wird schnell gefeuert. Ein schlechtes Jahr reicht. Und die Ziele sind beweglich, ändern sich mit den Marktschwankungen. Wenn etwa im Laufe des Jahres durch Ereignisse wie in Fukushima der Yen deutlich mehr gehandelt wird, werden auch die Gewinnerwartungen für den Yen-Handel nach oben geschraubt.

Wenn Ben Koch versucht, die Zusammenhänge ganz genau zu erklären, spricht er von stochastischer Volatilität, von Trinomialprozessen und von Konvexitätseigenschaften. Der Händler sagt, er lerne immer noch jeden Tag dazu. Und: »Oft verstehe ich selbst nur die Hälfte.«

Frankfurt, Gebäude der Bundesbank, Zentralbereich Märkte (Geldmarkt)

Geldschöpfung aus dem Nichts: Wie das geht, das versteht keiner der Freunde des stellvertretenden Hauptgruppenleiters Marc Resinek. Und jene, die es verstehen würden, denen dürfte er keine Details erzählen. Es geht um Inflation, Geldmenge und Kreditvergabe und darum, wie die drei zusammenhängen.

2608 Banken in Europa sind gewichtig genug, um bei der EZB gelistet zu sein. Davon wiederum sind 44 die entscheidenden Player, sie decken etwa 90 Prozent des Marktes ab. Indem die EZB und die Bundesbank ihre Geschäfte beeinflussen, können sie das Wirtschaftsgeschehen beeinflussen. Dafür verfügen sie über den Leitzins, ein paar Dutzend Stellschrauben und vor allem über einen großen Hebel: Sie können Geld machen. Aus dem Nichts.

Das Bankensystem kann man sich wie eine Maschine vorstellen, die Geld schöpft, Verbindlichkeiten schafft, die Gegenwart mit der Zukunft verkoppelt. Diese Maschine funktioniert mit zwei Sorten Geld, zwei Geldkreisläufen, die nicht vermischt werden: Giralgeld und Zentralbankgeld.

Angenommen, eine mittlere Bank in einer mittleren Stadt, die fiktive Fulda-Bank aus Fulda, vergibt einen Kredit, zum Beispiel an einen Unternehmer, der einen Spielzeugladen eröffnen will. Wenn der Spielzeugunternehmer den Filialleiter überzeugt, schreibt die Fulda-Bank dem Ladengründer eine Million auf seinem Konto gut.

Das ist Giralgeld, es ist plötzlich entstanden, »aufgepoppt«, wie Banker sagen. Denn diese Million nimmt die Fulda-Bank nicht etwa anderen Kunden weg, sie hat diese Summe aus dem Nichts produziert, dem Neu-Unternehmer vorgestreckt und sich dafür gleichsam verbürgt. Die Bank, innerhalb gewisser Grenzen, darf das. Wenn der Ladengründer für das geliehene Geld Ware kauft, wenn er seine Rechnungen bezahlt, wenn das Geld den Besitzer wechselt und von Konto zu Konto geht, »atmet« die Bankwirtschaft und mit ihr die Realwirtschaft. Denn Kreditvergabe ist Geldschöpfung, auf Zeit. Wenn die Bank mit ihrem Vertrauen, das sie in den Unternehmer setzte, richtig lag, wenn er zurückzahlt und der Kredit getilgt ist, verschwindet die Million aus den Büchern.

Die Fulda-Bank muss sich für das Geschäft doppelt absichern. Sie muss den Businessplan des Spielzeugladengründers prüfen; gleichzeitig muss sie ihre Kreditvergabe mit einer ganz besonderen Sorte Geldes absichern, die nur bei der Zentralbank zu haben ist. Nur wenn die Fulda-Bank über Zentralbankgeld verfügt, darf sie für den Spielzeugunternehmer eine Überweisung durchführen. Die Fulda-Bank leiht sich dieses Geld bei ihrer nationalen Zentralbank, der Deutschen Bundesbank in Frankfurt, sie hinterlegt Sicherheiten dafür, Wertpapiere, und zahlt einen Zins.

Die Höhe dieses Zinses bestimmen die 23 Bosse der Europäischen Zentralbank, wenn sie sich im 36. Stock in Frankfurt treffen, an einem ringförmigen Tisch in Konferenzraum C1, im schicken EZB-Hochhaus, das über Monate von der Zeltstadt der Occupy-Demonstranten belagert wurde.

Die EZB-Direktoren legen den Leitzins fest. Je höher der Zins, desto teurer das Geld, desto mehr muss der Unternehmensgründer seiner Fulda-Bank bezahlen. Er könnte seine Pläne überarbeiten.

Vielleicht reicht ein kleinerer Laden? Wenn er und andere Kreditnehmer ihre Geschäftspläne überdenken, zieht sich das System zusammen.

Ganz anders, wenn die Signale umgestellt werden, wenn der Leitzins gesenkt, das Geld billiger zu haben ist. Dann wird der Filialleiter der Fulda-Bank so freundlich wie nie, er hält dem Existenzgründer die Tür auf, wenn er kommt. Und wenn viele Banken so agieren wie die Fulda-Bank, wenn sie Kredite ausgeben, weitet sich das System, die Million wechselt vielleicht noch viele Male den Besitzer, theoretisch geschieht das fast unendlich oft, die Wirtschaft boomt.

Die Geschäftsbanken können aus 2 Euro, die sie bei der Zentralbank leihen, theoretisch 100 Euro Kredit machen. Zwei Prozent müssen sie als Mindestreserve bei der Zentralbank hinterlegen.

Resinek und seine Kollegen haben zurzeit die Zinsen auf Tiefststände gesenkt; Zentralbankgeld ist so billig wie nie. Aber es nützt nichts. Die Banken sind so vorsichtig wie nie. Der Geldmarkt ist eingefroren.

Washington D.C., American Petroleum Institute (API)

Der Interessenverband der US-Energiewirtschaft berichtet, dass die Rohöl-Lagerbestände wider Erwarten gesunken sind. Das Angebot hat sich also verringert. Der Ölpreis steigt auf 97 Dollar pro Barrel.

Jeden Dienstag wartet die Welt des Öls auf die magische Zahl, das API veröffentlicht sie um 16.30 Uhr Ostküstenzeit. In dieser Woche lautet sie 335,7 Millionen Barrel, das sind 5,57 Millionen Barrel weniger als in der Vorwoche. Die Zahl beschreibt die Menge an Rohöl, die die befragten Betreiber von Raffinerien, Terminals und Pipelines in den USA lagern.

Im globalen Geflecht der Märkte sitzen die Rohstoffmärkte irgendwo zwischen Realmärkten und Finanzmärkten. Sie beeinflussen das Auf und Ab der Warenmärkte, gleichzeitig sind sie immer mehr zum Spielplatz von Finanzjongleuren geworden. Den Investoren, die seit Jahren auf den Ölmarkt drängen, wie auch auf andere Rohstoffmärkte, geht es nicht um Öl, Kupfer oder Weizen. Sie nutzen das Produkt bloß als Objekt, auf dessen Preisverlauf sie wetten.

Ihr Einsatz sind Verträge, die beispielsweise zur Lieferung von jeweils 1000 Barrel Öl zu einem bestimmten Zeitpunkt berechtigen. Bevor der aber erreicht ist, verkaufen die Trader die Papiere weiter, möglichst gewinnbringend, sie werden »gerollt«, wie sie sagen. Die Händler haben keinerlei Interesse am Öl im physischen Zustand (»wet barrel«), sie machen Geschäfte mit Ware, die nur auf dem Papier existiert, mit »paper barrel«.

Seit die Non-Commercials die Rohstoffmärkte aufmischen, fließen enorme Summen auf die Märkte: 2003 betrug das Spekulationsvolumen laut der Investmentbank Barclays Capital rund 13 Milliarden Dollar, in diesem Jahr 2011 werden es 600 Milliarden Dollar sein.

Weil aber das reale Geschäft längst nicht so schnell gewachsen ist wie das Kapital, das zur Verfügung steht, wird es eng auf dem Markt, die Preise schlagen extrem aus. Früher schwankten die Ölnotierungen höchstens um einige Cent am Tag, heute bewegen sie sich oft in Dollarschritten.

In der Regel gehen die Händler »long«, wie es im Jargon heißt, sie halten ihre Ölwerte in der Hoffnung, dass die Preise steigen. Dieser Strategie liegt der Gedanke zugrunde, dass Öl ein endlicher Rohstoff ist, er also knapp und knapper wird – und tendenziell immer teurer. Am Handelsplatz New York sind die Netto-Long-Positionen in diesem November 2011 auf 192 000 Kontrakte gestiegen, das ist der höchste Wert seit Ende Mai.

Besonderen Einfluss haben die Manager von Indexfonds gewonnen, die den Kursverlauf einer ganzen Palette von Rohstoffen abbilden, unter anderem von Rohöl. Die Index-Investoren scheren sich nicht um fundamentale Analysen; ob der Ölbedarf gerade wächst oder das Angebot schrumpft, ist ihnen gleich. Sie folgen blind dem Trend, der gerade herrscht.

Am Ende also ist es nicht mehr entscheidend, was wirklich auf dem Markt passiert, sondern wie die Finanzwelt das Geschehen interpretiert. So entfernen sich die Notierungen immer weiter vom realen Geschäft, vom zentralen Mechanismus, Angebot und Nachfrage in Einklang zu bringen. Der Preis hat seine Funktion als untrügliches Signal dafür verloren, ob tatsächlich Knappheit herrscht oder Überfluss.

Das wichtigste Öllager in den USA befindet sich in Cushing, einer Kleinstadt im Mittleren Westen. Vor fast hundert Jahren stießen Pioniere hier auf Ölquellen. Heute ist Cushing der zentrale Umschlagplatz des amerikanischen Ölmarktes, hier wird Öl der Sorte West Texas Intermediate (WTI) gelagert, es ist die Richtgröße für den globalen Markt.

Das Öl ist von hervorragender Qualität, leicht und schwefelarm. Leeren sich die Tanks am Rande der Stadt, dann gilt dies als Hinweis auf Knappheit und somit steigende Preise. Füllen sie sich, dann signalisiert dies Überfluss und sinkende Notierungen. So funktioniert der Mechanismus. In der Theorie. In der Praxis erweist sich die ökonomische Aussagekraft der wöchentlichen Pegelmeldung aus Cushing als äußerst begrenzt.

Diesmal zum Beispiel haben sich die Tanks im Wochenvergleich gegen den allgemeinen Trend deutlich gefüllt, um 791 000 auf 32,8 Millionen Barrel. Seit einiger Zeit gelangen nämlich weit größere Mengen Rohöl in die Präriestadt, als sie überhaupt verkraften kann. Sie stammen aus Nord-Dakota, dort können dank neuer Bohrtechniken die Energiefirmen bislang unerschlossene

Quellen ausbeuten. Gleichzeitig strömt immer mehr Rohstoff vom Norden ins Land, er wird aus kanadischem Ölschiefer gewonnen. Auf diese Volumina war die Infrastruktur in Cushing nicht vorbereitet.

Im Sommer waren die Tanks mit mehr als 40 Millionen Barrel prall gefüllt. Die Raffinieren konnten die Ware nicht schnell genug verarbeiten, die Pipelines waren überlastet. Dieses scheinbare Überangebot am Markt hat Folgen: Es führte dazu, dass sich WTI-Öl an der New Yorker Börse erheblich verbilligte. Zwischenzeitlich lag der Abstand zur Nordseesorte Brent bei bis zu 28 Dollar, obwohl WTI sogar qualitativ hochwertiger ist.

Inzwischen hat sich die Lage in Cushing etwas entspannt, die Preisdifferenz schrumpft tendenziell wieder, seitdem die USA weniger Rohöl einführen und sich damit der Druck auf die Kapazitäten verringert. Außerdem ist geplant, die Fließrichtung einer wichtigen Pipeline umzudrehen, von Cushing in Richtung Golf von Mexiko, und so für Entlastung zu sorgen.

Das Beispiel zeigt: Es bedarf nicht unbedingt echter Knappheit, um die Ölpreise zu bewegen. Es genügt schon, wenn irgendwo im Mittleren Westen Amerikas der Ölfluss ins Stocken gerät und sich deshalb unbeabsichtigte Reserven bilden.

Dallas, Texas, Büro von Hayman Capital

Seit zwei Tagen ist Amerika damit beschäftigt, schlechte Nachrichten aus Washington zu verarbeiten. Das Super-Komitee zum Schuldenabbau hat – ergebnislos – getagt, Präsident Barack Obama sieht immer mehr wie ein Papiertiger aus, und die Republikaner wirken wie verantwortungslose Blockierer. Hedgefonds-Manager Kyle Bass glaubt dennoch, es sei noch zu früh, gegen die USA zu wetten. »Der Tag wird kommen, ganz bestimmt«, sagt er, »aber er ist noch nicht da.« Was da ist, ist Europas Krise, riesig, dramatisch, größer noch, als sie sich der vorausschauende Hedgefonds-Manager aus Texas anfangs ausgemalt hatte.

Zurückgelehnt schaut Bass aus der texanischen Ferne zu, was den Regierungen in Europa gegen die Krise einfällt. Und eigentlich hat nichts vor seinem scharfen Urteil Bestand. Diesen Rettungsfonds etwa, jene Agentur in Luxemburg, jene »Fazilität« EFSF, die als Geldtopf für bedrängte Länder funktionieren soll, hält er für eine »sagenhaft dumme Idee«. »Verschuldete Staaten gründen einen Fonds, um ihre Schuldenprobleme zu lösen?«, fragt er. »Ist das ein Witz? Ich denke, schon. Und hier ist die Pointe: Welcher Investor hat sich gleich gemeldet, um Anteile zu kaufen? Japan natürlich, das am höchsten verschuldete Industrieland der Welt.«

Lachhaft findet Bass die Hoffnung, dass der totale Schuldenaufkauf durch die Europäische Zentralbank, nun immer lauter diskutiert, die Probleme lösen könnte. Er blättert in seinen Statistiken, besieht sich seine Balkendiagramme, die Kurven und Figuren. »Die Situation ist so verfahren, dass da keine ›Lösung‹ mehr in Sicht ist. Es gibt in diesem Spiel keinen Retter. Und ich glaube auch nicht, dass sich die deutsche Regierung, die ich für die klügste in Europa halte, darauf einlassen wird, die EZB ex ante einzusetzen. Die Deutschen werden es ex post machen – nach dem Crash, nach dem großen Schuldenschnitt. Und Europa wird sich auch viel Geld beim IWF besorgen, weil sich die Welt diese Krise insgesamt nicht leisten kann.«

Einen Pragmatiker nennt sich Bass selbst, er strebt dem Ideal nach, allen Pessimismus und allen Optimismus aus seinem Denken zu verbannen und in einem Zustand des reinen Realismus anzukommen. Das Geld der Kunden von Hayman Capital steckt er in Aktien, Anleihen, Optionsscheine, 60 Prozent des Kapitals sind so investiert, mit dem Rest des Geldes »hedgt« er sein Portfolio, hedgen heißt einhegen, es heißt, dass er Gegengeschäfte abschließt, um Risiko zu verringern.

Wenn sein Fonds etwa, theoretisch, viele deutsche Autoaktien hielte, würde er im Gegenzug sicher auch darüber nachdenken, irgendwo ein billiges Zertifikat zu kaufen, mit dem sich auf den Niedergang der deutschen Autoindustrie spekulieren ließe. So geht Investieren, alle machen es so, das allererste Ziel aller Finanzmanager ist es, kein Geld zu verlieren. Hohe Gewinne sind das Sahnehäubchen. Und manchmal, vor allem bei den Hedgefonds, sprudeln sie ausgerechnet aus den Gegengeschäften.

Nach den erfolgreichen Finanzwetten gegen den Subprime-Markt analysierte Hayman Capital – mit eiskaltem Realismus – die Lage der Staaten. Bass ließ seine Leute im Büroklotz an der Cedar Springs Road in Dallas monatelang volkswirtschaftliche Daten sammeln, bei der Weltbank, beim Währungsfonds, bei nationalen Regierungen, Zentralbanken, und manchmal fand sich Nützliches auch im CIA Factbook, dem Jahrbuch des US-Auslandsgeheimdiensts.

Das heute Offenkundige – die gnadenlose Überschuldung Europas – blieb den Märkten damals, Mitte 2008, noch verborgen, ein dramatischer Fall von Marktversagen, aber Bass war schneller und sah besser als die anderen. Und er fürchtete sich auch nicht davor, als Sonderling zu gelten, während alle anderen Akteure – all die Banken und Versicherer, die Wall-Street-Zaren und Fondsmanager – noch immer mit gutem Gefühl Europas Staatsanleihen kauften. Bass tat das Gegenteil – von Mitte 2008 an deckte er sich mit Kreditausfallversicherungen (CDS) auf Europas Schulden ein. Und über ein Jahr später, je weiter sich die Lage Griechenlands verschärfte, begann für Hayman Capital ein wildes Karussell des Geldverdienens. Bass stieg bald aus, »natürlich viel zu früh«, aber an einem bestimmten Punkt, sagt er, und das klingt seltsam aus dem Mund eines Hedgefonds-Managers, wäre es Wahnsinn gewesen, oder reine Zockerei, immer noch weiterzumachen.

Bonn, Bundesanstalt für Finanzdienstleistungsaufsicht

Bei der BaFin sorgt sich die Abteilung Q 11 Finanzstabilität um den Anstieg der CDS-Prämien für die Staatsanleihen vieler Länder. Die Anleger, heißt das, lassen sich die gestiegene Unsicherheit höher bezahlen. Nicht nur Versicherungen von Staatspapieren kosten mehr: »Unter den beobachteten Banken und Versicherungen gibt es international kein einziges Unternehmen, dessen CDS-Spread nicht gestiegen ist.«

Spread heißt eigentlich Spreizung, in der Investorensprache bezeichnet das Wort allerlei, im Falle der CDS ist es ein krummer Begriff für die anfallenden Gebühren: Ein CDS-Spread von 100 würde bedeuten, dass der Versicherungskontrakt 100 Basispunkte (ist gleich ein Prozent) der versicherten Summe kostet; wer dann Anleihen im Wert von einer Million Euro versichern wollte, müsste 10 000 Euro Jahresgebühr bezahlen.

BaFin-Chef Jochen Sanio und seine Leute hatten sich zur Abwechslung »mal eine ruhige Woche gewünscht«, doch danach sieht es überhaupt nicht aus. Für Sanio ist das Einfrieren des Interbankenmarktes »Ausdruck einer Vertrauenskrise«, und deren Grad lässt sich auch an den hohen Zinsen ablesen, die zurzeit im Interbankenmarkt verlangt werden, auf dem sich die Banken gegenseitig Geld leihen. Die Werte der Lehman-Krise werden noch nicht ganz erreicht, aber »die Risikoaufschläge sind wieder dramatisch – ein Ausdruck tiefer Verunsicherung«.

Nach dem Lehman-Crash war das Vertrauen der Bevölkerung tief erschüttert, »und man musste dafür sorgen«, sagt Sanio, »dass kein Geldautomat leerlief und einen Bank-Run auslöste. Noch nie waren die Geldtransporter so oft unterwegs wie damals«.

Zu verhindern, »dass die Menschen massenhaft in Panik geraten«, sei das Wichtigste in solchen Krisensituationen. Das gilt nicht nur für Bankkunden, das gilt auch für die Anleger auf den Finanzmärkten. Die Bundesbank konstatiert in ihrem »Finanzstabilitätsbericht 2011«, dass »ein ausgeprägtes Herdenverhalten« dazu führt, dass das Finanzsystem heutzutage »exogene Schocks eher verstärkt, anstatt sie zu dämpfen«, der Gleichlauf der Finanzmärkte, der »in Stressphasen besonders ausgeprägt auftritt«, sei gefährlich.

Die Investmentstrategien der marktbeherrschenden Banken und die große Bedeutung von Derivaten führen dazu, dass sich der Herdentrieb auf den Finanzmärkten verstärkt: Wenn es früher auf dem einen Markt nach unten ging, ging es auf dem anderen oft nach oben. Heutzutage seien die Märkte so miteinander vernetzt und die Akteure so gleichgeschaltet, dass »die weltweite Entwicklung an den Aktienmärkten auch mit den Ausschlägen an den Rohstoff- und Devisenmärkten verknüpft« sei, meint Sanio.

Keine andere Bank ist auf so vielen Märkten dominierend wie die Deutsche Bank, darum gilt sie unter den »Sifis«, den 29 wichtigsten Großbanken, als einer der gefährlichsten Dominosteine im Weltbankensystem.

Die Deutsche Bank agiert in 70 Ländern, die Prüfer der BaFin konzentrieren sich auf die »Goldjungs«, auf die Händler, die am meisten zum Gewinn der Bank beitragen. Wo die höchsten Gewinne anfallen, liegen auch die größten Risiken, nach dieser einfachen Formel überprüfen die BaFin-Leute zusammen mit der Bundesbank die Geschäftspraktiken, auch die bei vielen Banken verbreitete Praxis, Risiken aus den Bilanzen in Schattenbanken zu verlagern.

Zweckgesellschaften, Spezialdienstleister und Beteiligungsfirmen betreiben ähnliche Geschäfte wie Banken, ohne den gleichen Eigenkapitalvorschriften und Auskunftspflichten folgen zu müssen. Seit 2002 ist das Geldvolumen, über das die sogenannten Schattenbanken herrschen, von 27 auf 60 Billionen Dollar angewachsen. In den USA vergeben die oft wenig bekannten Finanzfürsten schon mehr Kredite als die Banken – und oft zu wesentlich laxeren Bedingungen.

Investmentbanker, die ihren Job verlieren oder sich von neuen Vorschriften gegängelt fühlen, wandern deshalb gern auf die dunkle, man könnte auch sagen: freiere, wildere Seite der Finanzwelt ab.

Die Banken lagern Geschäfte aus, wo immer es geht. Vor der Finanzkrise betrieben die deutsche IKB oder auch Lehman Brothers Milliardengeschäfte über sogenannte Zweckgesellschaften, die oft nicht einmal in den Bilanzen auftauchten. Als die Risiken hochgingen, kam es zur Katastrophe.

Die Phantasie der Geldmanager bremste das nicht. Sie haben längst andere Wege eingeschlagen, um ihre Bücher zu verschönern. »Regulatory Capital Relief«, Kapitalentlastung, heißt das jüngste Modewort in der Finanzbranche. Dafür werden Kredite nicht – wie vor dem Lehman-Crash – komplett über Zweckgesellschaften aus der Bilanz gezaubert, sondern auseinandergenommen, in Wertpapieren verbrieft und in Tranchen verkauft, ganz wie vor der Subprime-Krise. Lediglich ein kleiner Prozentsatz bleibt in den Büchern.

Die BaFin-Aufseher sehen voller Sorge, dass sich unter den Hedgefonds, »die keiner wirklich überwacht«, einige darauf spezialisieren, besonders gefährliche Risiken anzuhäufen. Anders als die meisten Mitglieder des Financial Stability Board, des internationalen Gremiums von Finanzaufsehern, glaubt der BaFin-Chef, dass allein dieses riskante Spiel jederzeit eine Krise auslösen kann. Wenn Hedgefonds zusammenbrechen, können sie die großen Investmentbanken, die ihre Hauptkreditgeber sind, leicht mit in den Untergang reißen.

DONNERSTAG, 24. NOVEMBER 2011, NOCH 15 TAGE BIS ZUM EURO-GIPFEL

München, Zentrale der MEAG-Vermögensverwaltung (Anleihemarkt)

Reiner Back, bei der MEAG Leiter Portfolio-Management für den Rentenmarkt, ist am Vortag vom Flughafen direkt ins Büro gegangen, frisch rasiert und rosig, trotz elf Stunden Flug aus Peking. Sein Körper steht noch auf China-Zeit, da kann er genauso gut schon die E-Mails abarbeiten und die Nachrichtendienste lesen.

Die MEAG hat ihren Sitz in Münchens Bankenviertel am Oskar-von-Miller-Ring, in direkter Nachbarschaft zur Bayerischen Landesbank und zur Zentrale von Siemens. Es ist ein funktionaler Bau aus den fünfziger Jahren, zur Straße hin ist Kunst angebracht, von Gelb nach Rot changierende Lichtflächen. Von weitem sieht es aus, als werfe im Haus ein Kellerbrand seinen Schein. Nicht viele kennen den Namen MEAG. Aber über zehn Millionen Deutsche haben ihre Zukunft von dem abhängig gemacht, was in diesem Gebäude vor sich geht. Die MEAG verwaltet das Vermögen von zwei der wichtigsten deutschen Versicherungsunternehmen, Munich Re und Ergo.

Keinem, der eine Lebens- oder Krankenversicherung bei Ergo oder der DKV laufen hat, niemandem, der eine Unfallrente abschließt, kann es egal sein, was Reiner Back und seine 36 untergebenen Bond-Markt-Experten heute beschließen werden. Es wird ein wichtiger Tag werden. Als Erstes holt Back sich die Kurve Euro-Bund-Future auf den Schirm. In diesem Wertpapier spiegelt sich die Zinserwartung für die Schulden der Bundesrepublik Deutschland wider. Er wird sie bis zum Abend im Auge behalten.

Reiner Back ist ein Mann ohne sichtbare Eigenschaften, bieder und grundsolide. Er wollte eigentlich mal Archäologe werden, sagt er. Nun ist er mit seiner Abteilung einer der großen Akteure auf dem Bond-Markt. Er ist derjenige, der entscheidet, ob er Spanien, Italien, Frankreich nächste Woche noch für so kreditwürdig hält, dass er ihnen ihre Staatsanleihen abkauft.

Die Schatzämter dieser Staaten brauchen das Geld, um fällige Schulden bezahlen zu können. So dringend, dass sie teils Rekordzinsen bieten, sechs, sieben Prozent. Ihre Papiere halten das Projekt Europa am Leben. Wenn Staaten kein Geld mehr geliehen wird, heißt das, die Anleihemärkte haben kein Vertrauen mehr in diese Regierungen. Die Regierungen in Rom, Madrid, Paris rechnen auf Leute wie Reiner Back. Sie brauchen sein Vertrauen. Sie zählen auf ihn.

Aber Reiner Back ist skeptisch. Denn die 170 Milliarden Euro in seinem Portfolio sind zum großen Teil Ersparnisse von kleinen Leuten, die Lebensversicherungen gekauft haben, für ihren Lebensabend. Die haben einen Anspruch darauf, ihr Geld verzinst zu bekommen.

Deshalb kauft Back keine Griechenland-Papiere mehr. Italien-Anleihen hat er in den vergangenen Monaten auf den Markt geworfen und damit indirekt Berlusconi aus dem Amt gejagt. Aber meist macht er gar nichts – und das ist schlimmer als alle Attacken von Spekulanten.

Er ist bei europäischen Anleihen in einen Käuferstreik getreten, so wie andere große Investoren auch. »Wir haben unsere Risiken verstärkt aus der Euro-Zone herausdiversifiziert«, sagt Back. Das ist schlimmer, als es klingt. Es heißt, dass Back den Euro-Staaten kein Geld mehr leihen will. Weil er ihren Regierungen nicht mehr vertraut.

Bewegt er damit den Markt? Kein noch so mächtiger Akteur auf den Finanzmärkten würde das von sich behaupten. Tatsächlich nimmt sich selbst das chinesische Engagement klein aus gemessen am Volumen des Anleihemarktes. Es dürfte eher so sein, dass der

Markt nicht von den großen Anlegern bestimmt wird, sondern von der großen Masse der Kleinanleger.

Und wann ändert sich die Bewegung des Marktes? Wenn Wendepunkte erreicht sind: Irgendwann werden die Zinsen so hoch (oder so niedrig), dass die ersten Investoren anfangen, an eine baldige Wende zu glauben. Und dann genügt ein kleiner Impuls, ein Gerücht, ein politisches Signal, und der Trend dreht.

Frankfurt, Zentrale der Vermögensverwaltung DWS (Aktienmarkt)

In Frankfurt sitzt Thomas Schüßler vor seinem Bildschirm und sieht dem Dax beim Flattern zu. Der deutsche Leitindex stieg am Morgen, dann fiel er, am Nachmittag drehte er schlagartig ins Minus, als Bloomberg vermeldete: »Merkel rules out Euro Bonds«, Merkel gegen Euro-Bonds. »Wieder ein paar Hoffnungen zerstört«, sagt Schüßler, »alles in die Tonne«.

Dass die Rating-Agentur Fitch am Vormittag bekanntgegeben hatte, sie würde Portugal auf Ramschniveau herabstufen, hatte an den Aktienmärkten dagegen niemanden mehr interessiert. »Portugal ist raus aus dem Markt«, sagt Schüßler. »Der Kurs, zu dem Portugal handelt, entspricht ohnehin Ramschstatus. Portugal ist keine Nachricht mehr.«

Am Vortag war Deutschland bei einer Auktion für seine Staatsanleihen nur etwas über 60 Prozent der angebotenen Anleihen losgeworden, die schlechteste Quote seit langem. »Die Krise erreicht Deutschland«, hatte Schüßler gesagt, die Nachricht sei »ein klarer Warnschuss«, Deutschland werde »in die Krise reingezogen«. Das Schicksal von Spanien und Italien sei eben doch nicht isoliert von Deutschland zu betrachten.

München, Zentrale der MEAG-Vermögensverwaltung (Anleihemarkt)

Reiner Back muss an diesem Donnerstag entscheiden, ob die MEAG sich aus dem europäischen Bond-Markt noch weiter zurückzieht. Der Verkaufsflop der deutschen Staatsanleihe macht ihm zu schaffen, er ist ein Alarmzeichen.

Die auf zehn Jahre laufende Bundesanleihe heißt kurz »the Bund« und ist in Euro-Land das Maß aller Dinge, eine Art Urmeter im Rentenmarkt. Wenn Italiens Staatstitel einen »Spread« von 220 Basispunkten haben, heißt das, Italien muss dem Markt 2,2 Prozentpunkte mehr Zinsen für seine Anleihen anbieten als Deutschland.

Staatsanleihen werden in einer geschlossenen Auktion direkt an die Investoren verkauft. In Deutschland findet eine Auktion immer montags und mittwochs statt, immer um kurz vor elf Uhr. Die Grunddaten, Laufzeit und Volumen, werden schon fünf Handelstage vor der Auktion bekanntgegeben, damit die potentiellen Investoren ein wenig Zeit zum Nachdenken haben. Eine ausgewählte Gruppe von Bietern, global operierende Banken, große Fonds, werden einen Tag vorher um Gebote gebeten. In normalen Zeiten eine reine Routineveranstaltung.

Aber nicht gestern. Der Markt wollte nicht. Back wollte nicht. Der Bund bot zwei Prozent. Aber die Millionen Kunden der Ergo Lebensversicherung haben einen vertraglichen Anspruch auf eine Mindestrendite von durchschnittlich 3,3 Prozent. Selbst die Inflationsrate liegt höher als das, was der Bund bietet. Das war Back zu wenig.

Und auch sonst reichten die abgegebenen Gebote bei weitem nicht aus. Von der auf sechs Milliarden Euro angelegten Bundesanleihe fanden nur 3,89 Milliarden einen Interessenten, solche Flops kommen, selten, schon einmal vor. Aber in nervösen Zeiten wird jedes Marktereignis doppelt auf seine Bedeutung abgeklopft.

Und seit langer Zeit war die Unterbietung bei einer Bund-Auktion nicht so hoch. Die ersten Analysten werden zitiert, von »Käuferstreik« und »Desaster« ist die Rede.

Um 9 Uhr, kurz nach Handelsbeginn, ruft Back seine 36 Portfolio-Manager zusammen. Er redet kurz, dann verabschiedet er die Kollegen mit der Botschaft, dass sie weiter kleine Schritte gehen sollen. Kein massiver Einstieg in Südeuropas Anleihemärkten, obwohl deren Renditen bei über sieben Prozent liegen. »Wer zu früh kommt, den bestraft das Leben«, sagt er. Auch von Bundesanleihen sollen sich die Kollegen aktuell fernhalten.

Bonn, Bundesanstalt für Finanzdienstleistungsaufsicht

Für den Donnerstag weist MaRiA, die Markt- und Risikoanalyse der BaFin, wieder besorgniserregende Kurven auf. Die CDS-Spreads, die Preise der Kreditversicherungen, laut BaFin-Chef Sanio inzwischen der meistbeachtete Krisenindikator, haben sich weiter nach oben bewegt, die Prämien zur Absicherung von portugiesischen, belgischen, niederländischen, spanischen und griechischen Staatsanleihen sind gestiegen, ebenso die Prämien für deutsche und italienische Bankanleihen.

Nicht immer haben solche Bewegungen mit dem Bedürfnis nach mehr Sicherheit zu tun. Oft haben sich gewisse Finanzakteure skrupellos bedient, was sich Sanio mit »den gefährlichen Anreizen« in den Märkten erklärt: »Wenn ich dort mit windigen Finanzprodukten ein Vielfaches von dem verdienen kann, was ich für den Rest meines Lebens brauche, dann handele ich natürlich damit, und es ist mir egal, wenn hinterher alles über den Jordan geht.«

Als Kontrolleur der Märkte, die so funktionieren, muss man deshalb immer mitdenken, dass jeder Regulierungsversuch nur zur Suche nach neuen Schlupflöchern führt, zur Suche nach Finanzprodukten, die die Regeln aushebeln. Zugleich aber gesteht Sanio den Banken zu, mit dem massenhaften Kauf europäischer Staatsanleihen nicht gezockt, sondern nach einer risikolosen Anlageform gesucht zu haben. Nun würden sie in der Öffentlichkeit »wie ein Lamm zur Schlachtbank« geführt.

München, Zentrale der MEAG-Vermögensverwaltung (Anleihemarkt)

»Der Markt verharrt in Angststarre«, sagt Reiner Back mit einem Blick auf die vier Bildschirme, die auf seinem Schreibtisch stehen. Die Deutsche Bank hat gerade eine Studie zu den Euro-Bonds geschickt. Er überfliegt die Studie. Nichts fürchtet Back mehr als diese Bonds, die eine gesamtschuldnerische Haftung Deutschlands für alle Euro-Länder bedeuten, vor allem, wenn keine konkreten, sanktionsbehafteten Sanierungsschritte vorgesehen sind.

Es ist schwer in diesen Zeiten, eine Lage vernünftig zu beurteilen, zu entscheiden, welche kleinen Schritte jetzt zu gehen sind. Die kleinen Entscheidungen, sagt Back, machen den Markt aus, und als Investor ist man den Politikern am besten immer vier, fünf Züge voraus.

Bond-Manager wie Back sind nicht der große Unbekannte. Sie sind der kleine Mann von nebenan, der eigentlich nichts anderes tut, als dauernd auf Nummer sicher zu gehen. Wenn Back deshalb die Politiker über »die Spekulanten« reden hört, wird seine Stimme spitz. Dann fühlt er sich gemeint, und zu Unrecht: »Wir spekulieren nicht gegen europäische Staatsanleihen«, sagt er dann, »wenn die Kurse der Anleihen fallen, verlieren alle Investoren.«

Backs Arbeitgeber Munich Re kann das sogar genau beziffern. Im Jahr 2011 hat der Rückversicherer exakt 933 Millionen Euro auf seine Investitionen in Griechenland abschreiben müssen. Nur ein Schadenfall, der Tsunami in Japan, war in diesem Jahr für den

Rückversicherer noch viel schlimmer. Aus seiner Sicht war der Zahlungsausfall Griechenlands so etwas wie eine Atomkatastrophe für die Anleihemärkte. Zum ersten Mal in seiner 25-jährigen Berufslaufbahn hat Back erleben müssen, dass ein westeuropäischer Staat de facto Konkurs angemeldet hat. Das hat für ihn und seine Kollegen die Spielregeln geändert.

Seitdem sitzen Back die Risikomanager im Konzern im Nacken. Gewissheiten zählen nicht mehr. Um nicht noch einmal hohe Abschreibungen machen zu müssen, hat er in jüngster Zeit Italien-Risiken verkauft. Das Risiko dort sei um 1,4 Milliarden Euro reduziert worden, meldete sein Finanzvorstand bei der Vorlage der Zahlen für das dritte Quartal.

Während Back seine Teamsitzung hat, sitzt der Vorstand der Munich Re in seiner Herbstklausur und lässt sich von seinen Volkswirten die wichtigsten Szenarien schildern. Eines davon: das Ende des Euro. Das wahrscheinlichere: Am 9. Dezember wird die Entscheidung für den Euro-Bond fallen. Die Kanzlerin wird bis dahin gegenhalten, um möglichst feste Sparzusagen von den Schuldenländern herauszuhandeln.

Al-Katif, Saudi-Arabien

In einer Ortschaft im ölreichen Osten des Königreichs kommen bei Unruhen vier Zivilisten ums Leben, neun werden verletzt. In der Region leben überwiegend Schiiten, immer wieder kommt es zu Auseinandersetzungen mit den Sunniten, die die Mehrheit in Saudi-Arabien stellen und die Herrschaft ausüben. Der Ölpreis bewegt sich weiter bei 97 Dollar.

Jede Nachricht über Spannungen in der arabischen Welt ist dazu angetan, die Märkte für Öl und Gas in Aufregung zu versetzen. Die Böden im Nahen Osten und Nordafrika sind gesegnet mit den größten Reserven der Welt, allein sieben Staaten decken mit ihren Exporten gut ein Drittel des globalen Ölbedarfs: die Vereinigten Arabischen Emirate, Kuweit, Irak, Iran, Libyen, Katar und allen voran Saudi-Arabien.

Diese sieben Länder sind die führenden Akteure innerhalb des Kartells der Opec, sie bestimmen maßgeblich die Energieversorgung der Welt. Eine Unterbrechung im steten Fluss, und die Folgen werden überall empfindlich spürbar.

Während der ersten Ölpreiskrise im Oktober 1973 verdreifachte sich der Preis für das Barrel innerhalb von Tagen – und bremste die westlichen Volkswirtschaften für viele Monate aus. Bislang ging noch jeder Rezession in den vergangenen Jahrzehnten eine Inflation der Ölnotierungen voraus: 1973, 1979, 1990 und 2008.

Auch heute genügt der kleinste Hinweis auf einen Förderstopp – streikende Raffineriearbeiter in Schottland oder eine Rebellenattacke auf Anlagen in Nigeria – und der Preis springt oftmals gleich um mehrere Dollar nach oben. In solchen Momenten lechzt der Markt förmlich nach schlechten Nachrichten und ignoriert jede Meldung, die ihn wieder beruhigen könnte.

Es ist ein höchst irrationales System, wie das Ölangebot die Preise beeinflusst. Es wird geleitet von geopolitischen Motiven, von militärischen Erwägungen, von religiösem Eifer. Von Emotionen eben. Sie richten sich nicht allein gegen die westlichen Verbraucherstaaten, auch die Opec-Mitglieder untereinander sind sich nicht besonders grün.

Tag für Tag wirken zahllose Nachrichten aus aller Welt auf die Rohstoffmärkte ein, übermittelt von Agenturen wie Reuters, Bloomberg oder BrookHunt. Jede dieser Meldungen gibt einen Hinweis darauf, wie sich die globale Nachfrage entwickeln könnte, ob der Bedarf an Öl und Gas, an Kupfer und Nickel, an Weizen und Mais wächst, sinkt oder stagniert. Es geht nicht um die Nachricht an sich, sondern darum, wie stark sie von den Erwartungen abweicht.

Nie zuvor waren die Akteure an den Rohstoffmärkten in der Lage, eine solche Menge an Nachrichten zu verarbeiten. Zugleich aber, so paradox es klingt, ist es ihnen nie so schwer gefallen, sich ein präzises Bild von den Märkten zu machen, sie zu verstehen oder gar ihren Verlauf zu prognostizieren. Vor einigen Jahren war das noch eher möglich.

Damals beeinflusste der klassische Zyklus von Angebot und Nachfrage maßgeblich das Geschäft: Wurden Agrargüter, Metalle oder Energieträger zu billig, drosselten die Produzenten die Herstellung. Irgendwann war so wenig Ware auf dem Markt, dass die Preise wieder stiegen. Die Landwirte, die Minen, die Energieerzeuger fuhren darauf ihre Kapazitäten hoch, das Warenangebot wurde größer, die Preise sanken, der Zyklus begann von neuem. Höchstens ein Öllieferboykott oder eine Dürrewelle konnten die Ordnung zwischenzeitlich einmal stören.

Die wichtigsten Rohstoffbörsen sind die von New York und London. Dort greifen seit einigen Jahren branchenfremde Akteure massiv ins Geschehen ein: Banken, Hedgefonds, Pensionskassen. Das Engagement dieser sogenannten Non-Commercials hat den Charakter des Rohstoffgeschäfts völlig verändert. Es ist unberechenbar geworden.

Vorgegeben wird er von den Leittieren im Markt, von Leuten wie dem Hedgefonds-Manager John Paulson.

Wenn Paulson Gold im Wert von zwei Milliarden Dollar abstößt, wie Mitte November 2011 geschehen, dann ist das ein Signal, das keiner ignorieren mag. Da kann die Schuldenkrise Europa noch so sehr erschüttern – die Investoren flüchten dennoch nicht ins Gold, sein Preis stagniert seit Paulsons Ausstieg zum Erstaunen vieler. Der Herdentrieb scheint größere Wirkung zu entfalten als alle Erfahrungswerte.

Irgendwann aber erreichen sie dann die Klippe, wie Anfang Mai einmal zu beobachten war: Der Crash am Silbermarkt riss nicht nur das Edelmetall in die Tiefe, sondern kollektiv auch die meisten anderen Rohstoffe, die in den Indexfonds enthalten sind. Der Ölpreis brach an einem Tag um zwölf Dollar ein. Und weil Fondsmanager in Frankfurt, Derivatehändler in New York, Hedgefonds in Texas, Bond-Manager in München immer auch ein Auge auf den Ölpreis haben, hängt in der heutigen Welt der Billionenspiele alles mit allem zusammen.

MONTAG, 28. NOVEMBER 2011, NOCH 11 TAGE BIS ZUM EURO-GIPFEL

New York, Rohstoffbörse Nymex

Der Ölpreis steigt um drei Prozent auf mehr als 100 Dollar. Ohne Spekulation könnte Rohöl etwa ein Drittel billiger sein und der Spritpreis im Schnitt um 14 Cent niedriger liegen. Hedgefonds, Pensionskassen oder Staatsfonds trieben die Notierungen künstlich in die Höhe.

In Amerika hat eine Debatte darüber begonnen, wie man den Einfluss der Spekulation eindämmen soll. Es geht unter anderem darum, Positionslimits zu definieren, also eine Obergrenze an Kontrakten, die ein Händler halten darf. So etwas gab es in den USA schon einmal, Präsident Franklin D. Roosevelt hat solche Vorgaben nach der Großen Depression in den dreißiger Jahren eingeführt; sie wurden vor gut zehn Jahren wieder aufgehoben, als der Zeitgeist Deregulierung predigte.

Die Handelsaufsicht CFTC will nun an die alten Zeiten anknüpfen und wieder strengere Regeln formulieren, der aktuelle US-Präsident unterstützt sie darin. Das Ziel müsse es sein, sagte Barack Obama, »jeden Fall von Betrug oder Manipulation auf den Ölmärkten, der die Kraftstoffpreise beeinflussen könnte, zu verhindern«. Und dazu müsse die Behörde auch die Rolle der Händler und Spekulanten untersuchen, forderte der Präsident.

Einen ersten Schritt haben die US-Börsen von sich aus getan. Sie verlangen neuerdings höhere Sicherheitsleistungen für Ölkontrakte. Wer ein Papier kauft, muss mehr Geld als bisher hinterlegen, durch die Zusatzkosten soll vor allem kurzfristigen Spekulanten das Geschäft erschwert werden. Ist das die richtige Idee? Kritiker befürchten, dass die Finanzakteure ihre Aktivitäten einfach verlagern, nach London an die Terminbörse ICE: Dort ist der Handel weniger reguliert.

Dass es Spekulanten sind, die die Preise treiben, daran besteht kein Zweifel: Der Umfang der Wetten auf höhere Preise und der tatsächliche Verlauf des Ölpreises laufen nahezu parallel, die Übereinstimmung liegt bei fast 90 Prozent.

New York, Wall Street, Devisenabteilung einer Großbank (Devisenmarkt)

Schon am frühen Morgen ist die Wall Street an diesem Montag stark in Bewegung, in Europa wird seit Stunden gehandelt, die Börsen liegen stark im Plus, das sind gute Nachrichten für den Devisen-Derivate-Händler Ben Koch. Nicht, weil es endlich positive Nachrichten aus Europa sind, nicht, weil es überall endlich nach oben geht.

»Ob nach oben oder unten, ist für uns egal«, sagt Koch. Hauptsache, es gibt überhaupt Bewegung, »denn darauf handeln wir.« Für den Händler und seine Geschäfte ist es am Ende egal, ob der Euro bei 1,10 Dollar oder 1,50 steht, was zählt, ist der Weg dorthin, die starke Schwankung des Wertes, das Auf und Ab, in dessen Wechselfällen sich mit Gewinn kaufen und verkaufen lässt: »Es geht allein um die Volatilität.« Es ist ein lohnendes Geschäft in dieser Zeit, in der die Volatilität stets hoch und das Risiko stets groß scheint. Seine Bank hat mit Devisen-Derivate-Geschäften Hunderte Millionen Dollar Gewinn gemacht.

Die Währungsmärkte sind inzwischen zu kompliziert für die menschlichen Gedankenabläufe. An der Wall Street suchen sie längst nicht mehr nur nach den besten Finanzwissenschaftlern, stattdessen tobt ein Kampf um die besten Formelbauer. Die Investmentbanken und Hedgefonds schicken ihre Rekrutierer zu den technischen Universitäten, zum MIT oder nach Stanford, dort sollen sie Ingenieure finden und Physiker. Sie müssen nichts wissen über Zinszertifikate und Aktienoptionen, sie sollen ihnen Computermodelle bauen, immer schnellere, klügere und unabhängigere.

Gefüttert werden die Modelle mit riesigen Datenmengen: Bruttosozialprodukt, Zinsen, Rohstoffpreise, Inflation, ein Wust historischer Wirtschaftsinformationen, der mitunter zurückgeht bis in die florentinische Republik. Am Ende kommt ein Algorithmus heraus, der alleine entscheidet, wann er Dollar kauft und wann er Yen verkauft.

Bremen, Handelsraum der Landesbank (Devisenmarkt)

Der Bremer Devisenhändler Frank Möller hat nach acht schleppenden Handelstagen endlich wieder gut zu tun. Seine Kunden, mittelständische Importeure, rufen an, einer nach dem anderen. Sie wollen Dollar kaufen, denn zwei Nachrichten treiben den Euro/Dollar-Kurs heute nach oben und damit den Wert des Dollar nach unten.

Die erste Nachricht hat die italienische Zeitung »La Stampa« in die Welt gesetzt: Unter Berufung auf IWF-Kreise schrieb sie, dass es Gespräche gebe zwischen dem Internationalen Währungsfonds und der italienischen Regierung über ein Unterstützungspaket von 600 Milliarden Euro.

Die Meldung wurde von einem Sprecher des IWF dementiert, und ebenso ging es mit der Meldung, dass europäische Regierungen »Elite-Bonds« planen, Anleihen, ausgegeben vom kleinen Club der Triple-A-Staaten Europas. Berlin, das Finanzministerium dort, ließ wissen, dass solche Bonds nicht geplant seien. Aber das ändert nicht viel.

Die Devisenhändler und viele ihrer Anleger kümmern sich nicht um die Dementis. Der Euro/Dollar-Kurs steigt von 1,3290 auf 1,3376. Die Anleger kaufen wieder Euro, weil sie glauben wollen, dass in den beiden Meldungen ein Körnchen Wahrheit steckt, so interpretiert Möller den Kursverlauf. »Die Anleger hoffen, dass Europas Politiker sich endlich bewegen, dass die Euro-Bonds, in welcher Form auch immer, kommen.« Es sind Hoffnungskäufe, gespeist durch Gerüchte, Stimmungen, Erfahrungen.

»Der einzelne Anleger tut es, weil er weiß, dass viele andere Anleger es auch tun«, sagt Möller. Den Rest erledigen die hektischen Daytrader, die ein paar Stunden, ein paar Minuten oder ein paar Sekunden lang einen Trend surfen, und große Teile des Geschäfts haben die Maschinen übernommen, Computerprogramme, die nach komplizierten Algorithmen Aktien in Millisekunden kaufen und wieder verkaufen, um winzigste Kursschwankungen auszunutzen. Die Herde ist los.

Frankfurt, Büro der Investmentgesellschaft Invesco

»Nachrichtenlärm«, sagt Bernhard Langer, deutscher Anlagestratege beim US-Fondsanbieter Invesco zu dem normalen täglichen Nachrichtenfluss, der über die Computer und Fernsehschirme in das Frankfurter Büro dringt. Er lässt sich davon offensichtlich nicht groß aus der Ruhe bringen, auch nicht von den Eindrücken, die er in Berlin bei Gesprächen mit Vertretern verschiedener Ministerien gewonnen hat.

Was er gehört hat, »war nicht grade erbaulich«, sagt der 47-Jährige mit dem locker gescheitelten grauen Haar und dem leichten bayrischen Akzent.

Trotzdem trägt Langer die für ihn typische Mischung aus höflicher Zurückhaltung und guter Laune zur Schau. Ruhig sitzt er in einer kubistisch anmutenden, schwarzen Sofaecke in seinem Büro, ganz auf seinen Besuch konzentriert. Schließlich verbietet es schon das Geschäftsmodell, sich von Angst oder einzelnen Horrormeldungen in Hektik versetzen zu lassen.

Langer ist überzeugter »Quant« und gehört damit einer neuen Spezies von Händlern an, die das Internetzeitalter hervorgebracht hat. Er und sein 50-köpfiges Team verlassen sich bei Kaufentscheidungen für ihre Fonds auf riesige Rechner, die in gigantischen Lagerhallen in der texanischen Wüste stehen.

Langer war die branchentypische Hektik an den Aktienmärkten schon immer suspekt. Als er 24 war, war er als junger Bankkaufmann bei der Vereinsbank von einem Tag auf den anderen für das US-Portfolio zuständig. »Jeden Tag riefen mich da Broker an und erzählten irgendetwas über einen Markt, der 5000 Kilometer weit weg war«, sagt er. »Danach musste ich dann entscheiden. Das war abstrus.« Ein Besuch an der bayrischen Börse, wo die Händler schwitzend und adrenalingesteuert durch die Gegend brüllten, gab ihm den Rest.

Seit damals sucht Langer, von Natur aus ein eher gemächlicher Typ, nach Mustern und nach handfesten Regeln, nach denen man seine Entscheidungen richten kann. Er fand sie in den USA bei einem »ziemlich entrückten« Investor, der mit den ersten Computern hantierte. Seitdem hält sich Langer an mathematische Formeln und Matrizen, und an die Überzeugung, dass sich der Wahnsinn und die Nachrichtenflut an den Börsen nur noch mit Hilfe von Algorithmen systematisieren lassen. Die Börsennachrichten, bei denen Moderatoren in zwei Minuten die Aktienwelt erklären, machen ihn nervös.

Langers »Fondsmanager« sind in erster Linie beflissene Kundenbetreuer. Die Leute bauen zusammen mit den Kunden nur noch das Gerüst: In welche Regionen soll investiert werden? Sollen bestimmte Industrien ausgeschlossen werden? Oder soll die Gewichtung der Branchen einem Index folgen? Den Rest besorgen die Rechner.

Rund 670 Milliarden Dollar legt Invesco weltweit für Kunden an, für Stiftungen, Unternehmen oder Pensionskassen. 20 Milliarden Dollar stecken in Fonds, die nicht Fondsmanager, sondern Langers Rechner bestücken.

Ein Bruchteil, wie man anderswo bei Invesco gerne betont. Trotzdem stehen Langer und die kleine Frankfurter Büroetage, von der aus die quantitativen Strategien des US-Unternehmens gesteuert werden, repräsentativ für den Börsenhandel des 21. Jahrhunderts. Denn an den Märkten übernehmen die Algorithmen zunehmend die Macht. In den USA sind sie bereits für 70 Prozent des Handels verantwortlich. In Europa für etwa die Hälfte.

Die zunehmende Computerisierung verändert alles. Sogenannte High-Frequency-Trader etwa lassen mithilfe von Algorithmen ihren Computer im Sekundentakt Hunderttausende Order rund um die ganze Welt schießen. Dabei geht es nicht mehr darum, in hoffnungsvolle Unternehmen oder Währungen zu investieren. Die Highspeed-Händler suchen minimale Preisunterschiede an verschiedenen Handelsplätzen und machen Geld durch Massenhandel.

Sie suchen nach den winzigen Preisunterschieden, die es an der Vielzahl der globalen Handelsplätze immer für kurze Zeit gibt, ein Zehntel Cent für eine halbe Sekunde, zu mikroskopisch für jeden menschlichen Händler, aber nicht für den Computer. Sie vergleichen den Preis von Weizen in Russland und in Brasilien, analysieren die Währungsschwankungen in Australien und führen alle Informationen zusammen, um dann zu kaufen und zu verkaufen, Rohstoffzertifikate, Währungsoptionen, Aktien. Manchmal löst nur ein Algorithmus einer Bank hunderte Transaktionen an einem Tag aus.

Bernhard Langer legt großen Wert darauf, dass er mit diesem Irrsinn nichts zu tun hat. »Unsere Investitionsstrategien sind auf einen Zeitraum von sechs Monaten oder mehr ausgerichtet«, sagt er.

Langer hat trotz allen Geldes, das er offensichtlich verdient, etwas Bodenständiges. Dem bayrischen Tonfall haben auch die Jahrzehnte nichts anhaben können, die er schon in Frankfurt lebt. Seine Leidenschaft sind ausgedehnte Skiurlaube mit seiner Frau, den vier Kindern und sämtlichen Großeltern. »Wir treten gern im Rudel auf«, witzelt er.

Seine Mission ist es, mit diesem Humor dem Quant-Trading das Unheimliche zu nehmen.

Seine Computer seien »Fehlervermeidungsmaschinen«, keine Frankensteinrechner, sagt er. »Dieser Gegensatz, der da gern aufgemacht wird, Mensch versus Maschine, den mag ich nicht.« Schließlich werde der Rechner noch immer von Menschenhand programmiert: 20 Finanzmathematiker und Physiker justieren die wertvollen Algorithmen täglich neu.

Trotzdem sorgen auch Langers Rechnungen dafür, dass das Handelsvolumen an den Märkten derart unheimlich anschwillt. Früher kannte sich ein einzelner Fondsmanager bei vielleicht 100 Unternehmen aus. Langers Team kann mit 3000 Aktien aus aller Welt hantieren, die die Computer täglich bewerten.

Langer sagt, dass Computer die besseren Entscheidungen treffen. Es gebe Studien, die das belegen. Andere Studien freilich zeigen, dass computergesteuerte Fonds zumindest in den vergangenen Jahren nicht besser oder schlechter abschnitten, als von Menschenhand geführte. Sicher aber ist: Sie sind billiger. Weil die Quant-Fonds nach einer Art Baukastensystem zusammengestellt werden können und damit verhältnismäßig wenig Kosten verursachen. Ist ein Algorithmus erst einmal fertig, kann er unzählige Fonds zusammenbauen.

Seit drei Uhr morgens saugen die Server von Invesco gigabiteweise Informationen aus dem Netz. Sie ziehen Aktien- und Währungskurse von Börsenseiten aus aller Welt, laden Umsatz- und Gewinnprognosen von Hunderten von Analysten herunter und Unternehmensdaten von Firmenhomepages oder auch von Spezialanbietern, die auf die Aufarbeitung solcher Zahlen spezialisiert sind.

Bernhard Langer bereitet sich derweil auf die angesetzten Meetings und Telefonkonferenzen vor, mit denen seine Woche traditionell beginnt. Er sei nicht übermäßig besorgt, sagt er. Die Kursstürze rund um die Welt hätten sogar ihr Gutes: Aktien sind jetzt billig. Bei Invesco spricht man schon ungerührt von »Einstiegspreisen«.

Außerdem lässt sich auch aus fallenden Kursen Profit schlagen – über Leerverkäufe. Bei welchen Firmen sich das lohnt, wird gerade im virtuellen Raum berechnet. Langers Computer prüfen jeden Tag rund 3000 Aktien, bewerten Abermillionen Zahlen und ziehen ihre Schlüsse daraus.

Die Computer sind nach Erkenntnissen der »Behavioural Finance« programmiert. Die Wissenschaftsdisziplin, die früher ein Randdasein fristete und mit der Finanzkrise plötzlich in Mode kam, versucht, Methoden der klassischen Ökonomie mit Erkenntnissen aus der Psychologie zu verbinden.

Die Ergebnisse der Studien nach diesem Muster sind nicht immer auf den ersten Blick einleuchtend. Pluspunkte etwa gibt es von Invescos Rechnern für eine Aktie, die drei Jahre niedriger bewertet war als ihre Vergleichsgruppe, dann ein Jahr gut lief und zuletzt etwas abgesackt ist. Untersuchungen haben ergeben, dass solche Firmen besonders vielversprechend sind.

Langers Rechner berücksichtigen auch populärere Börsenweisheiten. Dass Gewinneraktien aus der Vergangenheit auch in der Gegenwart noch stark gekauft werden etwa, selbst wenn das Geschäftsmodell nicht mehr stimmt. Oder dass Anleger dazu neigen, Gewinne zu früh mitzunehmen. So lasse sich »ziemlich zuverlässig« prognostizieren, wann eine Aufwärtsbewegung bei einem Aktienkurs mehr ist als ein kurzer Höhenflug.

»Sie glauben gar nicht, was man alles berechnen kann«, sagt Langer. Am Ende des gewaltigen Prozesses spuckt der Rechner für jedes Papier eine einzige Zahl aus, eine Verkaufsempfehlung – das Alpha. Es bestimmt den Platz der Aktie in einer Art gigantischer Hitliste. 0,23 ist besser als 0,22. So einfach ist das Ende der Rechnung.

Was dann folgt, ist wie Fließbandarbeit. Täglich um neun Uhr morgens geht die Wertpapier-Liste zum Check an die erste Schreibtischreihe in dem nüchternen Großraumbüro. Mitarbeiter mit Kinderbildern auf dem Tisch prüfen auffällige Ausschläge. Zahlenfehler werden ausgemerzt.

Die Excel-Tabellen, die sie bearbeiten, sehen wenig spektakulär aus: Sie bestehen aus ellenlangen Zahlenkolonnen und seltsamen Abkürzungen, die klingen wie Marsianisch. ERR_Con_Gem2, MA_Con_Gem2.

Es ist eine auffällig stille Arbeit, die unauffällige Menschen effizient erledigen. Oft ist nur das Klappern von Tastaturen zu hören, manchmal klingelt ein Telefon. In Langers Team gibt es keine egomanischen Gordon Gekkos mit berüchtigtem Riecher, die durchs Büro krakelen und wild gestikulierend ins Telefon brüllen. Der Handel 2.0 ist geradezu unheimlich leise geworden.

Frankfurt, Zentrale der Vermögensverwaltung DWS (Aktienmarkt)

Als Thomas Schüßler am Mittag aus der Kantine an seinen Schreibtisch zurückkehrt, notiert der Dax mehr als drei Prozent im Plus. Am Freitag war in den USA »Black Friday«, der Einkaufstag nach Thanksgiving gilt als Indikator für die Stimmung der

Käufer. Wie stark ist der Andrang in den Läden? Wie viele Clicks zählen die Webseiten der Online-Versandhäuser? Wie viel kaufen sie? Wollen sie Flachbildschirme? Oder Konserven? Offenbar sind die Zahlen gut ausgefallen. Die USA, sagen diese Zahlen, steuern offenbar nicht in eine Rezession, jedenfalls nicht sofort.

Schüßler sieht zu, wie der Dax weiter zulegt. Man müsse berücksichtigen, sagt er, in welches Umfeld eine Nachricht falle. Die Vorwoche war schlecht, es war die schlechteste »Thanksgiving Week« seit 1942, der amerikanische Aktienmarkt fiel an sieben Tagen hintereinander. Es brauchte nicht viel, um den Markt zu drehen.

Offenbar hatten viele Leer-Verkäufer auf weiter fallende Kurse gewettet. Am Montag mussten sie sich plötzlich eindecken, das trieb die Kurse weiter, von denen sie getrieben wurden.

Der Dax, sagt Schüßler, ist der Lieblingsmarkt der Shorties, wie die Leer-Verkäufer an den Börsen genannt werden. Der deutsche Markt ist einer der liquidesten in Europa – und einer der empfindlichsten. Im Dax sind viele klassische Industrieunternehmen enthalten, Siemens, VW, Daimler, Firmen, die stark von den internationalen Märkten abhängen, weil sie viel exportieren. »Wenn der Hauch einer weltweiten Rezession gespielt wird, werden die zuerst verkauft.«

Er glaube nicht, dass dieser Montag eine Trendwende markiere, sagt Schüßler. »Ein Techniker würde sagen: Wir haben aus einem kurzfristig überverkauften Marktumfeld eine Gegenbewegung gesehen, in einem kurzfristig zyklischen Abwärtstrend, in einem langfristig strukturellen Abwärtstrend.«

Schüßler klickt einen Chart auf seinem Schirm herbei, er zeigt den Kursverlauf des amerikanischen S&P 500. »Wenn man den Chart aufzieht, sieht man, dass wir seit 20 Jahren eigentlich in einer langfristigen Seitwärtsbewegung stecken.«

Daytrader, Pensionsfonds, Hedgefonds-Manager und Leute wie Schüßler oder Fischer gucken täglich auf die Muster, die die

Kurse zeichnen, und alle sehen etwas anderes. »Entscheidend ist: Mit welchem Zeitmaß gucken Sie auf den Markt?« sagt Schüßler.

Ein paar Tage vorher war er hinaufgefahren in den 6. Stock, um sich im Konferenzraum »Milano« mit zwei Leuten des Tabakkonzerns B.A.T. zusammenzusetzen. B.A.T. ist eine große Position in Schüßlers Fonds, der Aktienkurs steigt seit Jahren; die Aktie soll seinem Depot Stabilität geben. Von den beiden Besuchern wollte er wissen, ob irgendwo Gefahren für den Kurs lauern könnten. Eine Firma wie B.A.T. sei »ein sicherer Hafen inmitten eines Marktes der Angst«, sagte der ältere der beiden B.A.T.-Leute mit tiefer Raucherstimme. Trotz mehrerer Klagen in den USA, trotz legaler Restriktionen überall auf der Welt stiegen die Gewinne, weil Menschen, die süchtig sind nach etwas, nur schwer von ihren Gewohnheiten lassen.

Wie groß die Gefahr sei, dass es in den USA zu weiteren Klagen komme, wollte Schüßler wissen. Das Risiko sei kleiner geworden, sagte der B.A.T.-Mann und lachte. Die Anwälte, die diese Klagen in der Vergangenheit angestrengt hätten, würden sich inzwischen den Banken zuwenden, das sei lukrativer.

New York, Wall Street, Devisenabteilung einer Großbank (Devisenmarkt)

Am Mittag bewegen sich fast alle Märkte und Anlageklassen kräftig, Gold plus 1,7 Prozent, Öl plus 1,8 Prozent. Die Einzelhandelszahlen vom Thanksgiving-Wochenende sind gut, sie sind sehr gut, ein Plus von 16 Prozent gegenüber dem Vorjahreswert, auf solche Daten wartet Ben Koch, denn sie bedeuten, dass die Finanzwelt sich dreht, und seine Kunden müssen reagieren. »Dann gibt es die höchste Volatilität.«

Deswegen wird vor allem an Tagen viel gehandelt, an denen es wichtige Nachrichten gibt: am ersten Freitag im Monat, wenn die amerikanischen Arbeitsmarktdaten veröffentlicht werden, und immer, wenn es Zinsentscheidungen gibt.

Ab und an scheint es so, als bewegten sich die Währungen nicht im Wechselspiel der Marktkräfte, sondern als würden sie getrieben von Einzelnen, von mächtigen Spekulanten. So sehen es Politiker und Öffentlichkeit in Europa gern, gemunkelt wird dann über eine Verschwörung gegen den Euro, angeführt von sinistren Hedgefonds-Managern, und Gerüchte machen die Runde, von Abendessen in Edelrestaurants in Manhattan, wo beschlossen wird, wohin die Weltreise morgen geht.

Ben Koch sagt, das sei »absolut unmöglich«, jedenfalls in den großen Währungspaaren wie Euro / Dollar. Der Markt ist zu enorm, zu liquide, selbst für eine Zusammenrottung der großen Spekulanten. »Wenn die chinesische Zentralbank auf einen Schlag vier Milliarden Euro kauft, dann geht der Kurs Euro / Dollar vielleicht für einen Moment von 1,3400 auf 1,3450, wenn überhaupt«, sagt Koch. Währungen bewegten sich nur, »wenn alle in eine Richtung laufen«.

Anders sehe es bei Währungspaaren aus, die wenig gehandelt werden, russischer Rubel / südafrikanischer Rand etwa oder britisches Pfund / norwegische Krone. Da können kleinere Einsätze eine Währung bewegen, nicht allzu stark und nicht allzu lange, aber doch genug, damit es sich lohnt. Wenn etwa ein Derivate-Händler der Bank im großen Stil darauf gewettet hat, dass der ungarische Forint gegenüber dem britischen Pfund am 15. Dezember um 12 Uhr bei 365 steht, und drei Stunden vor der Deadline liegt er bei 362, »dann kann es schon vorkommen, dass der Kassahändler auf der anderen Seite des Ganges die Ansage bekommt: Kauf so lange Forint, bis er die 365 überspringt.«

Der Devisenmarkt war bis vor wenigen Jahren dominiert von den Banken. Inzwischen kommt mehr als die Hälfte des Handelsvolumens von Hedgefonds, Investoren und anderen Marktteilnehmern, die sich durch die Computersysteme einen eigenen Zugang zum Markt verschaffen.

Traditionell verdienten die Banken im Währungsmarkt durch ihre Rolle als Mittelsmann: Sie kaufen eine Währung zum niedrigeren Preis ein und verkaufen zum höheren Preis. Die Differenz zwischen Kaufpreis und Verkaufspreis, der sogenannte Spread, ist der Gewinn der Bank. Meist lag der Spread bei drei sogenannten Pips, der kleinsten Größe für Währungsgeschäfte, die vierte Stelle hinter dem Komma in der jeweiligen Währung.

Durch die Computerisierung ist es für Käufer jedoch einfach geworden, sich mehr Angebote zu holen. Heute ist der Spread der Banken deswegen meist nur noch ein Pip.

Das verändert auch die Strategie der Banken. Wenn die Erträge sinken, müssen die Volumen steigen. Die Geschäfte müssen umfangreicher werden, größer, risikoreicher. Also bauen die Banken den eigenen Computerhandel aus, entwickeln noch komplexere Algos.

Am radikalsten aber setzt eine ganz neue Klasse von Händlern auf die elektronische Zukunft der Märkte: High-Frequency-Trader, zu Deutsch: Hochgeschwindigkeitshändler. Ihre ultraschnellen Computersysteme wickeln Finanzgeschäfte in Millionstelsekunden ab. Ihre Algos fahnden nach jenen minimalen Preisdifferenzen, die es manchmal für einige Millisekunden an verschiedenen Handelsplätzen gibt. Sie kaufen hunderte Millionen Aktien jeden Tag, stoßen sie aber oft schon Sekundenbruchteile später wieder ab, zufrieden mit Profiten von Zehntel-Cents pro Aktie.

Ein HFT-Algo kauft dann zum Beispiel 10 000 Microsoft-Aktien, die an der New Yorker Börse bei 24,47 stehen, und verkauft sie fast im gleichen Augenblick auf einer anderen Börsenplattform für 24,48 weiter. Über die schiere Masse summieren sich gewaltige Profite, wenn es gut läuft. Genauso können während eines Lidschlags Miese in Millionenhöhe anfallen. Die Macht hat in jedem Fall der Rechner.

Vor gerade fünf Jahren noch völlig unbekannt, sorgen Hochgeschwindigkeitshändler heute für über 60 Prozent aller Bewegungen an der New Yorker Börse. Sie bilden eigene Abteilungen bei Banken und Hedgefonds. Aber genauso oft sitzen sie nur zu zweit in einem Keller in Kansas City oder einem anonymen Bürokomplex in Dallas, denn mehr braucht es nicht, eine gute Internetanbindung und schnelle Rechner.

Bei Hochgeschwindigkeits-Maklern wie Lime Brokerage in New York, einem der führenden Unternehmen der neuen Branche, überwachen gerade einmal drei Mann Millionen von Transaktionen, es ist ein Job, für den es früher hundert Händler gebraucht hätte. Insgesamt beschäftigt Lime gerade einmal 80 Angestellte in einem Loft am Rande des Szeneviertels SoHo in Manhattan: verglaste Räume, freigelegte Ziegelsteinwände, draußen rauscht der Verkehr auf dem Broadway. Lime verantwortet inzwischen über fünf Prozent des gesamten Aktienhandels in den USA. An der Wand hängt ein großes Zählwerk, in atemberaubender Geschwindigkeit drehen sich die roten Ziffern, gezählt werden die täglichen Aktiengeschäfte. Schon am Vormittag geht es auf die 100 Millionen zu, an guten Tagen bricht Lime auch schon mal die Milliardengrenze.

Dallas, Texas, Büro von Hayman Capital

Die Rating-Agentur Moody's schlägt Alarm, ihre Kreditforschungsabteilung sieht eine »rapide Eskalation« der europäischen Staats- und Bankschuldenkrise, alle Staaten seien nun gefährdet, auch Deutschland. Die Kreditrisiken, schreibt Moody's seinen Kunden, auch an Kyle Bass' Hedgefonds, würden täglich größer, weil die Politik keine Mittel finde, die Lage zu stabilisieren.

Manche Zeilen des nüchternen Rapports klingen fast so, als seien die Autoren empört über die Unfähigkeit der Politik, über die »institutionelle Schwäche« der Euro-Zone, die doch im Grunde über »hervorragende wirtschaftliche und finanzielle Kraft« verfüge. Sie stehe aber nun an einer Wegkreuzung: rasche, weitgehende Integration – oder Zerfall.

Was Moody's schreibt, können Investoren wie Kyle Bass tagtäglich in Kurzfassung den Kurven und Tabellen des CDS-Marktes entnehmen. Bass glaubt an diesen Markt der Kreditversicherungen, und er ist damit nicht allein. Die täglich ermittelten Spreads – die Höhe der Gebühren, die für Ausfallversicherungen zu zahlen sind – gelten in der gesamten Finanzbranche als schonungsloser und relativ realistischer Spiegel der Wirklichkeit, als aussagekräftiger Schnappschuss der Kreditwürdigkeit eines Landes oder einer Firma. Bass nennt sie ein »Fieberthermometer«.

Natürlich, in wilden Zeiten wie diesen zeigt der CDS-Markt auch die Panik an, den Herdentrieb, die Spreads bilden dann eher eine Stimmung ab, als dass sie den Zustand eines Betriebs oder eines Staats nüchtern abbildeten. Und doch kann sich kein Investor leisten, sie zu ignorieren. Sie bleiben ein Spiegel, der die Lage schneller erfasst als die Rating-Agenturen, die manche Länder noch mit einem dreifachen A bewerten, die der Markt längst Richtung junk absteigen sieht.

Bass bekommt täglich profunde Meldungen über die Lage am CDS-Markt. Die 13 Banken und Finanzinstitute, mit denen er Geschäfte macht, melden ihm jeden Tag sechsmal, wie sich die CDS-Verträge verkaufen, welche Preise erzielt werden, wie die Spreads laufen. Bei Hayman Capital haben sie eine Software entwickelt, die diese Daten in leicht lesbare Tabellen verwandelt – man muss nur einen Namen, ein Land anklicken und bekommt sofort die komplette Übersicht.

Diese Listen sagen: Der Plan für Elite-Bonds der Dreifach-A-eingestuften Euro-Staaten, so es ihn denn gibt, wäre von Geburt an zum schnellen Sterben verurteilt. Der Markt – kritischer als die behäbigen Rating-Agenturen – sieht kein Dreifach-A-Land in

Europa mehr. Die Anleihen wären Etikettenschwindel, und vermutlich wissen das die Regierungen auch längst.

Also treiben die Märkte die Politik vor sich her? Kyle Bass sieht es anders. »Mach nicht den Spiegel dafür verantwortlich, wenn du hässlich bist«, sagt er kühl. Wobei er allerdings zugeben muss, dass der Spiegel manchmal Zerrbilder zeigt und dass er seit einem Jahrzehnt auch immer wieder ganz beschlägt – dann irren die Märkte, wie im Fall der Subprime-Kredite, wie lange Zeit im Fall der europäischen Staatsschulden. In diesen Phasen kann Bass seine wilden Wetten plazieren, weil er besser sieht als die große Herde.

Es sind deshalb auch verwirrende Zeiten. Glaubenssätze, an die viele Ökonomen geglaubt haben wie an die Zehn Gebote, sind angekratzt. Die »unsichtbare Hand«, die Adam Smith im Markt am Werk sah, oder die seit 20 Jahren gültige Vorstellung, dass sich der Kapitalismus und seine Spieler wie von selbst regulierten – diese Theorien wanken. Bass ist sich dessen bewusst.

»Was geht da draußen vor?«, fragt er. »Sind unsere Modelle noch intakt? Sind die Gewissheiten, von denen wir alle seit Jahrzehnten ausgehen, zerbrochen? Haben wir ein fundamentales, unverstandenes Problem? Die Antwort lautet: ja.«

New York, Wall Street, Devisenabteilung einer Großbank (Devisenmarkt)

»Es ist ein komischer Tag«, sagt Devisenhändler Ben Koch. Viele Gerüchte schwirren im Markt, viele kleine Nachrichten, »aber nicht das eine sichere, große Ding, das tiefgreifende Auswirkungen hat.« Natürlich bewegen Gerüchte den Markt, manche sogar sehr, aber es besteht immer die Gefahr, »dass alles wieder zurückrollt« und jeden kalt erwischt, der sich zu weit aus der Deckung wagt.

Noch immer beschäftigt Koch deswegen die Frage, ob das aufsehenerregendste Gerücht des Tages tatsächlich stimmt: Der IWF werde Italien mit Krediten helfen. Im Chat auf dem Bloomberg-Monitor wird darüber heiß diskutiert. Der Chat ist so etwas wie das Expertenforum und gleichzeitig der Meinungsmacher der Devisenmanager: Fast tausend Händler und Analysten rund um die Welt sind meistens in das Online-Forum eingeklinkt, sie tauschen Nachrichten aus und gewichten sie.

So verbreiten sich selbst kleinste Meldungen aus den entferntesten Regionen rasend schnell, durchdringen die Finanzwelt, aufgeladen mit Meinungen und Stimmungen. So wird der Markt beeinflusst, seine Intelligenz ist die Masse.

Großbanken wie die Credit Suisse oder die Royal Bank of Scotland drängen mit ihren rasend schnellen Handelsprogrammen bis zu den komplexen Währungsderivaten vor: Algos durchsuchen die Märkte nach mikroskopischen Veränderungen, um dann Währungen im Hochgeschwindigkeitsrausch zu kaufen und zu verkaufen.

Die Hochgeschwindigkeitshändler sind die bislang vielleicht größte Perversion der Märkte, ein rein technisches Geschäftsmodell, das keinen Zielen, keinen Ideen, keinen ökonomischen Strategien folgt. Es ist nicht einmal Spekulation. Es gibt keinen volkswirtschaftlichen Nutzen. Aber viele Gefahren. Befürworter sagen, der elektronische Handel mache die Märkte effizienter und liquider. Kritiker sagen, die Märkte werden noch gefährlicher und erratischer.

Der Computerhandel lasse durch seine zahllosen elektronischen Minigeschäfte den Markt liquider aussehen als er eigentlich ist, warnen Experten: Die Millionen von winzigen Handelsbewegungen erwecken lediglich den Eindruck, als seien sehr viel Geld und sehr viele Händler im Markt unterwegs. Wenn in einem Moment der Krise dann aber die wirkliche Liquidität schwindet und gleichzeitig die Maschinen aufhören zu handeln, wird der Effekt erheblich verstärkt. Die Folge: Drastische Ausschläge, völlig verzerrte Märkte.

Auch im Währungshandel verzerre der zunehmende Einfluss der Computer immer wieder den Markt, sagen Kritiker. Zum Beispiel wenige Tage nach der Katastrophe von Fukushima. Damals schoss der Yen innerhalb weniger Minuten um fünf Prozent gegenüber dem Dollar nach oben – obwohl zu diesem Zeitpunkt die Wall Street bereits geschlossen hatte und kaum Investoren und Händler aktiv waren. »Es gab kaum wirkliche Aktivität unserer Kunden, das ganze Volumen kam von den Maschinen«, schrieb kurz darauf ein Banker von J.P. Morgan Chase an seine Kunden.

Doch was die Computer nicht können ist politische Ereignisse vorhersehen, sie können nicht einkalkulieren, dass der griechische Premierminister eine Volksabstimmung ankündigt oder dass die Bundeskanzlerin den Bankenrettungsschirm verstärkt.

In den vergangenen Monaten sind die Rechen-Modelle der Realität nicht mehr hinterhergekommen. Und was, wenn die Entscheidungen an wenigen hängen, weil etwa die Wall Street geschlossen ist, weil es mitten in der Nacht ist in Amerika oder gleichzeitig in halb Europa Feiertag? »Dann können die Ausschläge schnell groß werden«, sagt Koch.

Bonn, Bundesanstalt für Finanzdienstleistungsaufsicht

Für den Montag liefert MaRiA ausnahmsweise viele grüne Zahlen in den Charts – sie signalisieren dem schnellen Betrachter abnehmendes Risiko. Sind die Zahlen für den Geldmarkt oder den CDS-Markt rot, heißt das: »Risiko hat zugenommen.«

Auf dem Geldmarkt hat das Risiko zugenommen und bei CDS für griechische Staatsanleihen und irischen Bankanleihen. Die Hoffnung »auf eine Lösung der europäischen Staatsschuldenkrise« hat die Märkte in den grünen Bereich gebracht.

Die Sprache der Finanzaufseher und Analysten hat sich in den vergangenen Monaten dramatisiert, von »Ansteckungseffekten« ist die Rede, von der »Bazooka«, mit der man die Märkte ins Visier nehmen sollte, oder gar von der »Nuklearoption« – die Sprache der Pandemie, des Krieges oder des Atomschlags muss herhalten, um Befürchtungen und Vorschläge auszudrücken. Eher eine Wasserpistole als eine Bazooka sieht BaFin-Chef Sanio in den Händen der Verantwortlichen. Vertrauen zu schaffen in den Märkten sei jetzt das beste Mittel.

Nach dem Schock des Lehman-Crashs habe große Einigkeit bestanden, mit harter Finanzmarktregulierung die Fehlentwicklungen der vergangenen beiden Jahrzehnte umfassend zu korrigieren, sagt Sanio. Dieser gemeinsame Wille sei heute nicht mehr überall zu erkennen: »Es gab nur ein kurzes Zeitfenster, in dem nationale Interessen völlig zurücktraten.« Heute führe man in wichtigen Regulierungsfragen wieder längere Diskussionen im Financial Stability Board, dem obersten Koordinierungsgremium, in dem Aufseher der G-20-Staaten versammelt sind. Am Ende erziele man zwar immer einen Kompromiss, doch dabei bleibe mitunter die eine oder andere Hintertür offen.

Doch von Gipfeltreffen zu Gipfeltreffen hat besonders der Wille der US-Regierung und der Briten nachgelassen, die Finanzmärkte stärker zu regulieren: In London fallen 30 Prozent aller Erträge der Finanzbranche in Hedgefonds an, und auch die US-Regierung steht unter großem Einfluss der Wall Street.

MITTWOCH, 30. NOVEMBER 2011, NOCH 9 TAGE BIS ZUM EURO-GIPFEL

Frankfurt, Büro der Investmentgesellschaft Invesco

Um neun Uhr morgens gehen die Excel-Listen zum Check an die erste Schreibtischreihe eines nüchtern eingerichteten Großraumbüros, in dem bis auf das Klappern von Tastaturen wenig zu hören ist. Auffällige Ausschläge werden geprüft, Zahlenfehler ausgemerzt. Danach startet ein Mitarbeiter der Invesco ein paar Tische weiter die Rechenprozesse, die schließlich die einzelnen Fonds bestücken, Verkaufs- und Ankauforder erstellen.

Für den Mittag ist ein Treffen mit einem Kunden angesetzt: Vertreter einer Stiftung haben sich angemeldet, Bernhard Langer wird ihnen erklären, wie das Jahr gelaufen ist. Ihr Fonds hat Geld verloren. Dafür ist Langers Laune ziemlich gut. »Sie werden mich nicht auf den Schultern heraustragen, aber sie werden zufrieden sein«, prophezeit er. Der Grund für die seltsame Zuversicht: Langer hat das geschafft, was jeder Fondsmanager versucht. Er hat den Index geschlagen. Das ist die Hauptsache.

Viele Fonds orientieren sich bei der Zusammenstellung ihres Portfolios an einem Index, etwa dem Dax. Das heißt, sie gewichten die Branchen ähnlich und suchen nur in diesem Rahmen die einzelnen Firmen individuell aus, je nachdem, welche sie am besten finden. Bei Langer trifft diese letzte Entscheidung der Computer.

Danach geht es darum, den Index zu schlagen, an dem man sich orientiert. Investitionen in Aktien sind ein langfristiges Geschäft, so lautet die Logik. Wer aber besser »performed« als seine Benchmark habe einen guten Job gemacht. Egal ob am Ende ein Plus oder Minus steht. Manager, die das mehrere Jahre lang schaffen, wie etwa Warren Buffet, gelten als Stars.

Warum muss ein Portfolio aber überhaupt nach einem Index aufgebaut werden? Langer zuckt die Schultern. »Die meisten Kunden wollen das so.« Weil es eben Börsentradition sei. Wenn es keine echten Orientierungspunkte gibt, werden welche geschaffen.

So ist auch für die Quantmanager von Invesco die »Benchmark« das Maß aller Dinge. Eine Performance-Übersicht, die in dieser Woche im Unternehmen verteilt wird, orientiert sich nur daran, ob der jeweilige Fonds den dazugehörigen Index geschlagen hat, oder nicht. Ein Großteil der Seite ist deshalb Ampelgrün.

Trotzdem gab es schon bessere Zeiten. »Die letzten fünf oder zehn Jahre haben Aktienanlegern nicht viel gebracht«, sagt einer von Langers Managern offen. Bis vor der Jahrtausendwende lautete ein unumstößlicher Glaubenssatz der Börsenwissenschaft: Aktienanlagen lohnen sich, wenn man über Jahrzehnte denkt und sein Geld breit streut. Dann aber erschütterte der Zusammenbruch des Neuen Marktes die Finanzwelt mitsamt ihren Börsenweisheiten, wenige Jahre später brach die Finanzkrise aus. Die Nullerjahre wurden für Aktienanleger zum verlorenen Jahrzehnt – und seitdem wird die Frage diskutiert, ob der früher so biedere Aktienmarkt nicht längst zum Glücksspielkasino geworden ist.

Langer lässt sich auch von solchen Gedankenspielen nicht irritieren. »Es ist ein Irrglaube, dass die Börsen immer unberechenbarer werden«, sagt er. Die Kunst liegt in seiner Welt darin, die Algorithmen zu perfektionieren. Es ist ein weltweit betriebener Denksport.

An der Wall Street ist halb ironisch, halb ängstlich vom »Rise of the Machines« die Rede, dem Aufstieg der Maschinen, in Anspielung auf den Untertitel des Terminator-Films mit Arnold Schwarzenegger, in dem computergesteuerte Maschinen die Menschheit unterjochen wollen.

Ein Hedgefonds in Großbritannien scannt mittlerweile schon Twitternachrichten, um Anlegerverhalten zu antizipieren. Dieses »Word processing«, das Webseiten auf die Häufigkeiten bestimmter Begriffe hin untersucht und daraus Schlüsse zieht, funktioniert noch nicht so recht. Aber wer weiß, wie es in ein paar Jahren aussieht.

Wird das Börsengeschehen bald komplett von Maschinen bestimmt? Bernhard Langer, Anlagestratege bei Invesco, mag solche Fragen nicht. »Sie laufen auf das Bild raus, dass bei uns irgendwelche Nerds mit Hornbrillen den Computer mit Tonnen von Daten füttern, und keiner mehr guckt, was eigentlich am Ende bestellt wird.« In den letzten Jahren sind freilich auch Langers Rechner ziemlich oft an ihre Grenzen gekommen. 2009 etwa, als plötzlich selbst schlechte Unternehmen an der Börse boomten, konnten Langers Programmierer nicht rechtzeitig nachjustieren. Mögliche Millionengewinne gingen verloren, viele seiner Fonds schnitten sehr viel schlechter ab als ihre Benchmark. Später hieß es, die Firmen hätten einfach die ungeheuren Kursstürze im Jahr zuvor wieder aufgeholt. Man sprach von einer »Junk Rallye«. Dieser Fall war in den Formeln nicht vorgesehen. »In solchen Phasen werden wir nicht besonders gut performen«, sagt Langer.

Zweimal musste das Management die PCs seit 2008 sogar per Hand ausbremsen. Nach dem Untergang der Investmentbank Lehman Brothers wurden vorübergehend alle Banktitel aus der Bewertung genommen, weil Staaten plötzlich anfingen, ihre Geldinstitute massenweise zu bezuschussen oder gleich ganz zu übernehmen. Damit konnte der Computer nicht umgehen. Es widersprach jeder Logik.

Frankfurt, Zentrale der Vermögensverwaltung DWS (Aktienmarkt)

»Wer hat denn mehr Informationen als der Markt?«, fragt DWS-Fondsmanager Schüßler. »Irgendeine Regierungsstelle? Ein Professor? Auf Grundlage welcher Daten denn? An den Märkten spielen viele Spieler mit hohen Einsätzen; so bildet sich der perfekte Erwartungswert.« Kurz nach zwölf springt Schüßler auf. »Da tut sich was!« Es dauert ein paar Minuten, bis Bloomberg die Erklärung für die Kursbewegung nachliefert, die Schüßler gerade beobachtet hat. Die chinesische Regierung hat die Mindestreservesätze für Banken gesenkt, die Banken in China kommen leichter an Geld, das wird die Kreditvergabe erleichtern, chinesische Importe befeuern und auch die deutsche Exportwirtschaft beflügeln – der

Dax dreht sofort ins Plus, offenkundig rechnen viele derart schnell im Kopf.

Beim Mittagessen ist Schüßlers Laune zum ersten Mal seit Tagen blendend. Vor ein paar Tagen hat er mit einem Rohstoffexperten der DWS gewettet, dass der Ölpreis die Marke von 100 Dollar reißen werde, »Knock-out-Lunch« nennt Schüßler das. Weil er die Wette gewonnen hat, sitzt er jetzt in der DWS-Kantine vor einem bunten Salatteller mit Falafel-Talern und Balsamico-Dressing.

Frankfurt, Gebäude der Bundesbank, Zentralbereich Märkte (Geldmarkt)

Marc Resinek, der Zentralbanker aus Frankfurt, ist gerade vom Mittagessen zurück, um 14.01 Uhr wird die Meldung Nummer 96 der EZB-Pressestelle ins Netz gestellt, sie trägt den schönen Titel: »Coordinated central bank action to address pressures in global money markets«, zu Deutsch: Die Notenbanken der Welt haben sich zusammengetan, um Dollar, Euro, Yen, Schweizer Franken und Pfund global verfügbar zu machen. Damit die Wirtschaft weiter pumpt. Resinek hat von dieser Maßnahme gewusst. Was ihn überrascht, das ist die überwältigende Reaktion der Märkte. Das Geldmanöver der Zentralbanken wird der Big Bang dieser Woche sein.

Die Aktion hat zur Folge, dass die Banken der Euro-Zone den Dollar jetzt um die Hälfte billiger bekommen, zu einem Zins von 0,5 statt 1,1 Prozent. Der Dollar wird leichter verfügbar, aber auch Yen, Euro, Pfund und Franken könnten im Bankensystem günstig bereitgestellt werden. Es wird auch deshalb leichter, an Dollar zu gelangen, weil die Banken im Gegenzug weniger Sicherheiten hinterlegen müssen.

Das Programm ist gedacht als Arznei gegen die schlimmsten Krisensymptome des Augenblicks: Mehr US-Dollar im Geldmarkt zu niedrigerem Zins soll es den Banken leichter machen, miteinander zu handeln, und das größere Handelsvolumen soll wieder mehr Vertrauen schaffen zwischen den Banken, der gefrorene Markt soll endlich wieder auftauen.

Eine konzertierte Aktion wie diese ist nicht unbedingt eine historische Sensation; aber der Aktienmarkt, der Devisenmarkt, der Derivatemarkt, der Bond-Markt, alle Märkte reagieren. Der Dax wird im Laufe des Tages um 6,3 Prozent steigen, die Kurse der Banken um 6,2 Prozent, der Euro wird um knapp zwei Prozent nach oben ziehen.

Marc Resinek, der Bundesbanker, sieht die Reaktionen mit gemischten Gefühlen: Zwar reagieren die Märkte zu euphorisch, was vielleicht psychologisch zu erklären ist, aber es ist ganz schön, dass es mal eine positive Reaktion gibt.

New York, Wall Street, Devisenabteilung einer Großbank (Devisenmarkt)

Der Markt ist im »Risk on«-Modus: Aktien rauf, Euro rauf. Die konzertierte Aktion der Zentralbanken hat alle überrascht, aber die Reaktion kommt sofort. Devisenhändler Ben Koch wird mit Preisanfragen bombardiert. An solchen Tagen müssen die Währungsprofis besonders aufpassen. Sie müssen die immensen Zinsverschiebungen hedgen, sie müssen die Risiken verteilen, sie müssen viel Geld bewegen und bei der Preisfindung sicher sein.

Das Risiko wird dabei nie für einzelne Derivategeschäfte gesondert betrachtet, sondern über das ganze Währungsbuch, über alle Derivate zusammen, denn jedes Geschäft wird wieder mit vielen anderen abgesichert, es entsteht ein Wechselspiel aus Abhängigkeiten und Variablen.

Der Händler spricht vom »dynamischen Hedgen«, es bedeutet, dass »hinter jedem Geschäft eine ganze Absicherungsstruktur steht«. Und es bedeutet auch, dass der Händler »vorher nie mit

Sicherheit sagen kann, was ein einzelnes Derivat uns am Ende kosten kann«.

Das vermindert die Gefahren für die Bank, aber so wird es noch schwieriger, ein einzelnes Geschäft zu verstehen, Ursache und Wirkung nachzuvollziehen. Selbst scheinbar simple Geschäfte werden hochkomplex, zum Beispiel eine »One Touch«-Wette: Ein Investor wettet etwa mit der Bank um eine Million Dollar, dass innerhalb der folgenden 30 Tage der Euro einmal den Wert von 1,40 Dollar berührt, »one touch«. Tritt der Fall ein, muss die Bank dem Investor eine Million Dollar zahlen. Wenn nicht, kassiert die Bank eine Wettprämie, der Investor geht leer aus. Sein Maximalverlust ist auf die Höhe der Prämie begrenzt.

Ben Koch kann die Grundzüge eines solchen Derivats nicht in einfachen Worten erklären, er versucht es, aber er verliert sich sofort in Fachbegriffen: Es komme auf das Vega an, das das Risiko der Volatilität annäherungsweise beschreibt. Und auf das Short Gamma. Auf das Angleichen des Delta Hedge. Und hier ist, wie gesagt, nur die Rede von einem relativ einfachen Deal.

Es gibt bei weitem komplexere Geschäfte, mit zahllosen Wenn-dann-Variablen, sie nennen sich »Target Redemption Forward« oder »Window Reverse Knockout«, und manchmal haben solche Wetten einen Umfang von Milliarden Dollar. Wenn sie aber so irrsinnig kompliziert sind, dass nur noch Genies die Deals verstehen – warum nicht einfach die Finger davon lassen? Für einen Moment wirkt Ben Koch überrascht. Er zuckt die Achseln, er sagt: »Ganz einfach: Weil wir Geld damit verdienen können.«

München, MEAG-Zentrale (Anleihemarkt)

Kurz nach 14 Uhr erscheint die Meldung auf den Computerschirmen aller Anlagemanager der MEAG, dass die Zentralbanken in Europa, Nordamerika und Japan eine konzertierte Aktion gegen die Liquiditätsklemme der Finanzkonzerne starten. Reiner Back analysiert die Konsequenzen für seinen Markt: Europäische Banken können sich nun billiger mit Milliarden Dollar vollsaugen, ihre Gewinne können steigen, sie müssen weniger Staatsanleihen auf den Markt werfen.

Aber der Haupteffekt ist eher psychologischer Natur. »Das ist ein starkes Signal, dass die Notenbanken im Ernstfall da sind, um einzugreifen«, sagt Back. An den Aktienbörsen steigen die Kurse. Back trommelt um 14.30 Uhr seine Strategiegruppe in der Mitte des Handelssaals zusammen.

Schnell sind sich die Leiter der verschiedenen Produktbereiche einig. »Stärker ins Risiko gehen«, heißt ab jetzt die Parole. Die Portfolio-Manager wollen höher verzinste Unternehmensanleihen kaufen oder auch Staatsanleihen aus Schwellenländern, die hohe Renditen abwerfen.

Per E-Mail werden alle Anlagemanager des Munich-Re-Konzerns über den Strategiewechsel informiert. Weil jetzt renditeträchtigere Anlagen angesagt sind, sollen gleichzeitig niedrig verzinste deutsche und amerikanische Staatsanleihen verkauft werden. Bund-Futures verkaufen, lautet die Botschaft in der E-Mail. Was einzelne Anlagemanager schon in den vergangenen Tagen ausprobiert haben, wird um 14.30 Uhr zur offiziellen Unternehmenspolitik.

Am Abend schaut Back noch einmal neugierig auf die Kurve des Bund-Future, die für ihn in diesen Tagen wie ein Seismograf die Marktentwicklung zusammenfasst. Bis 17.47 Uhr wurden 968 000 Kontrakte an der Computerbörse Eurex gehandelt. Der Tagesumsatz lag bei 130 Milliarden Euro.

Back stutzt. Die Rendite hat sich am Markt trotz der Verkäufe seiner MEAG-Manager auf 2,28 Prozent ermäßigt. Offenbar gab es auch viele Käufer am Markt. »Da kommt noch was nach«, murmelt er.

Dallas, Texas, Hayman Capital

Europas Wirtschaft zuckt, aber die Geldgeschenke der Zentralbanken ändern nichts an der Lage, alle wichtigen Kennzahlen sagen, dass eine ganze Reihe Länder fundamental überschuldet ist, oder fundamental falsch aufgestellt. Nur ein großer, bitterer Schuldenschnitt kann helfen, sagt Kyle Bass in den Sitzungen mit seinen Leuten, in denen sie sich bekannte Zahlen anders, kälter anschauen. Einen möglichen Bankrott Italiens etwa zu analysieren, heißt ja nicht, ihn sich zu wünschen. »Es geht ums Geld meiner Anleger«, sagt Bass, »das ist mein Job.«

So rechnet er aus, dass Italien fünf Prozent Wirtschaftswachstum brauchte, um seine Schuldenzinsen von jetzt sieben Prozent tragen zu können. Aber Italiens Wirtschaft wird auf absehbare Zeit nicht um fünf Prozent wachsen. Was folgt daraus?

Es ist ziemlich einfach, findet Kyle Bass: »Auch Italien braucht einen Schuldenschnitt und einen Neustart.« 50 Prozent Schuldenschnitt wären ein Anfang, findet der Texaner, für die Gläubiger Italiens wäre das ein Verlust von einer Billion Euro, »aber alles andere«, sagt Bass, »ist Augenwischerei«.

Geradezu peinlich findet Bass, wie Europas Regierungen einen Fehler nach dem anderen machen und das Feuer, das sie austreten wollen, immer weiter anfachen. Sie beschlossen den Schuldenschnitt in Griechenland, gut, sagt Bass, er war nicht groß genug, aber immerhin kam er. Nur verfielen sie eben auf den Wahnsinn, die Umstrukturierung so zu gestalten, dass die CDS-Verträge, die Kreditausfallversicherungen, nicht greifen sollen. Nun ist die augenblickliche Lage die, dass ein Investor, der glaubte, gegen Griechenland-Risiken abgesichert zu sein, per Beschluss im Regen steht.

»Aber was folgt daraus?«, fragt Bass. »Es ist ganz einfach: Wer jetzt CDS-Kontrakte auf italienische Schulden hält, muss sich sagen: Augenblick mal, was sind denn meine schönen Verträge hier eigentlich wert? Und nun soll er, mit dieser Unsicherheit, in italienische Anleihen investieren? Wo es keinen Hedge gibt, wo deine CDS-Verträge nichts mehr wert sind, da nimmst du das Geld und rennst, so schnell du kannst.«

Seit einigen Monaten studiert Bass sowieso eine ganz andere Weltregion. Die Lage Japans hat seine Aufmerksamkeit geweckt, er ist wieder der eiskalte Realist.

Japans Verschuldung, sagt er, liege gemessen an der Wirtschaftskraft bei über 200 Prozent und damit deutlich höher als jene Griechenlands oder Italiens. Japans Gesellschaft sei dramatisch überaltert und dazu noch fremdenfeindlich, was Einwanderung behindere, eine tödliche Mischung für die Zukunft eines Landes. Die Frage, sagt er, sei nicht mehr, ob Japan bankrottgeht, sondern nur noch: wann.

»Die sind schon über der Klippe«, sagt Bass, und auch ein paar andere Spieler am CDS-Markt scheinen das ähnlich zu sehen. Dort springen die Spreads auf japanische Anleihen seit März lustig nach oben, und selbst wenn sie jetzt im November wieder um ein paar Punkte gefallen sind, ist sich Bass ganz sicher: Japan ist das nächste Griechenland.

Darüber, nicht über Europa, denkt er nach in seinem Büro, an dessen Wand eine große texanische Fahne hängt. Er sagt nicht, wie er es diesmal einfädeln wird, die CDS auf Japan sind ihm schon zu teuer, aber er wird Wege finden. Er hat sie schon gefunden. »Wir sprechen uns in einem Jahr wieder«, sagt er. Es klingt wie eine Drohung.

Bonn, Bundesanstalt für Finanzdienstleistungsaufsicht

Die Zahlen, die MaRiA für den Mittwoch präsentiert, sind flächig grün. Doch ein Wert ist alarmrot: die Ziffer, die anzeigt, wie viel Geld die Banken über Nacht zinslos bei der Zentralbank parken, statt es zu verleihen an andere Banken. Trotz der Geldflut, mit der das Vertrauen auf dem Geldmarkt erhöht werden sollte, ist die Summe auf 304 Milliarden Euro gestiegen, Rekord für dieses Jahr. Auf den Märkten für Staatsanleihen hat die Aktion der Notenbanken für grüne Zahlen gesorgt, selbst CDS-Papiere auf griechische Staatsanleihen werden, auf absurd hohem Niveau, ein klein bisschen billiger.

In der Spekulation mit CDS-Kontrakten, mit Derivaten überhaupt, sieht BaFin-Chef Sanio einen Brandbeschleuniger in Krisensituationen. »Seit die Derivatemärkte sich so rasend schnell entwickeln, immer neue Finanzprodukte geschaffen werden, kommen Regulierung und Aufsicht nicht mehr hinterher, so sehr sie sich auch bemühen.« Etliche dieser Geschäfte »sind unsinnig und nur der Zockerei geschuldet«.

Trotz aller Schwierigkeiten müssten sich die Regulatoren aber den Vorwurf gefallen lassen, gerade in diesem Teil der Finanzmärkte bisher nicht genug unternommen zu haben. »Kein Mensch kann eine Aussage darüber treffen, wo die Risiken verteilt sind, und dies in einem Marktsegment, das nahezu zehnmal so groß ist wie die Weltwirtschaftsleistung.«

Die Hedgefonds sind hier besonders aktiv, sie müssen weniger Regeln gehorchen, sie versprechen, bei höherem Risiko, höhere Erträge als im Durchschnitt des Marktes. Auf den Cayman Islands, wo viele Hedgefonds einen Briefkasten unterhalten, war Bankenaufseher Sanio einmal als Mitglied einer internationalen Regulierungsgruppe zu Gast. Er wurde von der Chefin der dortigen Finanzaufsicht in einen Bürosaal geführt, in dem viele Mitarbeiter vor den neuesten Computern saßen. Als er einen der Finanzwächter ansprach, er solle ihm doch mal die Prüfungsunterlagen eines Hedgefonds zeigen, zauberte der eine lange Liste aller Hedgefonds der Insel auf den Bildschirm, mit Adresse und Telefon. Mehr hatte die Finanzaufsicht nicht vorliegen.

»Die Plätze, von denen aus die schlecht beaufsichtigten Spieler operieren, sind der Wilde Westen des Finanzsystems«, sagt

Sanio. Sie an die Kandare zu nehmen, sei nicht schwer. Greenwich, Connecticut, wo viele Hedgefonds säßen, liege in den USA. Und bedeutende Offshore-Zentren wie die Cayman und die British Virgin Islands seien Überseegebiete Großbritanniens. »Wenn weltweit der politische Wille bestünde, könnte man die Flucht aus der Regulierung mit wenigen Federstrichen stoppen.«

Am anhaltenden Wachstum der Branche werden auch die seit der Finanzkrise debattierten Regulierungspläne wenig ändern. In diesem Jahr sollen Hedgefonds in den USA zwar erstmals gesetzlich verpflichtet werden, sich bei der amerikanischen Börsenaufsicht SEC zu registrieren und ihre Geschäfte vierteljährlich teilweise offenzulegen. Doch das soll nur für Fonds gelten, die mehr als 1,5 Milliarden Dollar verwalten – weniger als ein Zehntel der Branche.

Insgesamt verwalten die weltweit über 8000 Fonds rund 1,7 Billionen Dollar. 1990 waren es noch 600 Fonds und 40 Milliarden Dollar. Die größten Fonds wie Bridgewater oder die Man Group hantieren mit bis zu 70 Milliarden Dollar Kapital. Die meisten Fonds arbeiten zwar – wie Hayman Capital in Dallas – mit erheblich kleineren Anlagevermögen von bis zu ein, zwei Milliarden Dollar, ihr Einfluss ist dennoch unverhältnismäßig groß. Denn die Hedger arbeiten meist mit Hebeln: Sie setzen nicht nur eigenes Kapital ein, sondern nehmen günstig große Kredite auf, um damit zu spekulieren. So vervielfacht sich ihr Einsatz.

Die Kredite zum Hebeln kommen meist von den Großbanken: Gerade ein Dutzend Institute sind Kreditgeber und Handelspartner fast aller Hedgefonds der Welt.

Es sind immer dieselben Großbanken, die einem begegnen in diesen Hochrisikozonen der Finanzmärkte, in den Nischen ebenso wie in den besten Profitlagen der Derivatemärkte und Devisenmärkte, der Aktien- und Bond-Märkte: Es sind vor allem JP Morgan Chase, Goldman Sachs, UBS, HSBC, BNP Paribas, Bank of America und die Deutsche Bank. Sie sind marktbeherrschend bei CDS-Verträgen, Derivate-Geschäften und Devisendeals.

Wer die Antwort sucht auf die Frage, wer das Geld regiert, ist bei ihnen an der richtigen Stelle. Es ist nicht nur die schiere Größe, es ist das dichte Netz ihrer Marktverwicklungen, es ist der billige Zugang zu Zentralbankgeld, es ist die Fähigkeit zur nahezu unendlichen Kreditschöpfung, es ist die Macht als Staatsfinanzierer, es ist die bedrohliche Systemrelevanz, die das Dutzend übermächtig macht. Und es ist der Einfluss auf Regierungsarbeit, es ist die Abhängigkeit dieses monetären-politischen Komplexes, die diesen Großbanken Privilegien, Macht, Gewinn und Einfluss sichert.

Die gegenseitige Abhängigkeit hat beiden Seiten genutzt: Die Banken profitieren von der politisch geförderten Deregulierung der Finanzmärkte, von günstigen Steuersätzen, von lascher Aufsicht. Und die Staaten nutzen die Banken als Quelle ihrer Verschuldung.

So konnten Banken die amerikanischen Hypothekenschulden über den Globus verteilen und dann, nach dem Lehman-Crash, in großen Teilen den Staaten zuschieben; die Staaten konnten Schulden auftürmen bis zum Crash im Süden Europas, und nun werden diese Schulden über den ganzen Kontinent verteilt und am Ende wohl – mit Hilfe des Internationalen Währungsfonds – über die ganze Welt.

FREITAG, 9. DEZEMBER 2011, TAG DES GIPFELS

Frankfurt, Zentrale der Vermögensverwaltung DWS (Aktienmarkt)

Die Woche vor dem Gipfel war für Fondsmanager Thomas Schüßler angefüllt mit deprimierenden Nachrichten, es war eine Woche wie so viele in den letzten Monaten, ein Hin und Her, aber die

Tendenz wies nach unten. Es sieht so aus, als könnten die letzten sechs Triple-A-Staaten der EU, Deutschland eingeschlossen, ihr Top-Rating verlieren. Am Donnerstag senkte die EZB die Zinsen in der Euro-Zone auf ein Prozent, aber gleich darauf wurde gemeldet, dass europäische Banken reihenweise ihre Stresstests nicht bestanden hatten, darunter die Deutsche Bank und die Commerzbank. Die US-Bank JP Morgan Chase hat ihren Kunden geraten, sich gegen einen Kollaps der Euro-Zone abzusichern.

Das war alles schlimm, einerseits. Andererseits blieben die Aktienmärkte an diesem Gipfelfreitag seltsam unbeeindruckt. Der Dax verlor erst ein wenig, dann stieg er wieder, es fühlte sich nicht so an, als fände in Brüssel gerade ein historisches Gipfeltreffen statt. Die Zinsen auf italienische und spanische Staatsanleihen stiegen, aber selbst daran hat sich der gestresste Aktienmarkt gewöhnt.

Schüßler sagt, er glaube, dass die EZB »früher oder später« in größerem Umfang Anleihen kaufen werde. Wirklich sicher, sagt Thomas Schüßler, sei nur, »dass die Krise mit diesem Gipfel nicht zu Ende ist«.

New York, Wall Street, Devisenabteilung einer Großbank

Derivate-Händler Ben Koch ist »abgestumpft« von der Masse der Euro-Meldungen, die in diesen Tagen über den Ticker laufen, »es gibt viel zu viel Gelaber«. Doch auch er starrt an diesem Freitag nur nach Brüssel, es kann am Ende nur gute Nachrichten geben, »denn was bleibt den Politikern anderes übrig, als eine positive Message an das Volk zu schicken, auch wenn sie sie nur so verpacken«.

Mit großen Einsätzen hält sich Koch an diesem Freitag zurück. Der Gipfel sei nicht vergleichbar mit normalen Nachrichtenereignissen, die sonst den Handel treiben, er sei »ein unkontrolliertes Event«: zu wenig Fakten.

Aber es werde andere Händler geben, die jetzt erst recht die Einsätze hochtreiben, »die in dem, was ich für Quark halte, das große Ding sehen«. Denn egal wie »der ganze Hokuspokus« in Europa weitergehe, sagt Koch, die grundlegendste Regel von allen sei: »Am Ende ist der Markt immer im Gleichgewicht.«

Bremen, Handelsraum der Landesbank (Devisenmarkt)

Händler Frank Möller schaut am Freitag dem Euro/Dollar-Kurs beim sinnlosen Flattern zu, er nähert sich nach einem kurzen Hoch dem Stand der vergangenen Nacht. »Nichts hat sich verändert«, sagt Möller. Und nach dem Gipfel in Brüssel werde es nun abwärtsgehen. »Das nächste Kursziel ist 1,30.«

Frankfurt, Wohnung von Bundesbanker Resinek (Geldmarkt)

Die Märkte sind wie Kinder, findet Bundesbanker Marc Resinek. Er hat sich diesen Freitag freigenommen, arbeitet aber trotzdem. Er sitzt in seinem Wohnzimmer, hat sich ins Bundesbank-Netz eingeloggt, er studiert den Bundesbank-Pressespiegel und den Lagebericht.

In den Artikeln, die Resinek liest, geht es um die Beschlüsse des EZB-Rats vom Vortag, die Senkung des Leitzinses auf ein Prozent, die Ankündigung, bedürftige Banken in den kommenden drei Jahren günstig mit Cash zu versorgen. Resinek hat sich EZB-Chef Mario Draghi bei der Verkündung angesehen, immerhin haben er und seine Kollegen diesen Auftritt in den vergangenen Wochen mitvorbereitet, haben Papiere geschrieben, Berechnungen angestellt.

Aber die Journalisten wollten von Draghi etwas anderes hören – ob die EZB richtig in die Krise einsteigt, indem sie endlich im ganz großen Stil Staatsanleihen kauft? Und Draghi hatte dazu eine klare Antwort: no, nein. Daraufhin reagierten die Märkte enttäuscht, und Resinek wiederum ist beinahe von den Märkten enttäuscht, sie reagieren wie Kinder: Was sie erwartet haben und nicht bekommen, wiegt oft mehr als das, was man ihnen gibt. Aber durch die Beschlüsse werden im System mal eben 103 Milliarden Euro frei. Das wird kaum erwähnt. Und geht im Trubel um die Brüsseler Konferenz unter.

München, Zentrale der MEAG (Anleihemarkt)

Es ist wie eine persönliche Botschaft an ihn, Reiner Back liest sie auf seinem BlackBerry: »Unser erstes Herangehen an die Gläubigerbeteiligung, das einen sehr negativen Effekt auf die Anleihemärkte hatte, ist jetzt offiziell vorbei.« So zitieren die Agenturen den EU-Ratspräsidenten Herman Van Rompuy. Im Klartext sagt er: Einen Schuldenschnitt wie bei den Griechen-Bonds soll es nicht mehr geben. Aber Back ist nicht überzeugt.

Als Staatsanleihen-Manager ist er quasi einer der Gläubiger, von denen Van Rompuy gesprochen hat. Back sagt: »Die Märkte haben schon so viele Aussagen von der Politik gehört, dass sie nichts mehr für bare Münze nehmen.«

Er hatte sich von dem Brüsseler Gipfel nicht mehr viel erwartet, seit sich die EZB nicht auf Stützungskäufe festlegen wollte. Er ist der Überzeugung, dass es ohne finanzielle Überbrückungshilfen der EZB nicht geht. »Allein Italien braucht in den nächsten sechs Monaten 200 Milliarden Euro. Das gibt der Markt nicht her.«

Die Ankündigungen der Politiker in Brüssel seien durchaus positiv, meint Back. Aber in seiner Welt, dem Markt der Staatsanleihen, wird allein die EZB noch ernst genommen. Sie ist das rettende Ufer, der einzig feste Punkt in der allgemeinen Auflösung. Die Politik kann sich in Pose setzen, wie sie will: Backs Markt glaubt ihr nicht. Nicht mehr.

Es fühlt sich an wie ein Stellungskrieg: Die Märkte testen die Politik, die Politik testet die Märkte. Man brauche die Letzteren als Korrektiv für verschwenderische Regierungen, so sieht es Finanzminister Wolfgang Schäuble, einerseits; andererseits sagt er: »Die Innovationskraft des Finanzsektors ruiniert die Märkte« – Segen und Fluch in zwei Sätzen.

Von »Monstern« sprach der ehemalige Bundespräsident Horst Köhler, immerhin mal Geschäftsführender Direktor des IWF, um die Finanzmärkte zu beschreiben. Wer sie sich genauer anschaut, diese Märkte, sieht Hedgefonds-Manager wie Kyle Bass, Anleiheexperten wie Reiner Back und Aktienhändler wie Thomas Schüßler, Leute, die sich Mühe geben, das Geld von Milliardären, Millionären, Sparern und Lebensversicherten zu mehren. Sie machen Geschäfte mit Aktien, Devisen, Schulden und Krediten, weil das einträglicher für sie ist, als mit Badewannen, Autos oder Flugzeugen zu handeln.

Monströs sind die Summen, die auf ihren Märkten herumschwirren, sie arbeiten in einer Sphäre, in der die Zahlen oft acht, neun Nullen haben. Es ist eine Parallelwelt, die sich in den vergangenen beiden Jahrzehnten verselbständigt hat, in der Tausende Menschen in Minuten Deals in Milliardengröße abwickeln, in der Computernetzwerke Geldströme um den Globus jagen, in der Schulden von einem Land ins andere verschoben werden, in der sich Schattenbanken breitmachen und keine Buchhaltung mehr verlässlich ist, so dass überall das Misstrauen wuchert.

Ein monetäres Universum ist entstanden, das um sich selbst kreist – und gerät es ins Trudeln, wie jetzt, dann stürzen die Welt und ihre Bewohner in die Krise.

Monströs sind die Gefahren, die auf den Finanzmärkten lauern: Die Billionen in der Parallelwelt vermehren sich, erstens, so, dass spekulative Blasen folgen.

Sie streben, zweitens, nach einer Rendite, die auf realen Warenmärkten kaum zu erzielen ist, und lenken so immer mehr Kapital in die Finanzmärkte.

Die Banken erfinden deshalb, drittens, stetig neue Finanzprodukte, die undurchsichtig sind und häufig hochriskant.

Die Banken wirtschaften, viertens, unbehelligt mit zu wenig Eigenkapital.

Die Finanzmärkte sind, fünftens, intransparent, ihre Risiken oft unbekannt.

Die Konzentration auf den Finanzmärkten hat, sechstens, Großbanken hervorgebracht, die systembedrohend sind.

Die Computerisierung der Märkte fördert, siebtens, das Herdenverhalten.

Die Vernetzung der Finanzmärkte, ihre virtuelle Verschränkung mit der Zukunft über Derivate führt, achtens, zu einer Synchronisierung der Märkte, das parallele Auf und Ab verstärkt die Krisengefahr.

Die Finanzmärkte widersetzen sich, neuntens, einer verstärkten Regulierung, weichen in ein Schattenbanksystem aus.

Die Finanzmärkte untergraben, zehntens, Marktwirtschaft und Demokratie.

Von diesen Gefahren der Finanzmärkte bearbeiten die G-20-Staaten aktuell nur zwei: die mangelnde Ausstattung der Banken mit Eigenkapital und die mangelnde Transparenz.

Es gäbe Möglichkeiten: Es ginge darum, den gesamten Derivatemarkt über Börsen transparent zu machen; bestimmte Derivate zu verbieten; ein internationales Konkursrecht für Banken zu schaffen, so dass sie in Konkurs gehen könnten, ohne gleich das globale Finanzsystem zusammenkrachen zu lassen. Die Trennung von Publikums- und Investmentbanken, in den USA einst verwirklicht, dann wieder aufgehoben, wäre segensreich. Eine Transaktionsteuer auf Finanzgeschäfte wäre sinnvoll – all dies könnte helfen, ihr zerstörerisches Potential zu mildern. Und natürlich müssen sich die Staaten ihrer enormen Schulden entledigen, die das Finanzsystem monströs aufgebläht haben.

Die Staatsschuldenkrise hat sich nun so bedrohlich ausgewachsen, dass die Verantwortlichen gezwungen sind, alte Widerstände endlich zu überwinden. Nach dem Lehman-Crash schien es schon einmal so, da beklagte der US-Präsident »eine Kultur, in der Leute enorm viel Geld damit verdienen, die gesamte Wirtschaft aufs Spiel zu setzen«. Und es gab den Ruf nach einem neuen Bretton Woods, einer Wiederbelebung jener Konferenz, auf der im Juli 1944 44 Staaten eine Weltfinanzordnung entwarfen.

Wenn man heutzutage, im Angesicht einer Krise, die Staaten wie Banken gleichermaßen bedroht und die Regierungen Europas offenkundig überfordert – wenn man in dieser Situation die Regierungen der G-20-Staaten, die 29 systemrelevanten Banken und jeweils die zehn größten Pensionsfonds, Versicherungen und Hedgefonds zu einer Konferenz versammeln würde: Könnten sich die marktbestimmenden Akteure auf regulierte Finanzmärkte verständigen? Auf Regeln, die Renditen beschneiden, aber das Wirtschaften wieder sicher machen? Es wäre eine Wette wert. Der Einsatz sind Europa, die Welt und ihre Zukunft.

KAPITEL II

DIE EUROKRISE

Wie eine gute Idee zur Tragödie wird

Bevor Horst Reichenbach einen Fuß auf Athener Boden gesetzt hat, wissen die Griechen schon, wer da landet. Von »Horst Wessel« haben sie in ihren Medien gelesen, vom »Dritten Reichenbach« gehört, der mit seinem Team von »30 Gau-Leitern« einmarschiere.

Die Taxifahrer am Flughafen streiken; vor dem Parlamentsgebäude stehen Hunderte von ihnen und rufen ihre Parolen; einer trägt ein T-Shirt mit der Aufschrift: »Ich brauche keinen Sex, die Regierung fickt mich jeden Tag« – Horst Reichenbach merkt in den ersten Stunden, er ist in einem Notstandsgebiet gelandet.

Reichenbach ist Leiter der Task Force, die von der EU-Kommission nach Athen geschickt wurde, um »technische Hilfe« zu leisten bei der Umsetzung nötiger Reformen, so heißt das im Brüsseler Jargon. Für griechische Medien ist die Task Force die Vorhut einer Invasionstruppe: Jetzt kommen die Bürokraten, um das schöne Griechenland in eine deutsche Kolonie zu verwandeln.

Reichenbach beschreibt es so: Neuordnung des Steuerwesens, Verschlankung der Verwaltung, Beschleunigung der Privatisierung, Stärkung der Rechtssicherheit, Öffnung geschützter Berufsgruppen, Umgestaltung von Energie- und Gesundheitssektor, Abbau von investitionsfeindlichen Strukturen. Man müsse dabei »eher in Jahren rechnen als in Monaten«, sagt Reichenbach. Er war Vizepräsident der Europäischen Bank für Wiederaufbau und wollte eigentlich Ende Dezember in Pension gehen. Aber dann rief EU-Kommissionspräsident José Manuel Barroso an und schickte ihn auf diese Mission Impossible.

Seine Reise wird begleitet von flehenden Warnungen aus aller Welt, es ist so, als würden Amerikaner, Chinesen, Brasilianer, Inder ängstlich auf das kleine Land im Südosten Europas starren und eine Lösung herbeisehnen. Es ist so, als ob die US-Konjunktur und die Weltkonjunktur bestimmt werden von guten oder schlechten Nachrichten aus Athen.

In den ersten drei Tagen will Reichenbach ein knappes Dutzend griechische Minister treffen mit lauter schwierigen Namen, Papaconstantinou, Diamantopoulou, Xenogiannakopoulou, dazu Diplomaten, Oppositionsvertreter und weitere Akteure der griechischen Tragödie.

Auf dem Weg zum Finanzminister, im 6. Stock des Ministeriums, geht er vorbei an Bildern antiker Helden, hier ein brüchiger Kentaur, dort Ikarus im Sturzflug. Man kann jetzt überall böse Omen sehen, wenn man will, aber Reichenbach will Hoffnung verbreiten. Als Mutmacher ist er gekommen, auch wenn sein Optimismus in Sätzen gipfelt wie diesem: »Ich glaube ja, dass man Erfolg haben kann.«

Er ist der Vermittler zwischen dem einen Europa und dem anderen, zwischen dem Norden und dem Süden. Der Euro war gedacht als Währung, die Europa zusammenwachsen lässt, aber die erste große Krise des Euro treibt den Norden und den Süden, die Mark-Wirtschaft und die Lire-Wirtschaft gegeneinander. Nicht genug, es gibt auch das Europa der zwei Geschwindigkeiten, hier das rasende Europa der Finanzmärkte und Banken, dort das hinterherhechelnde Europa der Regierungen und Parlamente. Und: Es gibt das Europa der zwei Wahrheiten. Die eine ist in Brüssel zu Hause, in Berlin und Paris, in den Machtzentralen; die andere in den Wohnzimmern und auf den Straßen europäischer Städte.

In den Kanzler- und Präsidentenbüros weiß man, wie es um den Euro steht, aber die Kanzler und Präsidenten meinen, dieses Wissen sei den Bürgern nicht zuzumuten. Sie wollen seit zweieinhalb Jahren nur Zeit gewinnen, aber sie verkennen, dass die Regierten sich fragen, wofür die Regierenden eigentlich Zeit gewinnen wollen.

Sie ahnen, dass all die Milliarden, die nun in Europa hin- und hergeschoben werden, die fundamentalen Widersprüche zwischen den verschiedenen Volkswirtschaften der Euro-Zone nicht lösen können. Sie spüren, dass dieses Europa, entworfen als Projekt zur Verständigung und zum Vorteil aller Europäer, dabei ist, ganze Völker zu Gewinnern und Verlierern zu machen.

Das Epizentrum der globalen Finanzkrise hat sich von den USA nach Europa verschoben, die Märkte treiben die Regierenden zu Lösungen, die sie in Gegensatz treten lassen zu Regierten. Renten kürzen, Sozialprogramme zusammenstreichen, Beamte entlassen, so fühlt sich Europa für die einen an. Unser Steuergeld soll im Süden alle Probleme lösen, so denken die anderen nun über Europa.

Im Spagat zwischen den Finanzmärkten und den politischen Märkten ihrer Wähler streben die einen Politiker nach mehr Europa, am besten gleich her mit den Vereinigten Staaten von Europa! Und die anderen rufen nach weniger Europa, bloß keine Schuldenunion!

Auch ökonomisch werden den Europäern zwei Wege aus der Krise gepriesen: Sparen, sparen, sparen ist der eine; Wachstum, Wachstum, Wachstum ist der andere. Angebotsökonomen empfehlen den einen Weg, Nachfrageökonomen den anderen. Nur wenn Staatshaushalte ihre Defizite radikal reduzieren, können sie sich an den Finanzmärkten zu vertretbaren Zinsen Geld besorgen, sagen die einen; wenn Staaten zu schnell und zu radikal Ausgaben herunterfahren, reduzieren sie die gesellschaftliche Nachfrage so, dass sich das Bruttoinlandsprodukt und damit die Steuereinnahmen verringern – noch mehr Verschuldung ist die Folge.

Die Zahlen sprechen im Moment für die Nachfrageökonomen, das Wachstum in den Krisenstaaten sinkt seit Beginn der Maßnahmen zu ihrer Rettung. Wartet nur ab, sagen die Angebotsökonomen, die Zeit spielt uns in die Hände.

So ehrbar es ist, dass Horst Reichenbach und seine 30 Nationbuilder in Athen für Ordnung sorgen sollen – 350 Milliarden Euro Staatsschulden werden sie nicht wegorganisieren. Wie man sie in den Griff bekommt, ohne das europäische Projekt zu ruinieren, ist die dringlichste Frage. Nach 20 Jahren versäumter Entscheidungen, mutloser Reformen, aufgeschobener Taten haben nicht die Bürger, sondern die Märkte das vereinte Europa in ein Endspiel um den Euro gezwungen. Wie hat dieses Geld eine Zukunft? Besteht die Gefahr, dass Griechenland nur der erste Dominostein in einer Reihe ist, an deren Ende Deutschland steht? Ist die Euro-Zone eine Fehlkonstruktion?

I. AKT: DIE GEBURT DES EURO (1991 BIS 2001)

Warum schon in der Gründungsphase die Fehler gemacht werden, die den Euro später bedrohen. Wie sich Griechenland und andere Staaten in die Währungsunion schummeln. Warum der Euro eine Billionenwette von Staatsmännern gegen die Märkte ist – die leicht platzen könnte.

Wer verstehen will, warum der Euro den Kontinent erzittern lässt, muss sich die Mühe machen, die Zeit um 20, 25 Jahre zurückzudrehen. Das visionäre, tollkühne Projekt einer gemeinsamen Währung unterschiedlicher Staaten und Völker ist nicht zu verstehen ohne Erinnerung daran, dass in den späten achtziger Jahren die Berliner Mauer fiel, dass die Welt damals noch in dem Gefühl lebte, der Zweite Weltkrieg sei noch nicht sehr lange vergangen, dass Europa darüber diskutierte, ob Deutschland nun wieder eine Gefahr darstelle oder nicht.

Jacques Delors ist der beste Zeitzeuge, wenn es um diese Dinge geht, er war zehn Jahre lang Präsident der EU-Kommission, er war der federführende Autor des Maastricht-Vertrags, der die Grundzüge des Euro festlegte. Nun muss er sich jeden Tag anhören, wie schlecht seine Arbeit war, wie illusorisch die Vision einer gemeinsamen Währung. Aber er will davon nichts wissen. Wäre es allein nach ihm gegangen, sagt er, wäre Europa viel besser gerüstet gewesen, wäre einheitlicher verfasst, würde zentralisiert regiert von einer Kommission, deren Arbeit nicht dauernd im Rat der Staats- und Regierungschefs zerredet würde.

Delors wollte immer weitergehen als die Politik-Elite, mit der er es zu tun hatte. Sie war damals – anders als heute, sagt er – durchgehend mit überzeugten Europäern bestückt, Mitterrand und Kohl, Lubbers in den Niederlanden und Silva in Portugal. Aber auch die wagten es nicht, ihre Länder so zu verzahnen, dass von einer echten europäischen Koordination die Rede hätte sein können.

Der Maastricht-Vertrag, mit dessen Unterzeichnung 1992 die Europäische Union überhaupt erst gegründet wurde, hätte alles möglich gemacht. Er stellte Europa auf »drei Säulen«, deren erste die wirtschaftliche war samt »Wirtschafts- und Währungsunion«. Der gesetzliche Rahmen war damit gegeben, auch eine gemeinsame Finanzpolitik wäre denkbar gewesen, die Verständigung über eine abgestimmte Steuer- und Zinspolitik. Aber es fehlte der politische Wille, den Rahmen von Maastricht auszufüllen.

Die »Vereinigten Staaten von Europa« blieben eine Floskel für Sonntagsreden, und doch sollte – mit dem Euro – ein Faktum geschaffen werden, das nicht mehr zurückzunehmen war, eine Art europäischer Urknall, dem eine Evolution folgen und in deren Verlauf sich alle Detailfragen klären sollten.

Und es ging, das vielleicht vor allem, um politische Symbolik. Griechenland, sagt Delors, habe er selbst immer als sehr fern empfunden, als eigen, sogar fremd. Die Aufnahme des Landes sei in jedem Fall viel zu früh gekommen. Aber damals, in den neunziger Jahren, stellten sich Politiker vor Mikrofone und sagten, Europa sei ohne Athen, ohne die »Wiege der Demokratie«, nicht denkbar. Und auch Portugal, mit seiner Nelkenrevolution, hätte es verdient, dabei zu sein. Und den Iren, so lange geschunden von der britischen Krone, musste aufgeholfen werden. Und wer hätte, nur aufgrund von hohen Lohnstückkosten und Inflationsraten, Italien die Tür weisen wollen?

So taten sich, als die Euro-Zone Wirklichkeit wurde, Elefanten wie Deutschland und Frankreich zusammen mit Mäusen wie Portugal, Irland und Luxemburg. Stabile, wohlhabende Länder des Nordens teilten ein gemeinsames Geld mit wackeligen, unterentwickelten Nationen des Südens, ausgeformte Industriestaaten mit halben Entwicklungsländern und, auch das, strenge Protestanten mit lebensfrohen Katholiken.

War die Annahme überhaupt vernünftig, dass dieser künstliche Binnenmarkt nun automatisch stärker wachsen würde? Nur weil ein paar Zölle wegfielen? Und weil mit einem anderen Geld die Kosten für die Wirtschaft sanken?

Die Versprechen des Euro waren, im Vertrag von Maastricht, fixiert: eine Währung, die Europa stark macht im globalen Wettstreit; die die europäischen Volkswirtschaften einander annähert; die die Staaten verpflichtet, Schulden und Defizite zu begrenzen; die garantiert, dass kein Staat für die Schulden eines anderen haftet; die die politische Einheit fördert. Details würde man unterwegs klären.

Die Griechen nutzen ihre Chance

In Griechenland nährte der Euro die Hoffnung auf eine bessere Zukunft. Im Oktober 1993 wurde der Sozialdemokrat Andreas Papandreou als Ministerpräsident wiedergewählt, und im Kabinett der neuen Regierung, sagt der damalige Finanzminister Jannos Papantoniou heute, sei man schnell zu der Auffassung gelangt, dass ein Beitritt Griechenlands zur Währungsunion die einzige Chance sei, die griechischen Finanzprobleme zu lösen.

Das Land war damals schon weit über seine Möglichkeiten verschuldet. Die Verbindlichkeiten des Staates lagen über der realen Wirtschaftskraft, ihre Summe entsprach 114 Prozent des Bruttoinlandsprodukts. Die Drachme verlor rasant an Wert, Athen kämpfte mit über 14 Prozent Inflation, die Wirtschaft schrumpfte.

Jeder Ökonom hätte erkennen können: Griechenlands Wirtschaft war nicht wettbewerbsfähig, sie glich der eines aufstrebenden Entwicklungslandes. Ihre wesentlichen Säulen waren Olivenöl und Joghurt, Schifffahrt und Tourismus, das Land schien, ohne Anstoß von außen, nicht fähig, daran grundsätzlich etwas zu ändern. Der Euro und sein Regime sollten nötige Reformen erzwingen, sie sollten vor allem die Kreditbeschaffung erleichtern. Der Euro-Beitritt wurde Finanzminister Papantonious Auftrag.

Er nutzte jede Gelegenheit, an den Anspruch Griechenlands zu erinnern. Als sich die EU-Finanzminister im April 1997 in Brüssel trafen, um schon über das Aussehen des neuen Geldes zu diskutieren, warb Papantoniou dafür, nicht nur lateinische Buchstaben auf die Münzen zu prägen, sondern auch griechische. Deutschlands damaliger Finanzminister Theo Waigel lehnte barsch ab. Griechenland sei nicht in der Position, Forderungen zu stellen, sagte er. Und an Papantoniou gewandt: »Ihr seid nicht dabei, und ihr werdet auch nicht dabei sein.«

Später kamen sich die Minister näher, Papantoniou schlug Waigel eine Wette vor: Griechenland werde den Euro bekommen.

Und es sollte nur ein paar Jahre dauern, bis diese Wette gewonnen war.

Waigel, der die Aufnahme Griechenlands, jetzt, Jahre später, inmitten der Krise, in der »Süddeutschen Zeitung« als »Todsünde« bezeichnete, habe sich zu einem Griechenland-Fan entwickelt, sagt Papantoniou. »Waigel war es, der uns in den Euro gebracht hat«, sagt er. »Es ist absolut nicht wahr, dass er ein Gegner unseres Euro-Beitritts war.«

Das vorläufige Nein zu Griechenland damals war in Wahrheit ein Ja mit Zeitzünder. Bei der nächsten Prüfung ihrer Zahlen, so signalisierten die Deutschen und andere Regierungen den Griechen, würden sie Euro-tauglich sein.

Den Vorwurf, sein Land habe sich mit gefälschten Zahlen den Beitritt zur Euro-Zone erschlichen, wischt der griechische Finanzminister jener Jahre weg mit dem Satz: »Wir haben nichts anderes gemacht als alle anderen Länder.«

Die Trickserei der Euro-Kandidaten

Tatsächlich bestätigt Hans Tietmeyer, damals Präsident der Bundesbank, in seinem Buch »Herausforderung Euro«, dass es in einigen Ländern »fragwürdige Schönheitsoperationen gegeben« habe, um Daten über Inflationsraten, Staatsschulden und Preisentwicklung an die Euro-Vorgaben anzupassen. Auch die Kohl-Regierung ließ erst nach Wochen aufgeregter Debatten vom Plan ab, die deutschen Haushaltszahlen durch eine trickreiche Höherbewertung der Goldreserven des Bundes aufzufrischen. Andere Länder hatten noch mehr Anlass zur kreativen Buchführung.

Italien lag mit einer Staatsverschuldung von 115 Prozent gemessen an der Gesamtwirtschaftsleistung dramatisch weit über der in Maastricht vereinbarten Verschuldungsgrenze von 60 Prozent. Auch Belgien verstieß massiv gegen Vorgaben. Aber nun war die

Lage, obwohl ökonomisch im Fluss, politisch schon verfestigt. Es gab, nach Jahren der Debatte, der Ankündigungen, der mehr oder minder historischen Reden auf den Euro kein Zurück mehr.

Bundesbankchef Tietmeyer sah damals mit Sorge, dass die Europäer im Jahr 1998, beseelt von der Größe ihres Projekts, die endgültige Prüfung, ob überhaupt genügend Staaten die Voraussetzung für den Euro erfüllten, aus den Ablaufplänen der Währungsumstellung gestrichen hatten. Der Euro würde kommen, am 1. Januar 2002, und fast muss es schon hier heißen: Koste es, was es wolle.

Tietmeyer trug in der vermeintlich entscheidenden Sitzung der Bundesregierung seine Bedenken gegen einige Euro-Kandidaten vor, aber die hatten keinen Einfluss mehr. Tatsächlich stand das Ergebnis der Sitzung bereits vorab fest und war sogar schon schriftlich formuliert.

Helmut Kohl, ein durchaus romantischer Europäer, ein Mann aus der Denkschule des »Nie wieder Krieg!«, wollte diesen historischen Entschluss. Der Mantel der Geschichte flatterte, und der Kanzler sagte, wie Tietmeyer sich erinnert, feierlich: »Möge in 50 Jahren der Rückblick auf den Euro ebenso positiv ausfallen wie heute bei der D-Mark.«

Es geht damals, in jenen späten neunziger Jahren, ständig um Zahlen und Daten. Jahr für Jahr laufen die Medien heiß, um darüber zu wachen, ob die künftigen Euro-Länder die jährliche Neuverschuldung bei unter drei Prozent der Wirtschaftsleistung halten können. Man interessiert sich jetzt für Inflationsraten und Schuldenstände, weil es die Kriterien von Maastricht gibt. Es gibt jetzt klare Vorgaben, und es gibt in Europa sogar eine Zentrale, die Zahlen und Daten sammelt, abgleicht und auswertet: Eurostat.

Die Behörde in Luxemburg, 1953 als Zahlenlieferant der Montanunion gegründet, wird wichtiger mit dem Euro-Projekt. Politiker mögen ihre Visionen haben, am Ende aber brauchen sie harte Zahlen, sonst gehen die schönen Argumente aus. Das ist die Aufgabe von Eurostat: Anlaufstelle zu sein für die Statistiken, Zahlen, Datenkolonnen aus allen Ländern der Union. Sollte sich ein Berechnungsfehler irgendwo eingeschlichen haben, eine Ungereimtheit, dann schreiben die Eurostat-Mitarbeiter einen höflichen Brief, bitten um Aufklärung, mehr nicht.

Eurostat gehört zur EU-Kommission, es ist eine Art behördlicher Dienstleister in Sachen Statistik, in Luxemburg wird erfasst, wie viel Verpackungsmüll in Europa anfällt und wie viele Fische gefangen werden, es geht um die Größe von Milchseen und Butterbergen, nun aber geht es um alles oder nichts: Erfüllen die Euro-Kandidaten die Maastricht-Kriterien? Oder erfüllen sie sie nicht?

Das Einsammeln der Daten ist jedem EU-Land selbst überlassen, man vertraut einander unter Europäern, in jedem Staat gibt es ein unabhängig agierendes Statistisches Amt, all das ist geklärt. Was nicht geklärt ist: Wenn die Daten in Luxemburg zusammenfließen und wenn Eurostat Verfehlungen feststellt, Überschreitungen – welche Ebene, welche Stelle, welches Gremium setzt Sanktionen durch?

Schröder und Eichel erben den Euro

Deutschland erregt sich noch über andere Themen. Nach 16 Jahren Kohl-Regierung gewinnt Rot-Grün 1998 die Wahlen, es herrscht viel Aufbruchstimmung und wenig europäische Euphorie. Für den neuen Bundeskanzler Gerhard Schröder ist der Euro keine Frage von Krieg und Frieden mehr. Flapsig nennt Schröder das neue Geld eine »kränkelnde Frühgeburt«.

Auch für seinen Finanzminister Hans Eichel ist der Euro keine Herzensangelegenheit. Er hat ihn schlicht vorgefunden. Und in der Rückschau, sagt er heute, hatte die ganze Konstruktion einer

Einheitswährung einige Fehler. Die Klausel etwa, verschuldeten Staaten nicht beistehen zu dürfen (»No-Bail-Out«-Klausel), war »ein zentraler Denkfehler«, und dabei war sie ein Zugeständnis an die Deutschen: Die wollten sicherstellen, dass im Krisenfall kein deutsches Geld fließen muss.

Eichel versteht bis heute den Sinn des Versprechens nicht. Es gab und gibt Hilfsprogramme für Länder wie Ungarn, Lettland oder Rumänien, die nicht zum Euro-Raum gehören, »aber in der Euro-Zone selbst darf die EU nicht helfen«. Dabei liege die Hilfe für schwächere Länder doch auch im Interesse der starken, sagt Eichel. »Wenn wir denen nicht helfen, ihre Wirtschaft zu stärken, können sie unsere Waren nicht kaufen.«

Und natürlich war der Euro immer auch eine politische Währung, sagt Eichel: Spanien, Portugal und Griechenland waren sämtlich ehemalige Militärdiktaturen, die erst Mitte der siebziger Jahre zur Demokratie zurückgefunden hatten. Die starke Einbindung in Europa sei auch als Maßnahme zur Festigung der Demokratie verstanden worden.

Griechenlands Demokratie bekommt das gewünschte Testat im Jahr 2000. EU-Kommission und Europäische Zentralbank bescheinigen dem Land, in den beiden zurückliegenden Jahren ordentlich aufgeholt zu haben. Die EZB warnt vor der hohen Verschuldung Griechenlands, dennoch empfiehlt die Kommission die Aufnahme in die Gemeinschaftswährung. »Griechenland hat auf einem langen und schwierigen Weg einen erfolgreichen Konvergenzprozess hinter sich«, lobt Finanzminister Eichel im Bundestag.

Griechenlands Finanzminister Papantoniou ist am Ziel. Er gewinnt seine Wette gegen Theo Waigel. Griechenland wird Euro-Land.

Was bedeutet, dass die europäischen Verträge das Papier nicht wert sind, auf das sie gedruckt wurden. Die Staatsverschuldung Griechenlands liegt nicht bei 60 Prozent der Wirtschaftsleistung, wie als Maximum vorgeschrieben, sondern bei über 100 Prozent. Und schon damals gibt es Zweifel an den offiziell aus Athen gemeldeten Zahlen.

Auf die Idee, ein Sondergutachten bei der Bundesbank einzuholen, wie es zu seinen Amtszeiten Theo Waigel für Belgien und Italien machen ließ, kommt Hans Eichel nicht. Alle Entscheider verfahren nach der Maßgabe: Je mehr Länder in der Euro-Zone, desto besser, desto mehr können, wie Eichel sagt, »unsere Waren kaufen«. Auch die große Mehrheit der CDU- und FDP-Abgeordneten befürwortet die Aufnahme Griechenlands.

Die Kritiker des Euro

Es gibt Gegenstimmen, draußen in der Gesellschaft, in Deutschland zumal, wo die D-Mark viel mehr ist als einfach nur ein Zahlungsmittel. Die neunziger Jahre sind ein Jahrzehnt des Zanks über den Euro.

So schließen sich beispielsweise 62 Professoren zusammen und warnen, 1992, vor der Einführung des Euro. Sie fürchten, die Währungsunion werde, so wie sie konstruiert war, »Westeuropa starken ökonomischen Schwankungen aussetzen, die in absehbarer Zeit zu einer politischen Zerreißprobe führen können«.

Eine gemeinsame Währung könne ohne eine gemeinsame Wirtschafts- und Finanzpolitik nicht funktionieren. Die Politiker sehen das anfangs genauso. Eine Währungsunion ohne politische Union sei abwegig, hatte Helmut Kohl im November 1991 im Bundestag gesagt.

Und auch das Volk bockt. 60 Prozent sind gegen den Euro. Sie fürchten, am Ende für die Schulden anderer Länder zahlen zu müssen.

Schließlich siegt der politische Wille über die ökonomischen Einwände. Bundestag und Bundesrat machen im April 1998 den

Weg frei für die letzte Stufe der Währungsunion. Nur Sachsen unter seinem Ministerpräsidenten Kurt Biedenkopf enthält sich im Bundesrat der Stimme.

Wenn sich danach ein Amtsträger gegen den Euro meldet, ist die Aufregung gleich riesengroß, in ganz Europa. Hans Reckers, dem Präsidenten der Hessischen Landeszentralbank, ergeht es so, als er es wagt, Bedenken öffentlich zu äußern.

Reckers gehörte damals zum Leitungsgremium der Bundesbank. Im April 2000 tritt er im Konferenzsaal seiner Landesbank vor ein paar Fachjournalisten, redet über dieses und jenes, und am Ende räuspert er sich und spricht einen Satz: »Griechenland ist meiner Meinung nach keineswegs reif für die Währungsunion, der Beitritt muss um mindestens ein Jahr verschoben werden.«

Es dauert etwa 20 Minuten, bis die ersten Agenturmeldungen versendet werden, es dauert weitere fünf Minuten, bis es an der Athener Börse zu Kursabstürzen kommt und die griechische Zentralbank die Drachme mit Stützungskäufen vor dem Verfall bewahren muss. Eichel ruft den damaligen Bundesbank-Chef Ernst Welteke an, Welteke ruft Reckers an. Ihm wird der Mund verboten. Aber von den 15 Bankern im Leitungsgremium der Bundesbank, behauptet Reckers, waren damals alle 15 der Meinung, dass der Griechenland-Beitritt ein Fehler sei.

Ein Fehler, sagen manche, den man verschmerzen wird, weil Griechenland so klein ist.

Ein dramatischer Fehler, sagen andere, unterschätzt nicht die Macht der Finanzmärkte.

Und kultiviert und halblaut, meist beim Mittagessen im Nebenraum des Konferenzraums, hoch oben im 12. Stock der Bundesbank, schimpfen die Herren auf die Politik, die den Griechen einen »Maastricht-Rabatt« einräumt, und sie finden das Tempo der Euro-Erweiterung gefährlich, nur leider finden diese Gespräche immer nur im Vertraulichen statt, an den Vierertischen des Bundesbank-Restaurants oder am polierten Konferenztisch. Die Banker sind alarmiert, aber sie halten still. Auch sonst gibt es kaum jemanden von Gewicht, der die Verantwortung übernähme, die schöne Idee des Euro der hässlichen Realität gegenüberzustellen.

So werden am 1. Januar 2002 wirklich in zwölf Ländern Lire, Drachmen, Mark, Gulden und Schilling gegen die neuen Euro-Scheine und Münzen getauscht, die Bürger des neuen Euro-Europas stürmen die Geldautomaten.

Im Schatten der Anfangseuphorie kommen die wahren Probleme nicht zur Sprache. Die zwölf neuen Euro-Staaten haben ihre Verschuldung in den fünf Vorbereitungsjahren des Euro – allen Absichtserklärungen von Maastricht zum Trotz – um mehr als 600 Milliarden Euro nach oben getrieben. Sie sind Ende 2002 mit zusammen 4,9 Billionen Euro verschuldet, Italien allein mit 1,3 Billionen.

Die wachsende Verschuldung bereitet den Regierungschefs keine Sorgen. Ihre Strategie heißt Hoffnung, und sie vertrauen auf die Kraft des Wachstums: Die Dynamik der Volkswirtschaften werde die Steuereinnahmen schon sprudeln und die Verschuldung sinken lassen. Und wenn nicht, dann vererbt man die Schulden eben dem politischen Nachfolger und der nächsten Generation. Aber der Euro werde es schon richten, so sind sie überzeugt.

Die Skepsis der Amerikaner

Jenseits des Atlantiks beugen sich Amerikas Ökonomen über Europas Pläne, die ihnen vorkommen wie nicht zu Ende gedacht, »zu groß geplant«, sagt Finanzökonom Kenneth Rogoff, ein Harvard-Professor mit Nickelbrille, Berater von US-Präsidenten und Regierungen in aller Welt. Sein Büro liegt im Littauer Building am Rand des gepflegten Campus von Cambridge, Massachusetts, es ist ein Bau mit einem antiken Säulenportal.

Als der Euro echtes Geld wurde, hatte Rogoff gerade den Posten des Chefökonomen des Internationalen Währungsfonds (IWF) angetreten; als der Euro in den neunziger Jahren Gestalt annahm, lehrte er in Princeton. Er teilte die Meinung seiner Kollegen in den USA, dass der Euro »zu unbescheiden« angelegt war. Es war offenkundig, dass eine Währungsunion beschlossen war, ohne dass es eine politische Union gegeben hätte, und damit keine Möglichkeiten einer Zentralregierung, schnell auf Probleme im Währungsraum zu reagieren.

Rogoff konnte beobachten, dass sich zwischen den Ökonomen ein transatlantischer Graben auftat. Amerikaner und Westeuropäer, die sonst in wesentlichen Fragen der Makroökonomie mehr oder minder übereinstimmten, stritten sich plötzlich bis an den Rand der Beleidigung. Die Europäer warfen ihren Kollegen in Übersee vor, die historischen Vorgänge nicht zu begreifen, die große Vision, den Sprung nach vorn. Die Amerikaner, pragmatisch und trocken, hielten den Kollegen vor, die Risiken kleinzureden, sie fanden die alte Welt, wieder einmal, romantisch, realitätsblind.

Im Werk der EU- und Euro-Architekten fand Rogoff gute Einfälle. Das Schuldenkriterium von Maastricht etwa sei eine brillante, gültige Idee bis heute, sagt Rogoff. Die Obergrenze der Staatsverschuldung auf höchstens 60 Prozent der Gesamtwirtschaftsleistung eines Landes festzulegen habe sich als genialer Wurf erwiesen.

»Das war damals neu«, sagt Rogoff, »es war eine große Erkenntnis.« Das Problem war nur, auch das sollte sich schnell erweisen, dass die Europäer die eigenen Ideen gern verrieten.

II. AKT:
DAS LEBEN MIT DEM EURO (2001 BIS 2008)

Wie der Euro die Pumpwirtschaft der Staaten anheizt. Woher sich Griechenland seine Milliarden holt. Wie das Wachstumswunder ausbleibt. Wie die Deutschen die Regeln der EU verraten und zum Euro-Gewinner werden.

Die neue Entschlossenheit der Europäer, ihr spürbarer Wille, das historische Projekt zum Erfolg zu machen, wird belohnt. Banken, Pensionsfonds, Großanleger aus aller Welt beginnen sich für dieses neue Europa zu interessieren. Staatsanleihen Portugals und Irlands, verkoppelt mit französischer Wirtschaftskraft und deutscher Verlässlichkeit, sehen plötzlich aus wie risikoarme, vernünftige Zukunftsinvestitionen. Es ist die Zeit, in der die Finanzwirtschaft ihre neuen Zaubertricks entwickelt.

Klärwerksbetreiber in Schwaben, Stadtverwaltungen in Spanien, Dörfer in Portugal, Provinzbanken in Irland lassen sich mit Wall-Street-Bankern und Fondsmanagern aus London ein, die Profite versprechen, indem sie Schulden in handelbare Wertpapiere verwandeln. Und während sich die Zentralregierungen darum bemühen, ihre Staatshaushalte nach den Maastricht-Vorgaben zu deckeln, laden sich die Kommunen Verbindlichkeiten auf, die auf europäischer Ebene nirgends erfasst, nirgends verbucht werden.

Es wäre damals, als die Kredite in der Hoffnung auf die Segnungen des Euro fröhlich sprudelten, möglich gewesen, sagt Rogoff, Rücklagen zu bilden, Vorsorge zu treffen. Aber Rogoff hat den Menschen studiert, sehr häufig am Schachbrett und in zahllosen Dokumenten der Wirtschaftsgeschichte aus 800 Jahren. »Es ist sehr schwierig, das Geld zusammenzuhalten, wenn es einfach da ist«, sagt er.

Politiker haben ein lässiges Verhältnis zur Verschuldung, und sie haben gute Gründe dafür. Sparsamkeit zahlt sich nicht aus für Politiker, sie machen Schulden, weil es nicht belohnt wird, keine zu machen. Billige Kredite waren überall zu haben, es war leicht, ihre Rückzahlung in eine ferne Zukunft zu verschieben, die Staatsausgaben zu refinanzieren, es war sogar leicht, sie auszuweiten.

Damals schon tat sich eine Lücke des Maastricht-Vertrags auf. Rogoff sagt, dass die 60-Prozent-Schuldenregel dringend hätte ergänzt werden müssen. Es sei falsch gewesen, nur rein quanitativ festzulegen, dass im Verhältnis zur Wirtschaftsleistung 60 Prozent Schulden angehäuft werden dürften, ohne danach zu fragen, wo die Kredite eigentlich herkamen.

Es wäre nötig gewesen, sagt Kenneth Rogoff, den Anteil der Auslandsverbindlichkeiten an den jeweiligen Staatsschulden zu begrenzen. Solche Schulden führen auf Dauer – und erst recht im Moment einer Wirtschaftskrise – zu unguter Abhängigkeit von der Windrichtung auf den Märkten.

Tatsächlich finanzierten sich die Staaten im Übermaß bei ausländischen Geldgebern, besonders gern bei europäischen Großbanken. Sie häuften an, was die Wissenschaft »externe« Schulden nennt. So kaufte die Deutsche Bank griechische Schuldtitel, die Société Générale investierte in spanische Anleihen, Pensionskassen aus Amerika und Japan kauften europäische Staatspapiere. Die waren zwar nicht sonderlich gut verzinst, aber dafür bargen sie auch kein Verlustrisiko, so schien es. Aber in dieser Zeit werden die monetären Beziehungen geknüpft, die Griechenland zu einer Geldbombe machen, die Jahre später die gesamte Euro-Zone bedrohen wird.

Rogoffs Zweifel am Euro-Projekt waren übermächtig: Um Italien fit aussehen zu lassen für die Währungsunion, sagt er, hätten sich die Euro-Macher darauf eingelassen, sogar den Schwarzmarkt des Landes zur realen Wirtschaftsleistung irgendwie hinzuzurechnen, »und das ist natürlich ein Witz«.

Und jeder wusste, dass Griechenland weit davon entfernt war, die Maastricht-Kriterien zu erfüllen. Das Land lag in seiner Entwicklung 50, vielleicht 100 Jahre hinter den modernen Industrienationen zurück, Griechenland war Entwicklungsland, sagt Rogoff, und die Annahme, der Euro könne den Rückstand im Eiltempo verschwinden machen, sei Irrsinn gewesen.

Die Griechen kommen nun viel zu billig an neues Geld, zu Zinssätzen, die nur knapp über jenen liegen, die der deutsche Staat für Anleihen zahlen muss. »Der Euro war eine Art Paradies«, sagt Griechenlands damaliger Finanzminister Jannos Papantoniou.

Die Südländer Europas hätten nach dem Euro-Beitritt die Anstrengungen eingestellt, ihre Haushalte weiter zu sanieren, sagt Papantoniou. Aus den Ländern Nordeuropas floss das Geld auch ohne Anstrengungen, der öffentliche Sektor Griechenlands nahm Kredite auf, als gäbe es kein Morgen mehr – und das ging nur, weil sich das Land mit dem Euro auch Deutschlands Glaub- und Kreditwürdigkeit geliehen hatte.

Der Handel mit Staatsschulden funktioniert im Grunde nicht viel anders als der mit Aktien eines Konzerns. Wie ein Betrieb, der große Investitionen plant, Anteilsscheine verkauft, um sich das nötige Geld zu besorgen, so suchen sich Staaten ihre »bondholders«, mit deren Geld sie in die Zukunft des Landes investieren, in Schulen, Städte, neue Straßen.

Jeder, der sich einen Bundesschatzbrief kauft, gibt der Bundesrepublik Deutschland Kredit. Und folglich hat bei ihm der deutsche Staat Schulden, die je nach Laufzeit des Wertpapiers zurückgezahlt werden. Im großen Spiel der Weltfinanz kaufen Investoren Schuldtitel in Tranchen von 10 oder 50 Millionen, das Geschäft findet auf Auktionen statt, bei denen die Zinssätze verhandelt werden, die der Staat zahlen muss.

Es ist ein komplexes Gewebe aus Fälligkeiten und laufenden Verbindlichkeiten, und bis zum Jahr 2000 ist Griechenland zu uninteressant und zu unterentwickelt, um an diesem Markt nennenswert teilzunehmen. Das ändert sich nun, als feststeht, dass die Griechen in die Euro-Zone vorgelassen werden.

Normalerweise ist der Handel mit Anleihen ein unspektakuläres Geschäft. Laufen die fünf- oder zehnjährigen Papiere aus, gibt der Staat neue aus, er refinanziert sich, er »rollt« seine Schulden, zu Zinsen wie vorher, ein bisschen höher, ein bisschen niedriger, je nach Marktlage. Schwierig wird es, wenn sich der Ruf des Staates verschlechtert, wenn er so regiert wird, dass Anleger Zweifel bekommen, ob sie ihr Geld zurückerhalten werden.

Der Mangel an Vertrauen macht es schwieriger, neue Staatsanleihen loszuwerden, der Staat muss die Rendite erhöhen, er muss den Anlegern mehr Zinsen bezahlen. Zinsen von sechs Prozent aufwärts gelten als alarmierend, Zinsen von zehn oder mehr Prozent heißen: Dieser Staat treibt in den Bankrott.

Die Griechen gründen eine Schuldenagentur

Die sozialistische Regierung in Athen etabliert im Jahr 1999 eine »Schuldenagentur«, zu deren Leiter Christoforos Sardelis berufen wird. Der promovierte Wirtschaftswissenschaftler hat während der griechischen Militärdiktatur in Stockholm gelehrt, nun schart er zwei, drei Dutzend Mitarbeiter um sich.

Zum ersten Mal wird versucht, auch ausländische Anleger zu gewinnen, für größere Volumen und längere Laufzeiten – die Botschaft ist: »Kauft einen attraktiven Schuldtitel aus der Europäischen Union.« Er habe ganz Europa beackert, mit allen Fonds gesprochen, erinnert sich Sardelis, er ist heute 61 und sitzt im Vorstand des größten griechischen Privatversicherers Ethniki. »Unsere Aufgabe war es, auf die bestmögliche Art Geld zu beschaffen.«

Bei mancher Staatsauktion verkauft Griechenland bald auf einen Schlag Obligationen im Wert fünf Milliarden Euro und mehr, es gibt, sagt Sardelis, ab 2001 »riesige Nachfrage aus ganz Europa«, auch aus Japan oder Singapur. Alles läuft so gut, dass Sardelis Fachleute der Deutschen Bank abwerben kann, Griechenland ist en vogue, irgendwie »in«. In Wirklichkeit versteigern die Griechen ihre eigene Zukunft – und merken es nicht. Sie sehen im Euro-Beitritt das Ziel, obwohl er erst ein Start ist. Sie nehmen das Geld nicht, um ihre Infrastruktur zu verbessern, um die Wirtschaft zu stärken, um in die Zukunft des Landes zu investieren; die Regierungen verteilen stattdessen Wahlgeschenke. Griechische Rentner bekommen mehr, und viel früher. Beamte freuen sich über schöne Lohnzuwächse. Steuern sinken, Arbeitszeiten, unmerklich schrumpft die Produktivität und die Wirtschaftsleistung, aber das alltägliche Leben fühlt sich gut an für die Griechen. Bequem. Angenehm. Aber dieses Leben ist nicht erworben, sondern nur geborgt.

Noch im Frühjahr 2003 liegt die Verzinsung griechischer Anleihen nur um 0,09 Prozentpunkte über vergleichbaren deutschen Bonds, das heißt im Klartext: Die Märkte hielten damals Griechenland mit seiner Wirtschaft aus Oliven und Joghurt, Schiffen und Touristeninseln für ebenso kreditwürdig wie den hochindustrialisierten Exportweltmeister Deutschland. Warum? Weil beide Länder nun dieselbe Währung haben und weil die Märkte, wie der Chef des deutschen Bankenverbandes später sagen wird, nie an die »No-Bail-out«-Klausel des Maastrichter Vertrages geglaubt haben.

Man habe darauf vertraut, dass »im Ernstfall die starken die schwachen Staaten stützen werden«, weil der laxe Umgang der Euro-Politiker mit ihren Regeln das früh signalisiert habe. Wer damals im großen Stil »Greek-Bonds« kaufte, wettete darauf, dass sich Europas Staatsmänner im Krisenfall selbst untreu würden.

Sardelis behauptet, er habe die aufkommenden Probleme gesehen und davor gewarnt. Er spricht heute von der immer weiter um sich greifenden »Illusion, die Währungsunion könnte unsere

Probleme lösen«. Aber statt ernsthafte Reformen der griechischen Staatsfinanzen anzustrengen, sei ein »Rückfall in alte Mentalitäten« festzustellen gewesen. Statt zu sparen, wurde verlangt, »so viel Geld wie möglich zu beschaffen«.

Stets frisches Geld in der Haushaltskasse, die Olympischen Spiele des Jahres 2004 vor der Tür, Aufbruchstimmung auf jeder Insel – all das verstellt den Verantwortlichen den Blick auf die finanzpolitischen Realitäten, meint Sardelis: »Das Land verfiel in Lethargie und Faulheit.«

Deutschland hebelt den Vertrag aus

Im Jahr 2002 hat die deutsche Bundesregierung anderes zu tun, als in griechische Haushaltsbücher zu schauen. Sie gerät selbst in Schwierigkeiten. Die EU-Kommission droht, einen Blauen Brief nach Berlin zu schicken. Die Neuverschuldung liegt voraussichtlich über Plan und der erlaubten Obergrenze von drei Prozent. Was folgt, sind nicht deutsche Disziplin und vorbildliches Europäertum, sondern ein sich über zwei Jahre hinziehender Abwehrkampf der Regierung Schröder gegen die schlechten Zeugnisse aus Brüssel.

Innerhalb der EU-Kommission gibt es wenige, die ihre Kritik an der Aufweichung der Maastricht-Regeln äußern. Einer von ihnen ist der Niederländer Frits Bolkestein, er hat Mathematik, Physik, Jura, Wirtschaft und Altgriechisch studiert, eine steile Karriere beim Shell-Konzern absolviert, von 1999 bis 2004 ist er in der EU-Kommission für Binnenmarkt und Steuern zuständig.

Gegen den Beitritt Italiens zur Euro-Zone hat er öffentlich argumentiert, der Beitritt Griechenlands war für Bolkestein nur die Konsequenz aus »dem Fluch der bösen Tat«, wie er die Aufnahme Italiens bis heute nennt. Als Romano Prodi, fünf Jahre lang Präsident der Europäischen Kommission, im Jahr 2002 den Stabilitätspakt, der die Solidität des Euro sichern soll, als »stupide«, dumm, abtut, tritt Bolkestein vor Fernsehkameras und schmettert in die Mikrofone: »Es ist die Aufgabe des EU-Kommissionspräsidenten, die europäischen Verträge zu ehren und zu verteidigen, darunter fällt vor allem der Euro-Stabilitätspakt.«

Am nächsten Morgen, sagt Bolkestein, habe sein Telefon geklingelt. Romano Prodi ist dran, er sagt: »Sie haben mich beleidigt, ich verlange eine Erklärung.« Bolkestein besteht darauf, dass er die abfälligen Äußerungen Prodis zum Stabilitätspakt für falsch halte, und fügt hinzu: »Wenn diese Haltung vom Rest der EU-Kommission geteilt wird, biete ich meinen Rücktritt an.«

Mit seiner kritischen Haltung gegenüber Italien und Griechenland steht Bolkestein oft allein in der Kommission. Gleichzeitig will er die Bemühungen des Landes, sich weiterzuentwickeln, belohnen. Als die griechische Regierung 150 Millionen Euro möchte, um für das Land ein Kataster zu erstellen, unterstützt er das Anliegen.

Ein Kataster ist eine Liegenschaftskarte sämtlicher Flurstücke eines Landes, geometrische Lage, Gebäude, Art, Nutzung, alles fein säuberlich kartiert und aufgelistet in Liegenschaftsbüchern. Bolkestein staunt, dass die Griechen derlei nicht haben, findet die Idee aber gut. Er befürwortet sie, auch eingedenk der rätselhaften Fehler, die den Griechen beim Antrag auf Agrarsubventionen angeblich unterlaufen sind – als sie die zu subventionierende Agrarfläche dreimal größer angaben als die Gesamtfläche des Landes.

Ein Jahr später, seine Amtszeit als Währungskommissar neigt sich dem Ende zu, lässt Bolkestein nachfragen, was mit dem griechischen Kataster passiert sei. Man habe das Projekt aufgegeben, lautet die Antwort.

Eine Kommission tagt, Thema: Wie viel von den 150 Millionen soll man von Griechenland zurückfordern? Alles, findet Bolkestein. »I want my money back«, sagt er. Aber es gibt eine Koalition der Nachsichtigen, erinnert sich Bolkestein, erinnern sich andere, die

Nachsichtigen werden angeführt von der Kommissarin Anna Diamantopoulou aus Griechenland. Am Ende werden etwa 75 Millionen Euro zurückerstattet. Der Rest sei nicht mehr vorhanden, erfährt Bolkestein. Und wo das Geld geblieben sei? Das wisse niemand.

Die Deutschen sind mit eigenen Tricksereien beschäftigt, im Schulterschluss mit Frankreich – beide von einem Defizitverfahren bedroht – hebeln sie den Vertrag von Maastricht aus. Sie verweigern sich den Sanktionen. Im EU-Finanzministerrat besorgen sie sich eine Mehrheit, die das Strafverfahren der EU-Kommission kassiert. Es ist ein schwerwiegender Verstoß, dessen Tragweite sich erst später erweisen wird.

Die deutsch-französische Aktion erledigt den Stabiliäts- und Wachstumspakt, den die Deutschen ihren Partnern aufgezwungen hatten. Die Folgen sind fatal: Wenn sich die beiden größten Volkswirtschaften der Euro-Zone nicht an die Regeln halten, warum sollten es dann die anderen tun? Und wenn sich Deutschland, die selbsterklärte Heimat der Haushaltsdisziplin, nicht mehr um die Disziplin schert – worauf soll man sich in Europa dann noch verlassen?

Der Sündenfall wird hinter Politsprech versteckt, der Bruch des Pakts mit falschen Bekenntnissen zum Pakt verschleiert. Seine Bestimmungen werden nicht formal abgeschafft, aber informell so aufgeweicht, dass sie in Zukunft jederzeit zum Vorteil einer Regierung in Finanznöten verbogen werden können. Und ein nicht unwesentlicher Nebeneffekt kommt hinzu: Die exekutive Macht in Europa, eigentlich bei der EU-Kommission angesiedelt, die die »Hüterin der Verträge« genannt wird, geht de facto auf den Rat der Staats- und Regierungschefs über.

Statt die Bemühungen der Euro-Zone in Brüssel zu bündeln und zu konzentrieren, wie es gedacht war, regen sich die nationalen Interessen wieder in Berlin und Paris, in Madrid und Rom, und in Athen gab es ohnehin immer nur sie.

Der griechische Schwindel fliegt auf

Griechenlands 2004 neu gewählte konservative Regierung legt offen, dass die abgelösten sozialistischen Vorgänger seit dem Jahr 2000 manipulierte Zahlen an Eurostat gemeldet haben. Auch bei den Beitrittsdaten wurde getrickst.

EU-Kommissionspräsident José Manuel Barroso, ein Portugiese, kritisiert Griechenland nicht, sondern lobt die neue Regierung für ihre Offenheit und gratuliert ihr zu den »mutigen Schritten«, die Fehler der Vergangenheit wettzumachen. Nun müsse Griechenland »die Dinge bis 2006 in Ordnung« bringen.

Dabei zeigt sich die neue Regierung in Athen bald ähnlich erfinderisch wie die abgelöste: Verteidigungsausgaben werden zurückgebucht auf den Zeitpunkt der Bestellung, nicht der Bezahlung, und damit aus den aktuellen Büchern herausgerechnet. Haushalte werden be- und entlastet, ganz wie es passt. Die Bürokratie weigert sich, Prognosen über die Haushaltsentwicklung zu machen, und setzt in die Budgetplanungen stets ein schlicht angenommenes Defizit von weniger als als drei Prozent ein.

Der Leiter der »Schuldenagentur«, Christoforos Sardelis, wird abgelöst und ersetzt. Der Nachfolger profitiert wie Sardelis vor ihm von den niedrigen Zinsen für die Schuldtitel des Landes. Noch 2005 sind die Zinsen auf Greek-Bonds um nur 0,16 Prozentpunkte höher als auf deutsche Anleihen. Der Markt kauft, die Griechen verkaufen und finanzieren sich einen Lebensstandard, den sie niemals aus eigener Kraft erwirtschaften könnten. Im Jahr 2006 steigt die Staatsverschuldung um weitere 14,7 Prozent.

In Brüssel beginnt ein »blame game«, es wird darüber gestritten, wer eigentlich wen falsch oder unzureichend informiert: Der Währungskommissar der EU zeigt auf den Generaldirektor von Eurostat, der die Schuld weiterreicht an die EU-Kommissare, die die Europäische Zentralbank kritisieren, nationale Regierungen und Finanzminister mischen mit, und es herrscht, nach der euphorischen Aufbruchstimmung um die Jahrtausendwende, mit einem Mal sehr dicke Luft in diesem neuen Europa.

Der Eurostat-Generaldirektor verweist zu seiner Verteidigung auf die Fußnoten in den halbjährlichen Berichten seiner Behörde. Sie lauten zum Beispiel: »Eurostat sieht sich aufgrund fehlender oder unvollständiger Informationen außerstande, die Zahlen zu verifizieren.« Es klingt wie ein vornehmes Räuspern.

Das wird lauter am 22. November 2004, als Eurostat einen ersten großen Bericht veröffentlicht, der die Jahre 1997 bis 1999 und das Jahr 2004 behandelt. Darin kommt die Behörde zu dem Fazit, dass es drei große Schwächen in der griechischen Kalkulation gebe.

Erstens würden die Militärausgaben verbucht, wie es gerade passe. Zweitens habe man chronisch die Sozialausgaben deutlich zu niedrig angesetzt, und drittens wurden die Steuereinkommen weit überschätzt. Was folgt aus solchen Berichten? Nichts.

Zu allem Überfluss werden die Hoffnungen auf kräftiges Wirtschaftswachstum in der Euro-Zone nicht wahr, im Gegenteil. Deutschland vor allem schwächelt, das Wachstum in Europa ist mickrig, die Arbeitsmarktzahlen besorgniserregend. Europa ist immer wieder Thema in Washington, beim Internationalen Währungsfonds.

Der IWF warnt Europa

Am Sitz des IWF steht Europa unter Beobachtung. Die Euro-Länder, die sich seit den späten neunziger Jahren schöne, neue Welten hingebaut hatten, das meiste davon auf Pump, saßen in den folgenden Jahren schon, fast noch unbemerkt, jedenfalls weit unterschätzt, tief in einem Schuldenloch. Sie glichen einer Maus, die sich an der Falle gerade noch darüber freut, ein schönes Stück Käse gefunden zu haben, und die nicht merkt, dass sich über dem Käse ein Bügel spannt.

Und schon damals antwortete Kenneth Rogoff, IWF-Chefökonom, wenn ihn jemand nach der Möglichkeit fragte, ob der Euro-Raum auch wieder auseinanderbrechen könnte: »natürlich«. Einige Länder, sagte Rogoff damals, würden in zehn Jahren vielleicht nicht mehr in Euro rechnen. Und wenn er so redete, schauten ihn seine Kollegen, und die europäischen zumal, immer so an, »als hätte ich nicht mehr alle Tassen im Schrank«.

Der IWF beobachtete eine »Lähmung in Europa«, sagt Rogoff. Die politische Union, seit Jahren versprochen, um der technischen Währungsunion einen echten Rahmen zu geben, kam nicht. Aber die europäische Party ging weiter. Und alle wollten tanzen, solange die Musik spielte. Nur Deutschland machte eine Ausnahme, hier wurde reformiert, unter Schmerzen, die Hasswörter des Augenblicks waren Agenda 2010 und Hartz IV. »Was die Deutschen damals durchgezogen haben«, sagt Rogoff, »ist sehr beeindruckend. Sie erkannten ein Schuldenproblem, sie erkannten die Systemschwächen, also machten sie sich rational daran, diese Schwächen zu beseitigen.« Statt auf Entwicklung der Wirtschaftskraft, Reform der Sozialsysteme und Kontrolle der Kosten setzten Staaten wie Griechenland, Portugal, Italien auf immer neue Kredite mit möglichst langen Laufzeiten, um nötige Entscheidungen zu vertagen.

Nicht sie, sondern Deutschland geriet in die Kritik. Die Deutschen, hieß es, drückten ihre europäischen Partner an die Wand. Pro Jahr steigt der deutsche Export in die Länder der Euro-Zone um durchschnittlich sechs Prozent, und 73 Prozent des deutschen Handelsüberschusses stammen aus diesen Ländern.

Die Agenda-Reformen übten Druck aus auf die Arbeitslöhne und halfen, die Lohnstückkosten so zu senken, dass sich Deutschland im Vergleich zu Ländern wie Italien oder Griechenland noch größere Wettbewerbsvorteile erwirtschaftete. In Deutschland sanken die Lohnstückkosten, in den meisten Ländern der Euro-Zone stiegen sie, vor allem in Griechenland.

Die griechischen Strukturprobleme

Die Griechen konsumieren auf Pump, Kredite sind günstig, sie kaufen deutsche Maschinen und Autos, steigern das deutsche Bruttosozialprodukt, versäumen Reformen im eigenen Land. Kein Regierender will die gewucherte Bürokratie zurückstutzen, kaum einer interessiert sich für Schuldentilgung, für Handelsdefizite, für Lohnstückkosten, für all die sperrigen Begriffe und Instrumente der Volkswirtschaft, kaum einer kämpft gegen Korruption, Subventionsbetrug und falsche Privilegien. Die Folgen der Versäumnisse lassen sich heute etwa in Nordgriechenland, im Grenzgebiet zu Bulgarien, wie in einem Freiluftmuseum begehen.

Im Industriegebiet von Komotini reiht sich Fabrik an Fabrik, Lagerhalle an Lagerhalle, und fast alle sind stillgelegt, obwohl sie aussehen wie neu. Hier bekommt man Antworten auf die Frage, warum Griechenlands Wirtschaft nicht wächst, warum sie nicht konkurrenzfähig ist, warum im Land nichts vorangeht.

Die meisten Firmen hier, erzählt der Unternehmer Demetri Politopoulos, haben den Betrieb überhaupt nie aufgenommen, sie sind Ruinen der Subventionsbetrügerei. Ihre Bauherren besorgten sich Geld und billige Kredite bei der Regierung in Athen und von der EU, stellten Gebäude hin, ohne in ihnen je ein Geschäft betreiben zu wollen.

Demetri Politopoulos wollte wirklich Geschäfte machen, er errichtete seine Macedonian Thrace Brewery in einer der leeren Straßen, er hatte das Bierbrauen in Amerika gelernt, nun kam er zurück in die Heimat, um ein erfolgreicher Unternehmer zu werden. Seine Idee war, sich weitab der urbanen Zentren, fern von den übermächtigen Konkurrenten in der Provinz niederzulassen, um hier eine lokale Kundschaft zu erobern.

Dieser Plan ging nicht auf. Dass ihm Unbekannte, mutmaßlich im Auftrag von Konkurrenten, die Reifen seiner Lieferwagen aufschlitzten und seine Fertigungsanlagen sabotierten, war schon hässlich. Egal, wie weit er seine Preise senkte – die Getränkevertriebe schienen sich gegen ihn verschworen zu haben. Und fast komisch sind seine Erlebnisse mit dem griechischen Staat.

Politopoulos erzählt von seiner Geschäftsidee, außer Bier auch eine Limonade aus griechischem Bergtee zu brauen. Er hatte schon alles beisammen, hatte im ganzen Land 62 Tonnen Bergteekraut zusammengesucht, hatte sich Gedanken über die Vermarktung gemacht, über den Vertrieb, als ihm die Gesundheitsbehörde in Athen mitteilte, die Bewilligung für die Produktion seines Erfrischungs-Drinks könne nicht erteilt werden.

Grund: ein Gesetz aus der Mitte des 19. Jahrhunderts, erlassen unter der Regentschaft des bayerischen Prinzen Otto von Wittelsbach, 1832 zum König von Griechenland gekrönt, der aus Deutschland das Reinheitsgebot für Bier mitgebracht hatte. Und darin stand, dass in einer Bierbrauerei nichts anderes hergestellt werden dürfe als Bier. Für eine separate Produktionsstätte fehlte ihm das Geld, also keine Limonade aus Bergtee.

Politopoulos erlebt sein Unternehmertum in Griechenland als ewigen Kampf mit der Bürokratie, mit Korruption und Unfähigkeit, und so wie ihm ergeht es Hunderten, Tausenden Unternehmern im Land. Transparency International hält Griechenland für das korrupteste Land der EU, Genehmigungen und Bescheinigungen gebe es nur gegen Bares. Im Land selbst findet das nicht jeder problematisch. Manche halten es für einen Teil der griechischen Kultur, und die sind auch der Meinung, Steuern zu zahlen sei überflüssig. So hat der Staat ein doppeltes Einnahmeproblem: Die Bürokratie hindert Unternehmen daran, zu wachsen und Gewinn zu machen; und die Unternehmen, die wachsen und Gewinn machen, finden Wege, kaum Steuern zu zahlen.

Die griechische Steuerkultur

Von den 9841 Inseln, die zu Griechenland gehören, sind 220 bewohnt, und auf einer davon, Sifnos, lebt der schwerreiche Yacht-Unternehmer, Steuerbetrugsbefürworter und frühere Studentenrevolutionär Georgios A. Vernicos. Wer ihn besucht, lernt dieses Land besser zu verstehen, als wenn er Zahlenkolonnen über Wachstum, Verschuldung und Zinsen liest.

»Griechenland ist ein extrem schönes Land«, sagt Vernicos, er ist 61 und sitzt im Garten seiner Villa am Meer, »und damit nicht jeder hierherkommt, haben wir es für andere sehr schwierig gemacht, bei uns zu überleben.« Es ist nicht ganz klar, ob er bloß einen Witz gemacht hat.

1973 gehörte Vernicos zu den Anführern des Studentenaufstands gegen die Militärdiktatur, er kam dafür ins Gefängnis. Später gründete er »Vernicos Yachts«, das heute führende Unternehmen für die Vermietung und den Verkauf von Yachten. Er ist nebenbei auch Generalsekretär des griechischen Tourismusverbands.

Seine Kundschaft ist ins Visier der Steuerfahnder geraten, die bei der Hälfte der rund 10 000 in griechischen Häfen liegenden Yachten von Steuerbetrug ausgehen. Vier Millionen Euro kostet bei Vernicos die durchschnittliche 30-Meter-Motor-Yacht. Manche Besitzer registrieren ihre Schiffe über Offshore-Firmen in Zypern, Panama oder auf der Isle of Man, um Steuern zu vermeiden, andere kennen einen noch besseren Trick.

»Man meldet das Schiff statt als Privat-Yacht als Charter-Boot an, also zum Vermieten.« Für den Kauf von Privat-Yachten zahle man Mehrwert- und Luxussteuern von insgesamt 35 Prozent, für Miet-Yachten aber gar nichts. »Also vermietet man die Yacht an einem Tag pro Monat, und schon hat man eine Miet-Yacht.« Um in einem Rechtssystem mit so vielen Grauzonen zu bestehen, müsse man eben ab und zu die Grenzen des Legalen erkunden. Vernicos sagt das mit einem Gaunerlächeln.

Den Yacht-Besitzern keine Schwierigkeiten machen – das galt als Grundsatz der Fremdenverkehrsförderung, sagt Vernicos. Je mehr Touristenschiffe in der Ägäis, desto besser geht es den Dienstleistern auf den Inseln, den Hotels, den Restaurants, den Zulieferern. Jeder sechste griechische Arbeitnehmer ist im Tourismus beschäftigt.

Hellas als Urlaubsökonomie, das ist Vernicos' Vision, dafür wirbt er. Das vereinigte Europa, so Vernicos, sollte doch ein Gebilde sein, in dem »jeder das Seine tut«, was schon bei Platon, auch ein Grieche, zur Definition eines gerechten Staates gehörte. In diesem Europa machen die Deutschen die Maschinen, die Italiener schneidern die Anzüge, die Spanier ziehen Gemüse, und alle buchen ihre Ferien bei den Griechen.

Stattdessen wolle die EU ein Europa, in dem alle alles tun und dabei miteinander auch noch im Wettbewerb stehen. Aber der Grieche, so Vernicos, könne nicht bestehen im Produktivitätswettbewerb mit Deutschen oder gar Chinesen. »Wir Griechen sind die Taxifahrer der Meere«, sagt er – die Taxis selbst aber, also die Schiffe, würden woanders zusammengeschweißt, vor allem in Fernost. Griechen bauen keine Schiffe, sie fahren sie bloß.

Für Georgios A. Vernicos stellt sich das heutige Europa so dar, dass Brüssel den Griechen befiehlt, Schiffe zu bauen, statt nur zu fahren. Also produktiver zu werden. Und Steuern einzutreiben. Und Gesetze einzuhalten. Also: deutscher zu werden. Das will er aber nicht. Dass Deutschland die Regeln machen soll für das Spiel in ganz Europa, macht ihn ungehalten. »Sie haben es schon zweimal mit Kriegen versucht. Jetzt versuchen sie es mit ökonomischen Mitteln.«

Dass die Steuerkommissare seit der Krise Ernst machen und unangemeldete Yachten gleich im Dutzend beschlagnahmen, macht Vernicos wütend. »Die Regierung führt jetzt einfach die Reichen als Sündenböcke vor.« Misslaunig kaut er auf einem Stück

Manouri, unfassbar stinkendem Käse von Inselziegen. Er möchte die alten Regeln zurück. Die waren zwar krumm und ungerecht, aber darin verlässlich.

Die Mentalität eines Georgios A. Vernicos ist in der Unternehmerschaft des Landes weit verbreitet. Sie verursacht jährlich geschätzte 20 Milliarden Euro Schaden durch Steuerausfälle. Fast ein Drittel der wirtschaftlichen Aktivität läuft in Griechenland am Finanzamt vorbei, heißt es.

Schlechte Noten für Griechenland

Im September 2008, als die Lehman-Pleite die Finanzmärkte in den Abgrund reißt, glaubt die griechische Regierung, verschont zu bleiben. Griechische Banken besitzen nur wenige der einfallsreichen Finanzpapiere von der Wall Street. Aber die Staatsverschuldung ist im Jahr 2008 auf 110 Prozent der Wirtschaftsleistung angewachsen, Griechenland hat inzwischen Italien überholt, und der Anteil externer Schulden bei ausländischen Anlegern ist im Fall Griechenlands deutlich höher. Das Land der schönen Inseln ist viel stärker bedroht, als es glauben mag.

Die Rating-Agenturen, die massenhaft wertlose Papiere zur sicheren Geldanlage erklärt hatten, stehen mit dem Lehman-Crash unter besonderer Beobachtung. Sie bewerten schließlich auch Staaten, vergeben Gütesiegel für Staatsanleihen. Was sind ihre Noten wert? Haben sie sich – wie in der Privatwirtschaft – auch über die Qualität der Volkswirtschaften getäuscht?

Jahrelang haben die drei großen Rating-Agenturen der Welt die Anleihen der Euro-Staaten einhellig mit AAA oder AA bewertet. Am 14. Januar 2009 entscheidet sich eine von ihnen, Standard & Poor's, die griechischen Staatspapiere auf A- zurückzustufen. Das ist der schlechteste Wert aller 16 Euro-Länder und – aus heutiger Sicht – der Beginn des Absturzes. Mit der Herabstufung wird eine Abwärtsspirale in Gang gesetzt, die den Regierungschefs in Europa zeigen wird, wie fragil ihr Euro ist und wie ansteckend die Verhältnisse im kleinen Griechenland.

Verantwortlich für die Herabstufung ist Marko Mršnik, ein »Sovereign Credit Analyst« und bei Standard & Poor's auch für griechische Staatsanleihen zuständig. Der gebürtige Slowene redet nicht mit Journalisten. Wer wissen will, wie er die Märkte einschätzt, muss seine Berichte lesen.

Er hat ein Büro in den Londoner Docklands, Canary Wharf, ein Businesszentrum mit schimmernden Fassaden und Latte-macchiato-Bars auf den Ruinen der alten, schwerindustriellen Gesellschaft. Auch Lehman Brothers residierte hier, bis zum Schluss.

Die Kreditwürdigkeit eines Landes wird in Buchstaben ausgedrückt, AAA ist die Bestnote, sie bedeutet eine Kreditausfallwahrscheinlichkeit nahe null, C heißt, dass der Gläubiger sein Geld höchstwahrscheinlich nie wiedersieht, D wäre im Schulzeugnis eine glatte Sechs: Totalausfall. Dieses Ranking hatten die Bonds des russischen Zaren nach der Oktoberrevolution. So weit ist Griechenland noch nicht.

Die rein wirtschaftlichen Kriterien lassen sich ziemlich einfach herauslesen aus den Tabellen von Zentralbanken, Eurostat oder IWF. Der Aspekt »Politik« eines Landes lässt sich jedoch nicht mit dem Taschenrechner kalkulieren. Dabei geht es um das Funktionieren einer Verwaltung, um Korruption, starke Gewerkschaften, darum, wie rebellisch die Jugend ist oder wie führungsstark ein Regierungschef, es sind die weichen, dennoch wichtigen Faktoren. Marko Mršnik trifft sich deshalb mit Journalisten, Bankern, Analysten.

Die Abwertung des Landes begründet er so: »Die anhaltende Finanz- und Wirtschaftskrise hat unserer Ansicht nach einen grundlegenden Verlust an Wettbewerbsfähigkeit in der griechischen Wirtschaft verstärkt.« Nach diesen Sätzen stürzen die Kurse an der Athener Börse ab. Und die Zinsen steigen. Die Käufer griechischer Staatsanleihen wollen für das steigende Risiko belohnt werden, sie verlangen eine höhere Prämie. Wenn sich Griechenland nun eine Milliarde Euro leihen will, also Anleihen im Wert von einer Milliarde verkaufen will, muss das Land 2,8 Millionen Euro mehr Zinsen versprechen als Deutschland. Die Schuldenlast steigt. Und steigt immer weiter.

Aufgeschreckt durch die Abstufung leitet die EU-Kommission erneut ein Defizitverfahren gegen Griechenland ein, es ist eine hilflose Geste, und das Strafverfahren bleibt, wieder einmal, man ist versucht zu sagen: natürlich, ohne Ergebnis. Bis heute ist kein Euro-Land, trotz vieler festgestellter Regelverletzungen, bestraft worden. Der Sanktionsmechanismus der Euro-Zone ist eine leere Drohung. Und er war von Anfang an falsch gedacht: Wie sinnvoll ist es, ein Land in Geldnot mit Geldbußen zu bestrafen?

Im Oktober 2009 löst die neue Regierung unter dem Sozialisten Giorgos Papandreou die konservative Regierung in Athen ab. Nach dem Wahlsieg schreibt Marko Mršnik ein vertrauliches Papier an die Kunden von Standard & Poor's: »Angesichts der wiederholten Haushaltsentgleisungen der verschiedenen griechischen Regierungen bleibt abzuwarten, ob die neue Regierung den Willen hat, eine glaubhafte Budgetstrategie umzusetzen.« Das klingt diplomatisch. Aber es ist reiner Sarkasmus. Die Anleger verstehen die Botschaft: Der Abstieg der Greek-Bonds vom Wertpapier zum Junk-Fetzen, von Sicherheit zu Casino-Chip, von Zuversicht zu Depression beschleunigt sich. Es beginnt die griechische Tragödie.

III. AKT: DIE KRISE DES EURO (2010/11)

Wie Griechenland zum Spielball der Investoren wird. Wie die Europäische Zentralbank auf Abwege gerät. Warum die Griechen die Welt nicht mehr verstehen. Wie die Wette von Maastricht platzt.

Bei Standard & Poor's haben Mršniks Analysten ausgerechnet, dass Griechenlands Verschuldung im Jahr 2010 auf 125 Prozent der Wirtschaftsleistung ansteigen wird. Noch am selben Tag wird es teurer, griechische Anleihen gegen den Ausfall abzusichern. Die Ausfallversicherungen, in der Marktsprache Credit Default Swaps (CDSs) genannt, zeigen an, wie schlecht es um Griechenland steht. Es kostet jetzt 189 000 Dollar im Jahr, eine Zehn-Millionen-Anleihe Griechenlands gegen Ausfall zu versichern. Für die Großinvestoren heißt das: raus aus Griechenland.

Auch in Kalifornien, in Newport Beach, eine Autostunde südlich von Los Angeles, sind ein paar Leute nervös geworden. Dort hat die Pacific Investment Company (Pimco) ihren Firmensitz.

Pimco ist mit Abstand der weltgrößte Investor in Staatsanleihen. Das Unternehmen leiht den Staaten Geld, indem es deren Schuldverschreibungen kauft. Wenn Pimco nicht mehr kauft, ist das ein deutliches Zeichen, dass einem Land erst die Krise, dann die Pleite droht.

Pimco herrscht – im Auftrag seiner Kunden – über 1300 Milliarden Dollar. Es ist eine absurde Zahl, selbst in dieser Zeit der Superlative, in der Rettungsschirme gespannt und Banken mit endlosen Staatsmilliarden gestützt werden: ein Finanzunternehmen, vielen nicht einmal bekannt, mit einer Anlagemacht viermal so groß wie der deutsche Bundeshaushalt.

Deswegen halten fast alle Regierungen einen engen Draht zu Pimco. Sie schicken ihre Finanzminister und Zentralbankvorsitzenden und manchmal auch ihre Regierungschefs zu Mohamed El-Erian, dem Chef von Pimco, um ihn zu überzeugen, dass er ihre Staatsanleihen kauft.

Pimco stößt in den Wochen Ende 2009 alle Griechenland-Anleihen ab. »Wir wollten raus, bevor alle anderen merken, dass die Zahlen nicht stimmen«, sagt Mohamed El-Erian. Nie verlässt sich Pimco auf ein Urteil von außen, dafür beschäftigt die Firma Horden von eigenen Analysten, viele waren einst beim Internationalen Währungsfonds, auch El-Erian hat dort seine Karriere begonnen.

Sie graben sich den ganzen Tag lang durch die Datenmengen und Bilanzen von Nationen, rechnen nach, erstellen Projektionen, füttern die Computer, und wenn ihnen nicht gefällt, was sie sehen, dann steigt Pimco aus.

Als Griechenland in die Euro-Zone aufgenommen wurde, war das für Pimco ein Grund mehr, Greek-Bonds zu kaufen. »Wir dachten, wenn die Griechen Mitglied eines so elitären Clubs werden dürfen, dass sie dann den Regeln folgen würden«, sagt El-Erian. »Und dass sie hart bestraft werden, wenn sie es nicht tun.« Aber so ist es nicht gekommen. Es wurden politische Konzessionen gemacht, die Spielregeln ignoriert. »Das brachte den Krebs in die Euro-Zone.«

Warum haben die Finanzmärkte Griechenland nicht früher abgestraft? Warum wurde bis vor wenigen Jahren für griechische Staatsanleihen noch die gleiche Messlatte angelegt wie für deutsche? Warum haben die Märkte immer weiter Greek-Bonds gekauft?

El-Erian zuckt die Schultern, sagt: »So etwas passiert ständig.« Als Argentinien Ende der neunziger Jahre zunehmend in Schwierigkeiten geriet, stieß Pimco früh alle Staatsanleihen ab, doch andere kauften erst recht zu, weil sie nicht an einen Zusammenbruch des Landes glaubten.

In den USA dachten die Menschen, sie könnten sich Häuser auf Pump kaufen, ohne Geld zu verdienen. »In Griechenland dachten sie: Wir können uns Geld zu denselben Raten wie die Deutschen leihen, also können wir jetzt alles machen, was wir wollen«, sagt El-Erian.

Eigentlich sei der Euro eine tolle Sache, sagt El-Erian. »Wenn es ihn nicht geben würde, müsste man ihn erschaffen.« Eine gemeinsame europäische Währung sei gut für das globale Finanzsystem, sagt er. Gut für Investoren. Gut für den Markt. So habe er gedacht, als der Euro eingeführt wurde. Aber nur »solange sich alle an die Regeln halten, solange alle verstehen, was sie da geschaffen haben und was es bedeutet«.

Der Absturz der Greek-Bonds

Am 27. April 2010 wird zum ersten Mal in der Geschichte der jungen Währung ein Mitgliedsland der Eurozone zum Junk-Schuldner erklärt. Standard & Poor's stuft das Rating griechischer Anleihen gleich um drei Stufen herab, auf BB+. Das ist auf einer Ebene mit Aserbaidschan und Ägypten. Dahinter liegen Länder wie Ecuador, El Salvador und Zimbabwe.

Mršnik schreibt, dass Griechenland seine Staatsschulden »umstrukturieren« müsse, das ist ein vornehmes Wort für einen Bankrott. Es bedeutet, dass ein Schuldenschnitt kommt, dass Eigentümer von griechischen Staatsanleihen beispielsweise nur 30 Prozent ihres Geldes zurückbekommen. Schuldenschnitt, das heißt: Die Gläubiger sehen nur einen Bruchteil des verliehenen Geldes wieder. Die Märkte verstehen die Abstufung als Todesstoß. Wer jetzt noch Griechenland-Bonds in seinem Portfolio hält, ist wahnsinnig. Oder ein mildtätiger Spender.

Der Markt ist weder das eine noch das andere. Sofort nach Bekanntgabe des Downgrades werden griechische Anleihen auf den Markt geworfen, deren Kurs verfällt. Würde der griechische Staat zu diesem Zeitpunkt zweijährige Anleihen auf den Markt bringen, müsste er den Käufern 13 Prozent Zinsen versprechen, wenige Tage vorher waren sie noch mit 6,3 Prozent zufrieden. Der Zins für zehnjährige Papiere steigt auf über zehn Prozent.

Für viele europäische Banken ist das ein Schock. Sie hatten sich nach der Lehman-Pleite mit den vermeintlich sicheren Staatsanleihen eingedeckt, die kleinen Renditen suggerierten Sicherheit. Nun aber gelten nicht nur griechische Staatsanleihen als riskant, auch das Vertrauen in Portugal, Irland, Spanien, selbst Italien schwindet.

Angst breitet sich aus, in Frankfurt, in London: Über 700 Milliarden Euro hatten europäische Banken in Staatsanleihen aus den fünf Krisenländern angelegt. Und die griechischen Banken allein halten griechische Staatsanleihen im Wert von 50 Milliarden. Mit dem Rating der Staatspapiere fällt auch das Rating der griechischen Banken. Es ist eine Kettenreaktion, sie bleibt nicht an Griechenlands Grenzen einfach stehen.

Staatsanleihen dienen auch als Sicherheit, wenn Banken bei der Europäischen Zentralbank selbst Geld aufnehmen. Die Anleihen sind im Geldverkehr ein zentrales Kettenglied, wird ihr Wert zweifelhaft, gerät die monetäre Versorgung der Volkswirtschaft ins Stocken.

Griechenland rudert in einem Sturm des Misstrauens, der von den Rating-Agenturen entfacht und von den Finanzmärkten gesteigert wird. Je tiefer das Rating sinkt, desto teurer wird es, die Schulden zu refinanzieren, desto größer werden die Schulden, desto tiefer ist das Ranking und so weiter. Nun beginnt die große Zeit der Devisenhändler, Hedgefonds und Spekulanten. Sie können auf einen Zerfall des Euro wetten und auf eine Rettung der Griechen durch die Euro-Partner. Sie bedienen sich unter anderem der Kreditausfallversicherungen, der CDSs, die schon nach der

Lehman-Pleite die Finanzkrise um den ganzen Globus getragen hatten.

Eigentlich gedacht, um das Risiko von Kreditausfällen zu versichern, kann man mit ihnen auch spekulieren, wenn man keine Staatsanleihen besitzt. Es ist, als ob jemand eine Feuerschutzversicherung für ein Haus abschließt, das ihm nicht gehört. Er wird es sich nicht unbedingt wünschen, aber er hat sicher nichts dagegen, dass das Haus in Flammen aufgeht. Wer Ausfallversicherungen für griechische Staatsanleihen kauft, ohne selbst Staatsanleihen zu besitzen, der wettet darauf, dass sie an Wert verlieren. Denn dann kann er die Versicherung später teurer verkaufen.

Außerhalb der Börsen ist ein grauer CDSs-Markt entstanden, 26 Billionen Euro stark. Innerhalb weniger Wochen verdoppelt sich die Versicherungsprämie, die gezahlt werden muss, um eine griechische Staatsanleihe abzusichern, die Prämie ist nun zehnmal höher als die Prämie für eine deutsche Anleihe.

Im Juni 2010 wird Griechenlands Kreditwürdigkeit wegen »beträchtlicher« gesamtwirtschaftlicher Risiken um vier weitere Stufen gesenkt, die Staatsanleihen werden Ramschware. Die Anleger im eigenen Land haben längst begonnen, ihr Geld nach Zypern, Malta, in die Schweiz zu bringen. Griechenland ist aus der Familie kreditwürdiger Staaten ausgestoßen. Fast noch schlimmer aber ist, für das gesamte Euro-Projekt, dass die Herabstufung kommt, obwohl Europa meint, kraftvoll und entschlossen reagiert und die griechische Krise im Griff zu haben.

Denn einen Monat zuvor, im Mai 2010, hat die Europäische Zentralbank griechische Staatsanleihen für 25 Milliarden Euro aufgekauft. Sie tat das, um die Kurse der Anleihen zu stabilisieren, den Markt zu beruhigen, was nur für ein paar Tage gelang.

Sie wird von nun an immer mehr griechische Anleihen kaufen, auch 2011 noch und weiter im Jahr 2012, sie wird portugiesische, italienische, spanische, irische Anleihen kaufen. Die EZB lädt sich das eigene Haus, das als Hort der Euro-Stabilität gedacht war, als eine Art Fort Knox der neuen Währung, mit Ramschpapieren voll. Sie ruiniert die Glaubwürdigkeit des Euro.

Und immer kehren die Fragen des Anfangs wieder: Warum glaubten die Regierenden Frankreichs, Deutschlands und neun anderer Staaten, Griechenlands Art des Wirtschaftens könne mit anderen Volkswirtschaften unter dem Dach einer gemeinsamen Währung harmonieren? Wie ist es möglich, dass man eine Währung ausschließlich für gute Zeiten entwarf, für Phasen des Wachstums – die dann in einer Krise unter bedrohlichen Stress gerät?

Der Aufstand der Lkw-Fahrer

In Griechenland löst der Absturz der Staatsanleihen vor allem Unruhe aus, weil die Hilfsmaßnahmen der EU gebunden sind an Sparauflagen und die Forderung nach harten Reformen. Der Staat soll den über Jahrzehnte aufgeblähten Öffentlichen Dienst um ein Fünftel verkleinern. Die Märkte sollen liberalisiert werden, um mehr Wachstum zu ermöglichen.

Als Lastwagenfahrer gehört Antonis Dimitriadis zur Gruppe der »kleista epaggelmata«, der geschlossenen Gewerbe, zu einem arbeitsrechtlichen Kuriosum Griechenlands, wozu rund 70 Berufe zählen, und zwar nicht nur Rechtsanwälte und Notare, sondern eben auch Architekten und Taxifahrer. Es sind die Angehörigen dieser Zünfte, die seit dem Beginn der Reformen auf die Barrikaden gehen, weil sie ihre Privilegien verlieren. Für sie hat bisher nicht der Markt die Regeln festgelegt, sondern der Staat.

Dimitriadis ist einer von denen, die im Sommer 2010 demonstrieren gegen die Zumutungen der Regierung. Überall im Land streiken die Transportunternehmer und legen alles lahm, Tankstellen kriegen kein Benzin mehr, Supermärkte keine Frischware, acht Tage lang. Zehntausende Touristen bleiben stecken, Flugzeuge verspäten sich, Schiffe können nicht auslaufen.

Für Fuhrunternehmer wie Dimitriadis gibt es 33 500 Konzessionen im Land, sie wurden zur Zeit der Militärjunta Anfang der siebziger Jahre ausgegeben, seither kamen keine neuen hinzu, obwohl die griechische Wirtschaft heute um ein Vielfaches größer ist als damals.

Die Lizenz wurde zu einer Art Existenzgutschein. Zur Altersvorsorge. Wer in Pension ging, verkaufte seine Konzession an den Meistbietenden, Zulassungen für große Tanklaster wurden für bis zu 350 000 Euro gehandelt. Nun soll, unter dem aus Brüssel und Washington diktierten Schuldenregime, spätestens bis 2014 jeder eine Lizenz erhalten können, der das will, und natürlich sind damit die Preise zusammengefallen. Antonis Dimitriadis würde für seinen Schein derzeit noch 12 000 bis 15 000 Euro erhalten.

Er hat das Papier, das ihm seinen Beruf garantiert, 1993 als Schenkung von seinem Vater erhalten, für den er arbeitete, seit er 13 war. Er putzte den Laster, betankte ihn, fuhr auf dem Beifahrersitz mit durch ganz Griechenland, so wie es jetzt sein elfjähriger Sohn Manolis tut, als wäre es ein Naturgesetz. Natürlich hat Dimitriadis für seinen Vater gesorgt, nachdem der ihm die Zündschlüssel übergeben hatte, schon als Dank für die Lkw-Lizenz, und natürlich würde er dasselbe von seinem Sohn erwarten. Familie ist alles. Es sind vormoderne, fast archaisch anmutende Arbeitsstrukturen, die mit umfangreichen Regelwerken vergesetzlicht und zementiert wurden. So blieb das Familienunternehmen die DNA der griechischen Wirtschaft. Von den 4,4 Millionen griechischen Erwerbstätigen sind rund 1,5 Millionen beim Staat angestellt; ebenso viele arbeiten in Kleinstbetrieben mit einem bis neun Angestellten, wozu auch die Selbständigen gehören. Und diese Leute sollen nun in Wochen verändern, was in Jahrzehnten gewachsen ist, eine Zunft- und Familienwirtschaft umstoßen zu einer Marktwirtschaft, die Brüsseler und Berliner Vorstellungen entspricht.

Der Aufstand der Lastwagenfahrer richtet einen maximalen internationalen Imageschaden an: Bis zum Sommer 2010 war die griechische Krise für die Weltöffentlichkeit noch immer ein ziemlich abstraktes Phänomen geblieben, das vornehmlich auf den Wirtschaftsseiten analysiert wurde. Nun haben die Medien erstmals auch die Bilder dazu, sie zeigen ein Land am Rande des Nervenzusammenbruchs, zeigen wütende Urlauber, leere Einkaufsregale, blockierte Straßen. Militärs, die Kerosin, Benzin und Diesel durchs Land fahren. Sie zeigen ein Land, das nicht funktioniert, auf absehbare Zeit nicht funktionieren wird.

Sie zeigen auch eine Gesellschaft, die dem eigenen Staat tief misstraut. Mit Steuereinnahmen von nicht einmal 30 Prozent der Wirtschaftsleistung hat Griechenland die zweitniedrigste Steuerquote aller Euro-Länder. Den Umsatz des Schwarzmarktes schätzt das Institut für Wirtschafts- und Industrieforschung (IOBE) in Athen auf 59 Milliarden Euro jährlich – ein Viertel der offiziellen Wirtschaft.

Man kann über all dies den Kopf schütteln, über die Griechen und ihre Sturheit und Rückständigkeit, ihre ganze Art des Wirtschaftens, die der mittel- und nordeuropäischen sehr fremd ist. Man sollte sich allerdings noch mehr wundern über die Politik und ihre Macher in Europa, das beharrliche Wegsehen, Verdrängen, Verleugnen über Jahre hinweg.

Die Architekten des Euro und ihre Nachfolger haben die Wette von Maastricht verloren. Sie haben das Volkseinkommen von zwölf Ländern aufs Spiel gesetzt für die Hoffnung, die Märkte würden schon nicht merken, wie zerbrechlich die schöne neue Währung ist. Und was die Gründergarde des Euro im Vertragswerk an Lücken ließ, haben ihre Nachfolger in zehn Jahren genutzt, um den Euro noch anfälliger zu machen.

Die Staatsverschuldung der Euro-Staaten hat sich – allen Regelungen zum Trotz – seit 1997 nahezu verdoppelt, allein in den letzten drei Jahren ist sie um knapp zwei Billionen Euro gestiegen, um 30 Prozent. Ohne die Aufwendungen für die Folgen der Finanzkrise wäre die Wette vielleicht später geplatzt, aber geplatzt wäre sie. Zu groß sind die Konstruktionsmängel des Euro; zu schwach ist die europäische Politik, sie zu beheben; zu desinteressiert sind die Völker am ganzen, großen Projekt.

Die vier großen Versprechen des Euro, formuliert im Vertrag von Maastricht, wurden alle gebrochen: die Staatsschulden nicht begrenzt, sondern verdoppelt, nur 5 der 17 Staaten liegen unter der 60-Prozent-Grenze; die Haushaltsdefizite nicht gedeckelt, nur vier Staaten liegen unter der Norm; das Bail-out-Verbot, gebrochen; die Europäische Zentralbank, nicht länger unabhängig, sondern Bad Bank für notleidende Staatsanleihen.

Es ist nicht einfach nur irgendein politisches Versagen, das folgenlos wäre wie irgendein gebrochenes Wahlversprechen. Es ist ein Versagen zweier Generationen von Staatsmännern (und -frauen), das Europa nun mit einem gefährlich labilen Geflecht der Staaten, ihrer Notenbanken, der Zentralbank, der Banken und Anleger überzogen hat.

Die Staaten der Euro-Zone sind mit acht Billionen Euro in der Kreide, Banken haben europäische Staatsanleihen im Nominalwert von einer Billion Euro in den Büchern. Die Notenbanken von Griechenland, Italien, Portugal und Spanien sind bei der Bundesbank mit 348 Milliarden verschuldet. Die Zentralbank hat für 150 Milliarden Euro Staatsanleihen aufgekauft, die Banken parken bis zu 150 Milliarden Euro lieber bei der EZB, als Kredite zu vergeben – aus Angst vor Kreditausfällen.

Die Summe aller Kreditausfallversicherungen für Griechenland ist unbekannt, auch welche Banken sie halten, was ihr Risiko unberechenbar macht. Große europäische Banken haben so viele Anleihen gefährdeter Staaten in den Büchern, dass sie nach Auffassung des IWF 200 Milliarden Euro zusätzliches Kapital brauchten, um sicher über die Runden zu kommen, die Rating-Agenturen reagieren darauf bereits mit Herabstufungen.

Dieses hochexplosive Geflecht aus gegenseitigen Abhängigkeiten macht den Euro in Krisenzeiten labil; angreifbar und richtig gefährlich wird er aber durch eine Besonderheit, die ihn unterscheidet vom Dollar, vom Yuan, von allen Währungen in der Welt: Der Euro ist ein Haus ohne Hüter, eine Währung ohne politischen Schutz, ohne einheitliche Finanzpolitik, ohne die Möglichkeit, sich entschlossen gegen spekulative Angriffe zur Wehr setzen zu können.

Damit eine Währungsunion funktioniert, dürfen die Volkswirtschaften der Mitgliedsländer nicht zu weit auseinanderdriften, da der übliche Ausgleichsmechanismus, der Wechselkurs, fehlt. Normalerweise wertet ein Land, dessen Wirtschaft schwächelt, seine Währung ab. Das macht seine Waren auf dem Weltmarkt billiger, es kann mehr exportieren und seine Defizite abbauen. In einer Währungsunion aber geht das nicht. Wenn ein Land nicht solide wirtschaftet, wirkt die Einheitswährung wie eine Fessel.

Wäre Griechenland das Bundesland eines Vereinigten Europa mit einer gemeinsamen Fiskal- und Wirtschaftspolitik, dann wäre es so geschützt wie das ähnlich hoch verschuldete Bundesland Bremen durch die Bundesrepublik. Weil es aber eine gemeinsame europäische Finanzpolitik nicht gibt, wird Griechenland als schwächstes Land der Union – obwohl es nicht einmal drei Prozent zur Wirtschaftsleistung der Euro-Staaten beiträgt – zur systemrelevanten Bedrohung für 16 Staaten und 320 Millionen Europäer. Und der Euro, gedacht als Schutz gegen die Unwägbarkeiten der Globalisierung, wird damit zur gefährlichsten Währung der Welt.

IV. AKT: DIE ZUKUNFT DES EURO

Warum der Europa-Schöpfer Jacques Delors weiterhin an den Euro glaubt. Warum der Forscher Kenneth Rogoff sein Schreckensszenario für realistisch hält. Warum der Schuldenhändler Mohammed El-Erian sagt, dass er keine Wette auf den Niedergang des Euro eingeht.

Was Europa nun blüht, auch noch spät in diesem Jahr 2012, hat mit Griechenland zu tun, hat sich aber auch längst von dem Athener Drama abgelöst. Es ist die Fortsetzung der Finanztragödie, die 2007 in New York ihren Anfang nahm. Was dort begann, sagt Weltökonom Rogoff, war keine normale, nur etwas stärkere Rezession, sondern eine »große Kontraktion«, wie sie sich in der Wirtschaftsgeschichte nur alle 75 Jahre ereignet. Dieser Umstand aber, sagt Rogoff, sei bis heute nicht erkannt. Und deshalb geht Europas Krise, die als Vertrauenskrise begann, zur Schulden- und Liquiditätskrise wurde und endlich in multiple Solvenzkrisen mündete, nicht zu Ende.

»Die augenblickliche Politik tut so, als sei eine Liquiditätskrise zu meistern«, sagt Rogoff, »als ginge es darum, nur ausreichend Kredite zu verteilen, bis das Wachstum wieder anspringt. Aber diese Diagnose ist falsch. Wir haben eine Solvenzkrise, wir haben europäische Länder und Regionen, die fundamental bankrott sind. Kein Kredit dieser Welt, und wäre er noch so groß, wird Griechenland retten, auch Portugal nicht und sehr wahrscheinlich auch nicht Irland, und man muss sich auch in Italien große Sorgen machen.«

Stimmt dieser Befund, dann bedeutet er, dass der neue europäische Kreditfonds ESM, wie sein improvisierter Vorgänger EFSF, für notleidende Euro-Länder eingerichtet, sinnlos ist. Er bedeutet, dass die neue Politik der Europäischen Zentralbank, Staatsschulden von Ländern zu finanzieren, auf Dauer noch tiefer in die Krise führen wird. Er bedeutet auch, dass Europas Führer, die von Krisengipfel zu Krisengipfel eilen, nur Heftpflaster verteilen, wo eine Operation an den inneren Organen der Union nötig wäre.

»Es kann jetzt nicht mehr darum gehen, den Märkten vorzuspielen, dass Europa handlungsfähig ist, indem es sich aus der Krise mit einem immer größeren Scheck freikauft. Den Scheck, der groß genug wäre, am Ende Spaniens Schulden oder Italiens Schulden zu bezahlen, gibt es nicht. Die Märkte haben den Glauben verloren.«

Mohamed El-Erian, der Chef von Pimco, Herr über 1,3 Billionen Dollar Staatsanleihen, sagt, er habe kein Interesse am Untergang der Euro-Zone, es gebe keinen Gewinn daraus zu ziehen, im Gegenteil, mit jedem Tag werde es schwerer zu investieren, all seine Milliarden sicher zu verteilen. Die Welt sei bipolar geworden, es gibt nur gut oder schlecht, an den Euro glauben oder nicht, kein gutes Umfeld für sicheres Investieren.

El-Erian sagt, die Welt stehe nun auf dem Kopf. Die Entwicklungsländer und die aufstrebenden Nationen in Südamerika und Asien haben ihre Krise bereits vor zehn Jahren durchgemacht, sie hatten einen Herzanfall und haben sich danach auf Diät gesetzt: keine Exzesse, keine Schulden. »Die westliche Welt dagegen war verliebt in Kredit und Schulden, sie sagte: Wir sind die fortgeschrittenen Volkswirtschaften, wir bekommen keine Probleme, alles ist toll so.« Es sei ein Zustand der kompletten Realitätsverleugnung gewesen, mit verheerenden Folgen für Europa: »So konnte die Krise sich ausbreiten, von der Peripherie zum äußeren Kern und nun langsam zum inneren.«

Gleichzeitig steuere »das große Zeitalter des billigen Kredits« auf seinen Höhepunkt zu, wie sie es bei Pimco nennen. »Groß im Sinne von überdimensioniert«, sagt El-Erian.

Wenn in Europa jetzt nicht die schweren Medikamente zum Einsatz kämen, sagt El-Erian, trotz unangenehmer Nebenwirkungen, werde die Infektion bald das Herz und das Gehirn erreichen: Frankreich und Deutschland.

Die Krise habe klein angefangen, aber sie mutiert und kontaminiert das ganze globale System, und das passiert nicht, weil es an Analysen, sondern an Mut zu schwierigen Entscheidungen mangelt. Frustriert ihn die Unfähigkeit der europäischen Regierungen, die Krise zu lösen? »Nein, sie macht mir Angst.«

Die Europäer seien paralysiert, nicht nur, weil sie sich nicht einigen können, sondern weil sie nicht wissen, wie sie genau vorgehen wollen, weil es keine Blaupause für so einen Krisenfall gibt.

So oder so, sagt Rogoff, steht das Euro-Projekt am Scheideweg: Entweder es kommt jetzt zur Zwangsheirat der europäischen Partner, zu einer »shotgun marriage«, oder es kommt über kurz oder lang zum Bruch. »Und natürlich ist es fraglich, ob die Völker Europas zu einer so unromantischen Heirat bereit sind.«

Den Deutschen komme die entscheidende Rolle zu, sagt Rogoff. Und sie sollten, wenn sie an Griechenlands Rettung denken, die Lage nüchtern einschätzen. Sie sollten, sagt er, nach Italien schauen, wie dort Norditalien seit 90 Jahren für Süditalien die Rechnungen bezahlt. Und sie sollten sich fragen, ob sie bereit sind, in den nächsten 90 Jahren die Rechnungen Griechenlands zu bezahlen.

»Darum geht es, wenn über eine Transferunion geredet wird. Es ist möglich, ja. Deutschland ist wahrscheinlich stark genug, alle Rechnungen zu bezahlen, vermutlich bis zu einem Umfang von 150 Prozent seiner eigenen Wirtschaftsleistung, das würden die Märkte irgendwie mitmachen. Deutschland wäre dann der Supereuropäer, alle würden Deutschland lieben – aber es wäre, ehrlich gesagt, für die Deutschen ein Risiko, das an Wahnsinn grenzt.«

Wenn ihn Politiker dieser Tage um Rat fragen, schlägt Rogoff vor, mit dem Schuldenschnitt so schnell wie möglich zu beginnen, und auch diese Lösung würde sehr teuer. Um die betroffenen Länder nicht einfach in den Abgrund zu stoßen, müsste Europa – und vorneweg Deutschland – eine Formel finden, wie mit den Bankrotteuren umzugehen sei.

Rogoff könnte sich vorstellen, dass die Europäer die Schulden der Zentralregierung eines Landes garantieren, aber nur diese. Das hieße im Fall Irlands, dass die Garantien für die Banken nicht übernommen würden. Es hieße im Fall Spaniens, dass die immensen Schulden seiner Kommunen, Barcelonas etwa, das Problem Spaniens blieben. Es hieße im Fall Griechenlands, dass die nötigsten Aufwendungen des Staates bezahlt würden, aber auch nicht mehr.

Es hieße, dass Europa sehr schweren Zeiten entgegenginge. »Das ist das Problem der großen Krisen«, sagt Kenneth Rogoff, »sie zeugen am Ende wesentlich mehr Verlierer als Gewinner.«

Das ist das Szenario des amerikanischen Finanzkrisenforschers, europäische Politiker wie Jacques Delors halten an ihrer Vision vom großen Europa fest. Dass die Euro-Zone auseinanderbricht, im Großen und Ganzen, kann sich Jacques Delors, der Gründervater des modernen Europa, nicht vorstellen. »Es wäre zu teuer, ich denke, dass dieses Risiko niemand eingehen will.« Europa sei eine moralische Verpflichtung, die Politiker unserer Zeit hätten das anscheinend vergessen. »Sie rennen herum wie planlose Feuerwehrleute, und sie glauben immer noch, alle Feuer löschen zu können.« Es brauchte dafür aber eine starke Zentrale in Brüssel, sagt Delors, die den Einsatz koordiniert, es brauchte neue, robuste Institutionen.

Den Austritt Griechenlands, Portugals und Irlands aus dem Euro empfiehlt der große Spekulant und Hedgefondsmanager George Soros. Euro-Bonds und noch mehr Staatsverschuldung schlägt der Nobelpreisträger Joseph Stiglitz vor. Verschuldung ohne Austritt oder mit Austritt, einen europäischen Finanzminister oder gleich eine europäische Wirtschaftsregierung – Vorschläge zur Lösung der Euro-Krise fliegen durch die Luft, sie sind inzwischen nur noch Ausdruck der Ratlosigkeit von Ökonomen und Politikern. Es gibt kein Vorbild für diese Krise und kein Rezept, das man übernehmen könnte. Europas Politiker haben sich und ihre Völker in eine beispiellose Lage manövriert, die manchen von ihnen mehr Angst macht als ihren Wählern – weil Politiker schon wissen, was die Wähler noch nicht mal ahnen.

Am Ende werden nur zwei Möglichkeiten bleiben: eine Transferunion, in der die starken Länder für die schwachen zahlen; oder eine geschrumpfte Währungsunion, ein Kern-Euro-Land gewissermaßen, dem nur einigermaßen vergleichbare Volkswirtschaften angehören.

Eine Transfer- und Haftungsunion bedarf neuer politischer Institutionen, die Nationalstaaten müssten einen wichtigen Teil ihrer Zuständigkeiten nach Brüssel abgeben. Einige Politiker freunden sich gerade mit dieser Idee an, sie reden von einer Wirtschaftsregierung oder sogar von den Vereinigten Staaten von Europa, ohne zu sagen, was damit konkret gemeint ist.

Wahrscheinlicher ist der zweite Weg, einfacher wird er nicht, billiger möglicherweise auch nicht. Zunächst müsste eine Brandmauer errichtet werden zwischen den Staaten, die – wie Griechenland – tatsächlich insolvent sind und keine Chance haben, ihre Schulden jemals zurückzuzahlen. Und anderen, die nur ein kurzfristiges Liquiditätsproblem haben. Dann müssten die Banken mit staatlichem Geld versorgt werden, mit noch mehr Geld, als die EZB ihnen Ende 2011 und Anfang 2012 gewährte. Andernfalls bestünde die Gefahr, dass das Finanzsystem kollabiert, wenn die Geldhäuser einen Teil der Staatsanleihen in ihren Bilanzen abschreiben müssen. Schließlich müssten die Aussteiger weiter gestützt werden, denn Europa kann nicht einfach zusehen, wenn Länder wie Griechenland im Chaos versinken.

Horst Reichenbach wird also in jedem Fall gebraucht.

Der Leiter der EU-Task-Force zieht bei seiner ersten Tour durch die Athener Ministerbüros in eine Schlacht gegen zwei

Jahrzehnte Misswirtschaft, hundert Jahre Langsamkeit und den Stolz auf 3000 Jahre Geschichte. Mathematiker ist Reichenbach, Ökonom auch und ein Technokrat mit jahrzehntelanger Erfahrung in der Brüsseler Bürokratie, insgesamt ein wohltemperierter Herr mit einer Ausstrahlung von äußerster fachlicher wie ästhetischer Strenge. Ein Abgesandter aus einer anderen Zeitzone, ein Abgesandter aus der Zukunft.

Reichenbach resümiert, während er in Athen vor einem Aufzug wartet, er fühle sich »überall äußerst willkommen«, und er erklärt sich das damit, dass er ja der »good guy« sei in diesem Spiel, während die Vertreter der sogenannten Troika, bestehend aus EU-Kommission, Internationalem Währungsfonds und Europäischer Zentralbank, die über die Einhaltung der Auflagen wachen, in Griechenland »mit weniger Wohlwollen« betrachtet würden.

Wenn er durch Athen fährt, sieht die Stadt vor den getönten Scheiben seines dunkelblauen Renault Espace wie eine dynamische europäische Metropole aus: Der Wagen der Task Force kommt schnell voran, weil 15 000 streikende Taxifahrer von den Straßen verschwunden sind in diesen Tagen.

Einmal gerät das Auto ins Stocken, die Gegenfahrbahn ist abgesperrt. Langsam zieht Reichenbachs Renault vorbei an einem lichterloh brennenden Auto vor der US-Botschaft. Reichenbach sagt »Ups!«, schaut aus dem Fenster, dann stellt er fest: »Das sieht nicht ungefährlich aus.«

KAPITEL III

DIE KREDITBLASE

Wie die globale Finanzkrise in den USA ihren Anfang nahm

Wer nach den Ursprüngen sucht für den Teufelskreis, in den die Staaten Europas, die Vereinigten Staaten von Amerika und Finanzmärkte geraten sind, seit im September 2008 die amerikanische Bank Lehman Brothers zusammenfiel, der landet bei einer ganz simplen Sache.

Im Kern ging es die ganze Zeit nur um das klassische, immer schon mehr oder minder riskante Geschäft der Banken: Geld zu beschaffen, zu verleihen und mit Gewinn zurückzubekommen. Verwegen war die Idee der Meisterdenker von der Wall Street, mit ihren Zauberformeln die Kredite von den Kreditrisiken zu trennen, die Risiken theoretisch abzuschaffen, indem sie sie zu »Werten« umdeklarierten und an Investoren in aller Welt verteilten.

So wurde ein völlig neuer Markt erschlossen, auf dem viel mehr Geld zu verdienen war als im guten, alten Zinssystem. Dass sich Risiko nicht abschaffen lässt, geriet in der Euphorie über die Finanzrevolution in Vergessenheit, Zweifel wurden verdrängt, und der sagenhafte Boom auf dem amerikanischen Immobilienmarkt ließ alle daran glauben, dass ein goldenes, ewig währendes Zeitalter angebrochen sei.

Die Wall Street kreierte Gewinnmodelle so verlockend, dass ihnen bald die ganze Welt erlag. Hypothekenverträge, Kreditrisiken, Bankschulden begannen ihre verwirrenden Weltreisen, bald waren überall Menschen unwissentlich in die Geschäfte von Investmentbanken verstrickt. Die Operation gelang ungeachtet der warnenden Stimmen, die es immer gab, schon in den neunziger Jahren des vorigen Jahrhunderts, sie gelang ungeachtet aller Zweifel an der seltsamen Leichtigkeit des Geldverdienens, ungeachtet allen Wissens auch über die vielen Blasen der Vergangenheit, die immer und regelmäßig irgendwann platzten.

Die Blase, die im September 2008 platzte, konnte sich über Jahre aufbauen, weil sich Banker, Politiker und Ökonomen einig waren in der Auffassung, wenn man gute gesellschaftliche Bedingungen für hohe Gewinne schaffe, werde der Markt für Stabilität und Wachstum sorgen. Das hieß: Staatsaufsicht lockern, Steuern senken, Märkte deregulieren. Die Sicht der Angebotsökonomen war die vorherrschende Sicht auf die Wirtschaft in den westlichen Ländern seit Anfang der achtziger Jahre, besonders auf den Finanzmärkten befeuerte sie die Phantasie und die Gier. Praktisch unreguliert und oft unbesteuert konnten die Akteure Billionen Dollar von Chance zu Chance schieben, von Land zu Land, von Gewinn zu Gewinn.

Es gilt aufzuklären, wie es möglich war, dass sich einander wildfremde Menschen plötzlich im selben Boot wiederfanden, so unsinkbar scheinbar wie die »Titanic«. Bankmanager und Zentralbanker waren auf diesem Schiff die Kapitäne, darunter Superstars wie die JP-Morgan-Managerin Blythe Masters und der Ex-Chef der US-Notenbank, Alan Greenspan. Es gingen Bankenkontrolleure aus Bonn und Basel als machtlose oder blinde Offiziere auf der Brücke umher, und ein Deck tiefer rumorten die größenwahnsinnigen Zocker Marke IKB oder Hypo Real Estate, die schlauen Hedgefonds-Manager und wirren »Zweckgesellschaften«, die in Irland operierten oder auf den Cayman Islands.

Mit ihnen ging am Ende die ganze Mannschaft unter, angeheuert in aller Welt. Es traf Kleinsparer in der Schweiz und Hausbauer in Amerika, es traf Händler in Argentinien, thailändische Bauern, australische Wirte, die nur ein wenig oder viel mehr Rendite aus ihrem Geld herausholen wollten, als das mit Sparzinsen möglich war. Es traf Leute wie den Elektriker Manfred Blume aus Hamburg-Uhlenhorst, Männer wie den Ingenieur Tim Smith aus Ohio, es traf die Evangelisch-Lutherische Landeskirche Oldenburg.

Es sind verstreute Schicksale, wechselnde Schauplätze zu verstehen und zu begehen, und erst ganz am Ende kreuzen sich die Geschichten aller Beteiligten, die zuvor auf ihren verschlungenen Wegen kaum miteinander verbunden schienen. Aber dies ist das Wesen dieses neuen, finanzgetriebenen Kapitalismus: dass alles mit allem zusammenhängt, selbst wenn es nichts davon weiß.

PHASE I:
1995 BIS 1997

Tim Smith kauft sich ein Haus in Ohio. In Hamburg wird Manfred Blume zum Investor. Dov Seidman denkt über Fußball nach. JP Morgan macht eine revolutionäre Entdeckung.

Terrace Park, Ohio, Juli 1995

Ein amerikanischer Handschlag, ein amerikanischer Vertrag: dreieinhalb Seiten, klare Worte, ein amerikanischer Traum, 330 Harvard Avenue in Terrace Park bei Cincinnati, Ohio: unten 78 Quadratmeter, oben 67. Unten Küche, Esszimmer, Wohnzimmer, oben Bad und drei Schlafzimmer. Rasen rundherum und alte Bäume. Wer hier wohnt, hat es geschafft, ist gehobener Mittelstand, endlich.

»Man muss besitzen, man darf nicht mieten in Amerika«, sagt Timothy E. Smith, damals ist er 36 Jahre alt, »mieten ist für Versager.« Nur Trottel mieten, weil jeder in Amerika weiß, dass die

Preise für Häuser steigen und steigen werden. Das sagt Bloomberg TV, das schreibt das »Wall Street Journal«.

Smith hat ein bisschen verhandelt, den Preis gedrückt, weil Verhandeln dazugehört. Faxe gingen hin und her, »das Haus hat einen bemerkenswerten Charme und sehr viel Charakter«, schrieb Tim Smith, dann bot er 127 500 Dollar und legte dem Angebot einen Plan bei: 5000 Dollar wolle er bar zahlen, den Rest über 15 Jahre. Don Fender, der Verkäufer seines Hauses, schrieb zurück, »wir senken den gewünschten Preis von 142 500 auf 135 000 Dollar« und: »Es würde mich sehr freuen, dich zu treffen.«

Sie treffen sich, Don Fender und Tim Smith, sie nennen sich Don und Tim, man siezt sich nicht in Amerika. Sie einigen sich schnell, 132 500 Dollar kostet das Haus, Tim küsst Kelley, und Kelley küsst Tim, und Lucky, der Labrador, läuft die fünf Stufen hinauf, und Eric, der Sohn, läuft hinterher. 5000 Dollar nur hat das Ehepaar Smith in bar, sie haben lieber gelebt als gespart in den vergangenen Jahren. Segeln ist teuer. Jagen ist teuer. Tauchen ist teuer. Zwei Autos kosten. Die Reisen auch. Und Kinder.

Aber es ist trotzdem alles kalkulierbar, mehr als das, es kann gar nichts schiefgehen. Den Kredit geben die Hausverkäufer, die Fenders selbst: neun Prozent Zinsen, monatliche Zahlungen von 1293,21 Dollar. In 15 Jahren, spätestens, werde er schuldenfrei sein, glaubt Tim.

Die Gehälter steigen in Amerika, gute Ingenieure sind gefragt, und sollte Tim Smith das Haus irgendwann verkaufen wollen, in 10 oder 20 Jahren, wird es 300 000 oder 400 000 Dollar wert sein, vielleicht mehr. Sie denken gleich an die Renovierungen. Es gibt nur ein Bad, keine Dusche. Keine Klimaanlage. Der grüne Teppich muss raus, Parkett soll es sein. Es braucht eine neue Küche, dies und das, und alles wird den Wert steigern.

Tim Smith ist blond, er hat breite Schultern, starke Arme. Er war ein guter Basketballer in der Highschool, nicht groß genug für die wirkliche Karriere. Ein Techniker, geboren in Charleston, West Virginia, er ging auf die Virginia Tech und verließ sie mit dem Ingenieurdiplom.

In Miami, Florida, hat er seine Frau getroffen, Tim, der Sportler, traf Kelley Newton, die Denkerin. Von 1982 bis 1989 lebten sie in Miami, dann zogen sie fort. Die Kinder, die sie haben wollten, sollten im Grünen aufwachsen, im sicheren, blühenden Amerika. Tim ließ sich nach Atlanta und dann nach Dallas versetzen, am Ende nach Cincinnatti, Ohio. Kelley arbeitete für Delta Airlines. Gute Jobs, eine Frage der Zeit, bis Tim sechsstellig verdienen würde, mindestens 100 000 Dollar im Jahr.

New York, 1995

Dov Seidman wollte in die Wirtschaft gehen, früher einmal, er hat in Oxford Wirtschaft und in Harvard Jura studiert, aber was hängengeblieben ist, das sind die Jahre in Los Angeles, wo er Philosophie studierte an der University of California.

Seidman, er ist damals 35, wird in naher Zukunft als Bestseller-Autor gefeiert werden, hochdotierte Vorträge halten, er wird Unternehmen beraten und eine Firma mit 330 Leuten leiten, er wird der Welt ihre Wirtschaftskrise erklären und die Folgen. Jetzt ist er Anwalt in Washington D.C., einer dieser jungen, ehrgeizigen Hauptstadtjuristen, die sehr schnell sehr reich werden und ihr Geld dann an die Wall Street tragen, damit es dort noch mehr Geld wird. Aber es gefällt ihm nicht. Zu zynisch, zu kalt, er träumt von der Philosophie, seine Gedanken kreisen um Wirtschaftsethik.

Seine Weit- und Weltsicht beginnt 1995 zu reifen. Er schaut auf die Welt, und was er sieht, gefällt ihm nicht. »Die Wirtschaft funktioniert nach dem Grundsatz: Bring Ergebnisse, egal wie. Welchen Charakter eine Firma hat, wie Menschen ihre Ergebnisse erzielen, spielt keine Rolle in dieser Welt. Das war aber mal anders. Denken Sie an Fußball. Guter Kapitalismus funktioniert so, dass man in eine Mannschaft investiert und viel dafür tut, dass sie gewinnt. Man ist der Mannschaft verbunden. Vielleicht wettet man sogar, aber nur auf den Sieg.«

So redet Dov Seidman, so schreibt er auch, schon jetzt, 1995. Seine Worte klingen wie ein bitterer Kommentar auf die Vorgänge in der Barings-Bank-Filiale in Singapur. Dort findet sich am 23. Februar auf dem Schreibtisch des Händlers Nick Leeson ein Zettel mit der Aufschrift: »I'm sorry«. Leeson ist auf der Flucht. Nachdem er schon im Januar mit irrigen Wetten auf die Entwicklung der Tokioter Börse, und furchtbar überrascht vom Erdbeben in Kobe, Millionenverluste gemacht hat, scheiterten danach alle Versuche, die Ausfälle mit neuen, stets noch riskanteren, am Ende illegalen Geschäften wettzumachen.

Am Ende addiert sich sein Minus auf 1,4 Milliarden US-Dollar, es stürzt die Barings Bank drei Tage später in den Konkurs. Die Welt diskutiert aufgeregt über strengere Regeln für die Investmentbanken, aber nicht lange. In den Zeitungen steht oft der Begriff »Derivate«, das sind eine Art Termingeschäfte, man könnte auch sagen: Wettscheine. Immer geht es um die künftige Entwicklung von Märkten, von Börsen, von Aktienwerten.

Dov Seidman sagt: »Im verdorbenen Kapitalismus wetten sie beim Fußball nicht auf Sieg oder Niederlage, sondern darauf, wer ein Tor in den ersten zehn Minuten schießt. Oder wer den ersten Einwurf bekommt. Du brichst die ursprünglichen Verbindungen auf zwischen Leistung und Profit, du fängst an zu spielen. Du verlierst die Verbindungen und das Verständnis für den Sozialvertrag des Kapitalismus, du vergisst sogar, dass es diesen Vertrag jemals gab. Du verdienst Geld mit Geld und nicht mehr mit Waren, du pervertierst das System. Geld mit Geld zu verdienen kann nur gutgehen, solange die Märkte aufwärts- und immer weiter aufwärtsklettern. Dinge gehen aber nur so lange gut, bis sie nicht mehr gutgehen, es geht nur so lange aufwärts – bis es eben abwärtsgeht. Es gibt keine Ausnahmen.«

In diesen Jahren beginnt die phantastische Erfolgsgeschichte auf dem US-amerikanischen Immobilienmarkt, die zehn Jahre lang bruchlos fortgeschrieben wird. Im Land werden jetzt jedes Jahr mindestens 1,2 Millionen neue Häuser gebaut, und jedes Jahr steigen kräftig die Preise für Wohneigentum, Mitte der neunziger Jahre sind es vier bis sechs Prozent, und bald werden es noch viel mehr sein. Die US-Bürger folgen scharenweise dem Ruf der Politik, selbst zu Investoren zu werden, zu Anlegern, zu Hausbesitzern. Aber gleichzeitig sparen sie immer weniger: Die Sparquote, in Prozent des verfügbaren Einkommens, sinkt in Amerika von zwölf Prozent am Beginn der achtziger Jahre auf unter vier Prozent im Jahr 1995.

Statt zu sparen, konsumieren die Amerikaner, und sie verschulden sich dabei oder verschieben fällige Rechnungen auf tausenderlei Arten. Sie hantieren mit Kreditkarten im Dutzend, sie holen sich Konsumentenkredite bei den Banken, sie leasen Autos und Boote, sie kaufen sich ein schönes Leben zusammen auf Pump. Die Geldinstitute stoßen an Grenzen, das Verlangen nach immer neuen Krediten, nach frischem Geld zu bedienen.

Das schon 1988 vereinbarte Basler Abkommen zwingt sie dazu, Eigenkapital in Höhe von mindestens acht Prozent ihrer Außenstände vorzuhalten. Grob gesprochen müssen sie für die Vergabe von 1000 Dollar Kredit 80 Dollar feste Eigenmittel nachweisen können, für eine Milliarde brauchten sie 80 eigene Millionen. Die Basler Regeln, im Finanzjargon gern Basel I genannt, sind dazu gedacht, die Geldhäuser zu seriösem Wirtschaften zu verpflichten, sie sind eine späte Folge der Pleite der Kölner Herstatt-Bank von 1974. Aber Banker mögen es nicht, wenn zu viel und in Zeiten guter Konjunktur ständig mehr Geld passiv im Tresor herumliegt.

Sie suchen nach immer neuen Wegen, die Basler Kreditsperre auszuhebeln.

Schon länger sind US-Banken dabei, ihre ausstehenden Kredite an eigens zu diesem Zweck gegründete Gesellschaften zu verkaufen. Das Prinzip heißt: »originate-to-distribute«, man könnte das übersetzen mit: erst anleiern, dann abstoßen. Die Bank vergibt also, ganz traditionell, Kredite an Kunden, aber sie reicht sie jetzt gleich an Dritte weiter, fast wie einen Wechsel. Die Dritten sind in diesem Spiel ebenjene Zweckgesellschaften, und sie geben nun ihrerseits Wertpapiere heraus, die durch die bei der Bank aufgekauften Kreditforderungen abgesichert sind. Der Vorteil der Bank: Sie ist die Kredite los, sie stehen nicht mehr in ihrer Bilanz, sie kann mehr Kredite vergeben, als Basel erlaubt.

Der Vorgang heißt »Verbriefung«, er ist ein Grundelement der kommenden Krise, hier beginnt das Versteckspiel mit den Schulden fremder Leute, in dem sich am Ende keiner mehr auskennt. Es kann jetzt aus tausend Autokrediten ein Wertpapier werden, ein »besichertes Wertpapier«, ein »Asset-Backed Security«, es ist jetzt möglich, mit Immobiliendarlehen zu handeln wie mit Computern, Kühlschränken oder Barbie-Puppen.

Die Papiere werfen höhere Zinsen ab als etwa Staatsanleihen, auch weil die Zweckgesellschaft nicht viele Kosten hat, sie ist oft nur eine Briefkastenfirma, angesiedelt in einem Steuerparadies, auf exotischen Inseln, in verrufenen Kleinstaaten. Für große Investoren sind die Wertpapiere eine Option, das Portfolio zu erweitern, ihr Vermögen zu streuen. Das Geschäft mit den Asset-Backed Securities wird damals als ein belebendes Element angesehen, auch die Politik macht sich für sie stark.

Solange alles gutgeht, befinden sich alle Beteiligten in einer Win-win-Situation. Die Banken verkaufen eifrig Kredite, für die sie nicht mehr geradestehen müssen, die Zweckgesellschaften machen gute Geschäfte und können sich dabei stabil finanzieren aus dem Strom der laufenden Kreditrückzahlungen und der Ausgabe ihrer Wertpapiere, die Investoren profitieren von der höheren Rendite – und die ursprünglichen Kreditnehmer wissen dabei gar nicht, dass sie ihre Schulden nicht mehr bei der Bank, sondern ganz woanders haben. Aber es kann ihnen auch egal sein. Solange alles gutgeht.

Hamburg, Frühjahr 1996

Als Opfer hat sich einer wie Manfred Blume nie gefühlt, auch nicht, als er 1943 als Kind aus dem zerbombten Berlin fliehen musste, als er Dresden und Leipzig abbrennen sah. Blume ist ein schlanker Herr mit wasserblauen Augen und einer gewissen Ähnlichkeit mit Herbert Wehner: große Tränensäcke hinter einer dickrandigen Brille und streng nach hinten gekämmtes Haar.

Blume hat schon in den siebziger Jahren damit begonnen, seine Ersparnisse anzulegen. Der Job als Kfz-Elektriker in der Buswerkstatt von Daimler-Benz brachte zwar nie großes Gehalt, aber er hat wenig Ausgaben: Seit 1970 lebt er allein in einer 28 Quadratmeter großen Einzimmerwohnung im Hamburger Stadtteil Uhlenhorst, macht bezahlte Überstunden, gönnt sich wenig. So kommen schnell einige tausend Mark zusammen, die er in Bundesschatzbriefe investiert. »Grade Sachen waren das«, sagt Blume heute, »die sichere Zinsen abgeworfen haben.« In den Siebzigern und darüber hinaus waren es um die sieben Prozent. In den Achtzigern empfiehlt ihm ein Berater der Dresdner Bank, in internationale Rentenfonds zu investieren. Die Anlage gilt als Investmentprodukt mit geringen Kursschwankungen. Blume kauft.

Jetzt ist er seinem Traum so nahe wie nie zuvor – und wie später nie wieder. Ein knappes Jahr vor seinem sechzigsten Geburtstag hat er fast 200 000 Mark gespart. Nichts hindert ihn, eine eigene

Wohnung zu kaufen. Doch Blume wartet ab. Noch muss er sechs Jahre arbeiten, sein Geld soll das auch.

»Sie müssen mal etwas wagen mit Ihrem Geld, Herr Blume«, sagt sein Bankberater. »Wir haben da was für Sie«. Am 12. März 1996 kauft er über die Dresdner Bank für 82 000 Mark Anteile am »Grundwert-Fonds«, der heute »Degi Europa« heißt. Am 2. Oktober 1996 überweist er der Dresdner Bank rund 56 000 Mark für die Mitte der Neunziger entwickelte »Vermögensverwaltung mit Investmentfonds (VVI)«. Blume wählt die Risikoklasse »konservativ«. Er wird bald noch einmal 40 000 Mark in die Investment- und dann 20 000 in den Immobilienfonds einzahlen. Sein Geld soll arbeiten.

New York, Dezember 1997

Bei JP Morgan an der Wall Street, einem der ganz großen Spieler im Kreditgeschäft, macht sich seit längerem schon Unruhe breit. Die Asienkrise hat sich zur Bedrohung für die Weltwirtschaft ausgewachsen. Es platzen in Fernost Kreditblasen, Immobilienblasen, Aktienblasen.

Bill Demchak, ein besonnener, unauffälliger Manager in der Kreditabteilung von JP Morgan, stellt sich eine folgenschwere Frage: Was, wenn eine ähnliche Krise, ein ähnlicher Virus die USA erfasst? Wenn selbst große US-Firmen ihre Schulden nicht mehr bedienen können? Wenn ein Haus wie JP Morgan auf seinen riesigen Außenständen plötzlich sitzenbliebe? Er gründet eine Arbeitsgruppe, intern »Project Credit Transformation« genannt, sie soll neue Instrumente entwickeln, mit denen sich die Gefahr abwenden lässt.

Seit längerem schon kreisen Demchaks Gedanken um die »Credit Default Swaps«, an denen Mathematiker seit den achtziger Jahren herumbasteln. Die Grundidee ist die einer Kreditversicherung: Eine Bank, die auf einem 10-Millionen-Dollar-Kredit an einen Getränkehersteller sitzt, aber Zweifel an dessen Zukunft hat, sucht sich einen Partner, der ihr Risiko versichert.

Der Partner, es könnte eine Fondsgesellschaft sein, erklärt sich bereit, gegen eine Jahresgebühr von 100 000 Dollar das Risiko des 10-Millionen-Ausfalls zu übernehmen. Kann der Getränkehersteller seinen Kredit wirklich nicht zurückzahlen, muss die Fondsgesellschaft die 10 Millionen Dollar an die Bank überweisen. Bedient er seinen Kredit wie vorgesehen, hat sie keinerlei Ausgaben und nur Einnahmen. In der Bankersprache ist das ein Swap, ein Tauschgeschäft; ausgetauscht werden Verbindlichkeiten, das hilft den Banken, ihre Risiken zu verteilen. Sie können die versicherten Außenstände aus ihren Büchern streichen, denn sie bekommen ihr Geld ja auf jeden Fall zurück, und so haben sie Mittel frei für neue Kredite, mit denen mehr Geld zu verdienen ist, als die Gebühren an den Swap-Partner kosten.

Es ist ein gutes Geschäft. Aber 1997 sind die Credit Swaps in der Wirtschafts- und Finanzwelt noch zu unbekannt, die Banken denken noch in alten Bahnen, die Preisfindung fällt schwer, und außerdem sind noch zu wenige Partner auf dem Markt, die so große Einzelrisiken tragen wollten. Es gibt keinen Markt.

Aber Demchaks Leute werden ihn schaffen, mit einem Big Bang. Denn sie wissen jetzt endlich, wie es gehen könnte. Ihre Idee ist, zwei bislang getrennte Verfahren zusammenzubringen, die Swaps und die Verbriefung. Sie werden die Credit Swaps nehmen, »verbriefen«, zur Grundlage von Wertpapieren machen, sie werden das neue Ding »Bistro« nennen und in der Finanzwelt dafür gefeiert werden.

Bistro steht für »Broad Index Secured Trust Offering«. JP Morgan wird darin 300 Credit Swaps bündeln, Versicherungen auf Ausfälle bei Großkunden wie Wal-Mart, IBM, General Electric im Gesamtwert von 9,7 Milliarden Dollar. Es wird dafür eine

Zweckgesellschaft gegründet, die die Credit Swaps übernimmt und das Bistro-Wertpapier in großer Stückelung, fünf Millionen, zehn Millionen, direkt an Großinvestoren verkauft – es ist im Grunde ein gigantischer Riesen-Swap.

Denn Wal-Mart, IBM, General Electric haben jetzt immer noch Schulden bei JP Morgan. Aber wenn sie in Schwierigkeiten geraten, oder sonst ein Konzern aus dem 300er-Pool, dann muss nicht mehr die Bank, sondern die Zweckgesellschaft für Zahlungsausfälle einstehen. Und über sie sind jetzt Hunderte Investoren mit im Boot, auch sie tragen jetzt JP Morgans Risiko mit, es ist verteilt wie nie, es ist der Stein der Weisen, die grandiose Lösung für das älteste Problem der Banken: geplatzte Kredite einfach abschreiben zu müssen.

Aber in der Lösung lauert ein Problem, das damals, 1997 in New York, noch nicht zu sehen ist. Bistro wird so erfolgreich sein, es wird so viele Ableger bekommen in den folgenden Jahren, so viele Nachahmer finden, dass sich eine Blase aufbläht, deren monsterhafte Größe erst viel später erkennbar wird. Später, im Jahr 2008, werden Kredite für 57 Billionen Dollar nach dem Vorbild von Bistro angeblich »versichert« sein. Aber niemand wird mehr wissen, wie sicher diese Versicherungen wirklich sind.

Und so gesellt sich jetzt eine Blase zu einer zweiten. Denn draußen im Land, in den USA, boomen hochgradig ungesund die Märkte für Immobilien und Hypotheken. Zwei Blasen tun sich auf, nebeneinander, der Doppelknall wird sehr laut sein, wenn sie platzen, aber daran ist an der Wall Street oder sonst wo noch kein Gedanke. Für Bill Demchak sind es die besten und aufregendsten Zeiten seines ganzen Berufslebens. Die Finanzbranche jubelt. Und Demchaks wichtigste, brillanteste Kollegin, Blythe Masters, bekommt den Auftrag, das neue Produkt, Bistro, aggressiv zu vermarkten.

PHASE II:
1998 BIS 2001

Blythe Masters macht alles richtig. Deutsche Staatsbanken können auch anders. Die Landeskirche Oldenburg führt eine Grundsatzdiskussion. Dov Seidman erkennt einen Denkfehler. Tim Smith zahlt sein Haus in Ohio ab und verschuldet sich neu. Manfred Blume schaltet sein Portfolio von »konservativ« auf »ausgewogen«.

New York, Januar 1998

Blythe Masters hat auf den Märkten offene Türen für »Bistro« eingerannt, sie war die perfekte Besetzung für den Verkaufsjob. Sie ist jung, Mitte 30, smart, fotogen, durchsetzungsstark. »Mach deine Hausaufgaben, aber riskier auch was; wer Gelegenheiten beim Schopfe greift, macht am ehesten sein Glück« – das ist ihr Credo. Die Engländerin hat sich selbst immer daran gehalten.

In Canterbury besuchte sie eine Eliteschule, sie studierte Wirtschaft am Trinity-College in Cambridge, Ende der achtziger Jahre machte sie als Praktikantin besten Eindruck bei JP Morgan in London. Gleich nach ihrem Abschluss 1991 wird sie als Rohstoffhändlerin angestellt. Drei Jahre später zieht sie nach New York.

Jetzt, Anfang 1998, steht sie auf einem frühen Höhepunkt ihrer Karriere. Masters hat die sensationelle Bistro-Erfindung im eigenen Haus durchgesetzt, sie überzeugte Aufsichtsbehörden, sie gewann andere Banken, sie verzauberte Großinvestoren. Die Resonanz war überwältigend.

Binnen zwei Wochen hatte sie alle Bistro-Anteile verkauft, hatte 9,7 Milliarden Dollar bewegt, eine Frau Mitte 30, in der Männerwelt der Wall Street, sie ist eine Sensation. Es gelang ihr, auch die Rating-Agenturen von der Innovation zu überzeugen, ein entscheidender Sieg, denn die Agenturen steigen in diesen Jahren zu immer mächtigeren Spielern der Finanzwelt auf. Sie vergeben ihre Gütesiegel wie eine Art Finanz-TÜV. Fitch, Standard & Poor's und Moody's sind die Marktführer, sie analysieren Wertpapiere, Geschäftsideen, sie durchleuchten Firmen, Anleihen, ganze Staaten und vergeben am Ende ihre Plaketten.

»AAA«, triple A, ist die Goldmedaille, deutsche Bundesanleihen tragen das Siegel, stockseriöse US-Bonds. AAA bedeutet, bei Fitch, dass die Wahrscheinlichkeit eines Zahlungsausfalls binnen eines Jahres bei 0,061 Prozent liegt, also praktisch auszuschließen ist. Die niedrigste Bewertung: »CC« steht für eine Pleitewahrscheinlichkeit von 37,73 Prozent. Wer solche Papiere kauft, muss gute Nerven haben. Oder sehr gierig sein.

JP Morgan sortiert die Bistro-Anteile nach diesen Güteklassen. Es gibt die Senior-Tranche, der ein Sicherheiten-Mix zugrunde liegt, der Zahlungsausfälle äußerst unwahrscheinlich macht. Die Senior-Tranche hat, wie gewünscht, AAA erhalten. Wer es riskanter liebt und mehr Geld mit Ausschüttungen verdienen will, hat zu den »Mezzanine«-Tranchen gegriffen, geratet hinunter bis A, die Zocker haben sich die Papiere der »Equity«-Tranche gesichert, riskant, BBB-abwärts, aber mit hoher Rendite.

Es ist ein Wunder, dass das Geschäft so gut gelaufen ist. Denn schließlich ist Bistro neu, fremd, sie sagen »Collateralized Debt Obligation« dazu, versehen obendrein mit dem Beiwort »synthetisch«, das ist Bistro, eine synthetische CDO, und »besicherte Schuldverschreibung« ist die bemühte deutsche Übersetzung.

CDOs sind vom ursprünglich einmal vergebenen Kredit noch einen großen Schritt weiter entfernt, sie werden große Karriere machen in den kommenden Jahren, und ihre Kreateure werden das Spiel mit den Tranchen immer wilder treiben. Viel später erst wird der Financial-Times-Kolumnist Wolfgang Münchau derlei Geschäfte in seinem Buch »Kernschmelze im Finanzsystem« mit einer Wurst vergleichen: Die Kreditrisiken würden letztlich »wie Würste verarbeitet, in Scheiben geschnitten und verkauft«, und dabei fungierten die CDO-Gesellschaften als »Wurstfabrik«.

Immer gewagtere Konstruktionen werden auch dank der Fortschritte der Finanzmathematik kalkulierbar, jedenfalls scheinbar. Es wird möglich, auch aus wackligen Credit Swaps auf faule Kredite Papiere zu basteln, die das begehrte AAA-Ranking der Agenturen erhalten. Man kann in CDOs bald Ramschhypotheken verpacken, wacklige Konzernanleihen, fragwürdige »Assets« aller Art. Die Rating-Leute spielen das Spiel mit, auch weil sie von den Emittenten der Wertpapiere selbst bezahlt werden; das ist ein schreiender Interessenkonflikt. Der Überprüfte bezahlt seine eigenen Prüfer – sie werden sich hüten, den Ast abzuschneiden, auf dem sie sitzen.

Bald bilden sich CDOs von CDOs, Gesellschaften, die noch weiter entfernt sind vom Kreditnehmer ganz am Anfang der Kette. Und es wird selbst CDOs von CDOs von CDOs geben, und dann wird endgültig niemand mehr wissen, wer hier wen gegen welches Risiko absichert.

Es sieht aus, in der Rückschau, als hätten einige Händler ein perfektes Verbrechen organisieren wollen. Man wird viel später E-Mails entdecken, in denen sich Analysten der Rating-Agenturen fragen, wann »dieses Kartenhaus zusammenbricht«. Es ist, als würde der größte und dabei sauberste Diebstahl der Weltgeschichte eingefädelt. Denn wozu sonst können CDOs von CDOs von CDOs gedacht gewesen sein, als ein falsches Spiel zu verschleiern? In den Jahren 2000 und 2001 werden jeweils CDOs für 150 Milliarden Dollar verkauft, 2002 sind es 200 Milliarden, 2003 werden es 250 sein, dann 350, 550, ab 2006 liegen die Verkäufe über der Billionengrenze. Und hinter diesen Billionen, irgendwo, Schulden von noch mehr Billionen.

Delaware, USA 1998

Die BayernLB, staatliche Landesbank zur Finanzierung der heimischen Wirtschaft, etabliert in der US-Steueroase Delaware ihre erste Zweckgesellschaft für Geschäfte auf dem US-Kreditmarkt. Gleichzeitig investiert die New Yorker Niederlassung der Bayern früh in verbriefte Hypotheken. Das Volumen übersteigt im Jahresverlauf schon 12 Milliarden Dollar. Sie spielen einen der Vorreiter für andere deutsche Landesbanken. Sie werden sich tief in die Krise verstricken. Die BayernLB, die Sachsen LB, die halbstaatliche IKB, aber später auch Privatbanken wie die Hypo Real Estate wollen im globalen Wettbewerb um ABS-Papiere und andere riskante renditestarke Papiere mitmischen. Sie wollen auch am »Kredithebel« spielen und alles richtig machen in Zeiten des beginnenden US-Immobilienbooms.

Kredithebel: Dieses Wort wird Karriere machen im folgenden Jahrzehnt, und wer ein Spezialist ist, sagt »Leverage« dazu. Es geht darum, die Wirkung von vorhandenem Investmentkapital zu multiplizieren, indem man es mit Krediten aufstockt.

Ein Hedgefonds etwa legt auf das Geld seiner Investoren in der Regel ein Vielfaches an Kredit dazu – und betreibt seine Geschäfte anschließend mit der Gesamtsumme. Er hat vielleicht, real und greifbar, 100 Millionen Dollar von Anlegern, kauft aber – durch Kredite finanziert – Wertpapiere, Optionen, Kredite für 500 Millionen. Der Investor, der 1000 Dollar einzahlt, ist am Markt also tatsächlich mit 5000 Dollar aktiv. Die Idee ist gut. Solange Gewinn gemacht wird. Wenn es Verluste setzt, dann multiplizieren sie sich ebenfalls. Genau dies wird später in unfassbarem Ausmaß geschehen.

Die BayernLB und die Zweckgesellschaften der anderen Landesbanken decken sich mit langfristigen Wertpapieren ein, die mit Hilfe kurzfristiger Anleihen finanziert werden.

Die kurzfristige Finanzierung langfristiger Vermögenswerte gehört zu den Todsünden der Hochfinanz – und gilt heute als eine der Hauptursachen für das Ausmaß der Finanzkrise. Kein Normalbürger würde sein Haus mit einer Hypothek finanzieren, die er alle 90 Tage erneuern muss. Das Risiko, dass die Finanzierung nicht klappt und nur noch der Zwangsverkauf des Hauses übrigbleibt, wäre viel zu groß.

Aber die Ableger, wie die der BayernLB in Delaware, besitzen einen entscheidenden Vorteil. Sie müssen nicht als Tochterunternehmen kenntlich gemacht werden und tauchen in der Bilanz der Landesbank nicht auf, womit die BayernLB Eigenkapital sparen kann. Zudem fehlt der deutschen Bundesanstalt für Finanzdienstleistungsaufsicht (BaFin) in Delaware, Dublin, Cayman Islands, Luxemburg oder Jersey der direkte Zugriff auf diese Schattenbanken.

New York, 1998

Blythe Masters ist rund um die Uhr im Einsatz, Handy und Smartphone sind immer zur Hand, sie telefoniert selbst zu Pferde, eine passionierte Reiterin, und ihre Teamkollegen bekommen binnen 30 Sekunden Antwort auf ihre E-Mails. Masters ist »pushy«, sagen Mitarbeiter, sie ist »sharp« und hundert Prozent ergebnisorientiert.

Selbst zur Geburt ihres Babys nimmt sie sich Finanzunterlagen mit ins Krankenhaus, um sich die Wartezeit zu vertreiben. Fotos aus der Zeit zeigen sie in stolzer Macher-Pose, im roten, hochgeschlossenen Kostüm, die Hände selbstbewusst in die Seiten gestemmt, ein strenger Jedi-Ritter der Finanzwelt, getragen vom phänomenalen Ruf des »Bistro«-Papiers.

Und doch werden gleich zu Beginn kleine Schwachstellen offenbar. Die Equity-Tranche von Bistro, in der die riskanten Papiere lagern, ist nur hauchdünn. Jedes »Kreditereignis«, wie Pleiten hier heißen, verdirbt das Geschäft, die Tranche wird wertlos, die Anleger verlieren Geld. Auch Investoren des Stockwerks darüber, in der Mezzanine-Tranche, müssen Einbußen hinnehmen. Und die Ausfälle unten bringen selbst die oberste, angeblich bombensichere Etage vorübergehend in Bedrängnis. Stimmt an den Modellen etwas nicht?

Die Rating-Agenturen bewerten die zweite Ausgabe von Bistro-Papieren schlechter als die erste. Trotzdem wächst das Interesse an dem neuen Instrument fortwährend. Dass sich Kreditrisiken, trotz kleiner Startprobleme, so einfach abschieben lassen, ist zu attraktiv für die Banken. Und die Investoren glauben an die Idee. Sie kaufen.

Terrace Park, Ohio, Juli 1998

Tim Smith ist glücklich im neuen Haus, er will seine Schulden umschichten, und die nette Bank von nebenan, die Star Bank, 205 West 4th Street in Cincinnati, hilft dabei. Es ist ein Backsteinbau, ein Schalter, selten gibt es eine Schlange, freundliche Angestellte grüßen die Kunden mit Namen.

Am Anfang hatte Smith 127 500 Dollar Schulden bei den Verkäufern des Hauses, den Fenders, jetzt nimmt er 176 000 Dollar Kredit bei der Bank auf zu einem Zinssatz von 8,5 Prozent. Festgeschrieben. Laufzeit 360 Monate. Er löst seinen Kredit bei den Fenders ab und hat noch Geld übrig. Er macht alles richtig.

Tim arbeitet seit über zehn Jahren als Ingenieur, zuletzt ist er Corporate Business Development Manager, sie bauen Banken, Bürogebäude, und er ist beliebt. Es gibt Angebote von der Konkurrenz. 7916 Dollar verdient Tim im Monat, er hätte auch der Familie Fenders langsam die Schulden zurückzahlen und vom Rest seines Gehalts die Familie ernähren können, aber er ist Amerikaner und verhält sich wie einer.

Es ist das gängige amerikanische Denken: Die Banken geben Geld, die Bürger nehmen es und geben es aus. Günstige Kredite befeuern den Konsum, die US-Wirtschaft ist darauf gebaut, die ganze amerikanische Lebensweise. Schulden sind Lebensstil, und in diesen späten Neunziger Jahren klettern sie höher und höher hinauf, und die Sparquote sinkt tiefer und tiefer. Sie liegt jetzt bei zwei Prozent landesweit, es kommt etwas ins Rutschen in Amerika.

Die Leute benutzen jetzt Häuser wie Kreditkarten, verschulden sich aufs Wohneigentum, und warum auch nicht? Der Boom – oder ist es eine Blase? – geht weiter. Es werden jetzt jedes Jahr rund 1,5 Millionen neue Privathäuser in den USA gebaut, und trotzdem steigen die Preise weiter und weiter, 1999 im Landesdurchschnitt um satte acht Prozent, in den Ballungszentren, an den Küsten noch schneller. Wer seine eigenen vier Wände schon besitzt, wird reich im Schlaf. Und er kann sich nach Belieben Geld holen von der Bank, jedes Jahr mehr.

Tim und Kelley Smith reißen in ihrem Haus den Teppich raus und verlegen helles Parkett. Neben der Eingangstür rammen sie eine amerikanische Flagge in die Wand. Neue Rohre werden verlegt, unten gibt es jetzt eine Dusche, oben ein zweites Kinderzimmer. Alexandria wird geboren, Erics kleine Schwester, sie nennen sie Allie.

Das renovierte Haus wird als Sicherheit angeführt im Kreditvertrag, als Marktwert stehen da »220 K«, das sind 220 000 Dollar. In den vier Jahren seit dem Kauf ist der Wert des Hauses um 66 Prozent gestiegen. Tim Smith macht alles richtig.

New York, 1998

Dov Seidman, der Philosoph und Unternehmensberater, hat geheiratet, er hat einen Sohn, und er ist ausgestiegen aus der Juristenwelt, hat eine Firma gegründet, LRN, fünf Mitarbeiter nur. Eine Unternehmensberatung. »Ehrlicher Kapitalismus« ist Seidmans Ziel, eine faire Wirtschaftswelt, es läuft ganz gut an; die Zahl der Anfragen steigt. Das eigene Leben gefällt ihm, aber das Leben da draußen macht ihm Angst.

Er sagt: »Wenn du Hypotheken nimmst und weiterreichst, also von den Kreditnehmern räumlich entfernst und irgendwo zu Bündeln mit anderen Hypotheken verschnürst, entpersönlichst du das ursprüngliche Geschäft. Du kappst Verbindungen. Und du ignorierst in ebendiesem Moment das Wesen der Globalisierung, nämlich, dass alles mit allem vernetzt ist. Du kannst ja gar keine Verbindungen mehr kappen, alles kommt irgendwann zurück, weil alles einen Effekt auf alles hat. Du wettest auf Häuser in Ohio und kannst damit die Volkswirtschaft Islands ruinieren. Es sollte dir klar sein.«

Oldenburg, November 1998

Die Evangelisch-Lutherische Kirche in Oldenburg muss eine Grundsatzdiskussion führen. Ende November 1998 wird an den Börsen trotz Asienkrise viel Geld verdient, die Kurse steigen, die Zinsen fallen. Führende Mitarbeiter der Kirche treffen sich zu ihrer Herbstsynode. Die Synode ist eine Art Kirchenparlament, hier werden grundsätzliche Entscheidungen getroffen. Die Kirchenleute tagen in der Heimvolkshochschule Rastede, ein paar Kilometer außerhalb von Oldenburg; neben Glaubensdingen soll es diesmal vor allem ums Geld gehen.

Die Finanzierung der Kirche ruht grundsätzlich auf zwei Säulen: der Kirchensteuer, die in Oldenburg etwa 80 Prozent der Einkünfte ausmacht, und den Einnahmen aus dem Kirchenvermögen. Die Mitglieder der Synode haben Grund zur Sorge. Die Zahl der Kirchenmitglieder schrumpft, und ihre Altersstruktur entwickelt sich schwierig: Immer mehr Rentner und Alte gehören der Kirche an, die wenig oder gar keine Kirchensteuer zahlen, entsprechend stark sinken die Einnahmen.

Auf ihrer Herbsttagung beschließen die Mitglieder der Synode, dem für die Geldanlage zuständigen Finanzausschuss einen

Auftrag zu erteilen: Es sei zu prüfen, ob sich das vorhandene Kirchenvermögen »ertragreicher« anlegen ließe. Bis dahin hat die Landeskirche ihr Vermögen absolut unspektakulär investiert: in Bundesanleihen, Sparverträge. Wenn aber die Börsenkurse stiegen und immer weiter stiegen: War es dann nicht konsequent, dass auch die Kirche irgendwie von diesem Boom profitierte?

New York, Ende 1999

JP Morgan weitet sein »Bistro«-Geschäft aus, aber das Papier verändert sich inhaltlich. Es werden nicht mehr nur Kreditversicherungen verpackt, es wird jetzt alles mit allem verwurstet. Verbriefte Kredite, Swaps, CDS. Es ist, als witterten die Banker eine Gefahr, als steuerten sie leise, sacht schon dagegen an, als streuten sie ihr Risiko weiter und immer weiter.

Im Februar 2000 sagt Blythe Masters den Kreditderivaten Marke Bistro eine glänzende Zukunft voraus. »In fünf Jahren werden Kommentatoren auf die Geburt von Kreditderivaten als Wendepunkt zurückblicken«, schreibt sie in einer Broschüre ihrer Bank. Die neuen Produkte wie Bistro veränderten »grundsätzlich die Art, in der Banken Kreditrisiken bewerten, verwalten, übertragen und bilanzieren«. In ihren Worten schwingt die Zeitstimmung mit. Die Konjunktur läuft prächtig. Das Internet eröffnet neue Märkte, überall reden sie von der New Economy, die die alten Industrien ablösen werde.

Hamburg, November 2000

Als Manfred Blume im November 2000 seine Filiale der Dresdner Bank in Hamburg-Barmbek betritt, haben sich seine Fonds gut entwickelt. Doch Blume denkt an seine Rente. Zwei Jahre muss er noch arbeiten. Der Rücken schmerzt, die Gelenke versteifen sich immer öfter. Da passt es gut, dass sein Berater ein »Analysegespräch« vorschlägt. »Was wollen Sie mit Ihrem Geld erreichen, Herr Blume?«, fragt ein Berater. Der Mann ist neu, er kann nicht wissen, was Blume will. »Eine Eigentumswohnung«, sagt Blume. »Man muss auch mal was riskieren, Herr Blume«, antwortet der Berater. »Die Wohnung läuft ja nicht weg.«

Als Manfred Blume die Filiale verlässt, hat er 14 000 Euro bei seiner Vermögensverwaltung VVI in die nächsthöhere Risikostufe umgeschichtet. »Konservativ« war seine Anlagestrategie gestern, jetzt nennt die Bank sie »ausgewogen«: Der Aktienanteil steigt. »Die aktive Steuerung durch das Portfolio-Management der Dresdner Bank ist hier der entscheidende Erfolgsfaktor«, steht im Prospekt, Blume beruhigt das.

An dem Geschäft verdient vor allem die Bank. Die Anlage bei VVI kostet eine jährliche Gebühr von knapp zwei Prozent. Schon nach wenigen Jahren wird Blume damit wohl mehr Gebühren bezahlt haben, als er es beim direkten Kauf von Fonds getan hätte. Das Prinzip versteht er erst, als die Abrechnungen bei ihm im Briefkasten liegen. Dazu kommen noch die Kosten für mehrere kleinere Investitionen in Rentenfonds, zu denen die Bank ihm rät. Blume gewinnt, Blume verliert.

New York, Ende 2000

Andrew Donaldson, ein Investmentbanker aus London, hat den Job gewechselt. Er arbeitet jetzt direkt bei JP Morgan, im Team von Blythe Masters. Er stellt schnell fest, wie sich das Business ändert. Es gehe nicht mehr um den »optimalen Weg, Risiken zu managen«, es geht darum, Profit zu machen.

»Das war eine neue Welt«, sagt Donaldson. Das Universum des Kreditmarktes, der zehn Jahre zuvor mit überschaubaren Modellen begann, seine schönste Form in »Bistro« gefunden hatte, verwandelt sich in einen Cyberspace. Unfassbar komplexe Computerprogramme übernehmen das Denken, das Steuern, das Abwägen.

Donaldson erinnert sich an Gespräche seines Teams mit den Rating-Agenturen. »Wir fragten sie, was wir tun müssten, um von ihnen ein AAA-Rating zu bekommen, oder wenigstens ein AA, oder ein A«, sagt Donaldson. Standard & Poor's, Moody's, Fitch wurden die heimlichen Herren der Wall Street. Die eigentlichen »Masters of the Universe«. Wo niemand mehr die Geschäftsmodelle verstand, wurden sie zu den entscheidenden Türhütern. Sie stellten die Wegweiser auf, sie gaben am Ende die Anlagetipps.

PHASE III:
2001 BIS 2004

Die deutsche Bankenaufsicht schläft. Die US-Zentralbank spielt mit niedrigen Zinsen. An der Wall Street ist Lehman Brothers die »Bank des Jahres«. Warren Buffet fürchtet sich vor »finanziellen Massenvernichtungswaffen«. Tim Smith geht es gut.

New York, Januar 2002

JP Morgan wird zum dritten Mal zum »Credit Derivatives House of the Year« gekürt. »Wir nehmen unseren Kunden große Brocken an Risiken ab, dann verteilen wir sie schnell und diskret in viele Richtungen. So haben wir uns unseren Ruf verdient«, sagt einer von Blythe Masters' Kollegen in seiner Laudatio. In der Fachzeitschrift »Risk Management« schwärmt ein Großkunde davon, wie JP Morgan »clever Schlupflöcher in den US-Bilanzierungsregeln für Derivate ausnutzt«. Immer häufiger tauchen in der Berichterstattung des Blatts jetzt auch deutsche Namen auf, Josef Gruber zum Beispiel, ein Manager der Bayerischen Landesbank, auch er lobt seine Deals mit JP Morgan.

Bill Demchak, der mit seinem Team Bistro erfand, verlässt JP Morgan. Haben ihn Zweifel gepackt? Er kehrt in seine Heimatstadt Pittsburgh zurück, die frühere Stahlhochburg, und beginnt einen Job bei PNC Financial Services, einem biederen Bankhaus, das sein Geld unter anderem mit Sparkonten und mittelständischen Geschäftskunden verdient.

Auch die meisten seiner Teamkollegen verlassen JP Morgan, nur Blythe Masters bleibt. Sie kümmert sich inzwischen, so ihr neuer Jobtitel, um die »globale Kreditportfolio-Strategie« der Bank. Es ist eine wirre Zeit. Der Schock des 11. September wirkt in der Wirtschaft nicht lange nach, bald ertrinken Banken und Wirtschaft in Liquidität. Die US-Notenbank Federal Reserve mit dem rätselhaften Alan Greenspan an der Spitze betreibt eine Niedrigzinspolitik, um der Wirtschaft nach den Terroranschlägen, nach dem Ärger mit der New Economy billige Kredite zuzuschanzen.

Von nun an werden die Leitzinsen in den USA lange Zeit so niedrig sein, 2 Prozent, 1,5 Prozent, 1 Prozent, dass sie niedriger liegen als die Inflationsrate. Das aber heißt: Wer einfach spart in diesen Jahren, verliert durch die Inflation mehr, als er durch Sparzinsen gewinnen kann. Alles Geld, das nicht »arbeitet«, das nicht investiert wird, wird weniger und weniger, einfach so.

Es ist billiger, sich Geld bei einer Bank zu leihen, Werte zu schaffen, als zu sparen. Und durch die niedrigen Zinsen sinken auch die Hypothekenzinsen. Und dadurch wird es leichter, sich ein Haus auf Pump zu kaufen, statt wie früher mühsam auf eines hinzusparen. Eine amerikanische Besonderheit kommt hinzu: Die US-Bürger haben das Recht, eine Hypothek jederzeit abzulösen und eine neue aufzunehmen, was sie auch sofort tun, wenn die Zinsen fallen und billigere Hypothekarverträge in Aussicht sind.

Die Lage der amerikanischen Hausbesitzer in diesen Jahren ist die: Sie werden reich mit ihren Häusern, jedenfalls werden sie sagenhaft kreditwürdig. Steigt der Wert ihres Hauses von 200 000 auf 300 000 Dollar, nehmen sie eine neue, höhere Hypothek auf und lösen die alte ab. Es fühlt sich an wie ein Rausch. Wie ein amerikanischer Traum.

Bald aber haben alle Mittelschichtler ein eigenes Haus und zwei Autos und zwei Bäder und drei Fernseher. Die Nachfrage nach Krediten könnte stagnieren. Es müssen neue Kundenschichten her, und die Banken und ihre Makler finden sie: Sie entdecken ihr Herz für die Unterschicht. Für Arbeitslose, mittellose Immigranten, für die »Subprimers«. Auch sie sollen sich jetzt Häuser bauen. Autos finanzieren. Kühlschränke.

Sie bekommen wunderbare Konditionen: die ersten zwei Jahre zinsfrei und keine Sicherheiten nötig. Es entstehen Ninja-Kredite, das steht für: No income, no job, no assets – kein Einkommen, keine Arbeit, keine Sicherheiten.

Aber das Kreditrisiko? Lässt sich verkaufen. Nach Deutschland. Nach Dubai. Es lässt sich verpacken. Vergessen.

Delaware, 2002

Die halbstaatliche IKB gründet in Delaware die Zweckgesellschaft Rhineland Funding, ausgestattet mit minimalem Eigenkapital. Die Schattenbank wird fünf Jahre später die IKB in ihrer Existenz bedrohen und muss von der KfW mit einer Kreditlinie von 8,1 Milliarden Euro notfallmäßig gerettet werden. Die BayernLB betreibt in Delaware inzwischen ihre zweite Zweckgesellschaft, auch im britischen Steuerparadies Jersey hat sie eine Schattenbank gegründet. Die Sachsen LB hat die Sachsen LB Europe mit Sitz in Dublin gegründet. Die Sachsen werden hier später mit Ormond Quay und Georges Quay zwei aggressive Investmentgesellschaften gründen, die mit Derivat- und Kreditgeschäften große Geldsummen bewegen.

Im Verwaltungsrat der Landesbank sind Landräte, Sparkassenleiter und Landespolitiker stolz auf ihre Weitsicht und Cleverness.

Bonn, Mai 2002

In der Bonner Graurheindorfer Straße, Hausnummer 108, werden die Kreditgeschäfte der Landesbanken und das Risikomanagement der amerikanischen Banken verfolgt, so gut es geht. Am 1. Mai 2002 hat hier, im Gebäude des Finanzministeriums, die BaFin ihren Dienst aufgenommen, die Bundesanstalt für Finanzdienstleistungsaufsicht.

Mit der neuen Behörde sollen die Verflechtungen der Kapitalmärkte besser als zuvor erfasst und die Gefahren, die mit dieser Verflechtung verbunden sind, zuverlässiger eingeschätzt werden. Die BaFin prüft, anders gesagt, ob die Banken angemessen mit ihren Risiken umgehen.

Uwe Traber wird bis Oktober 2004 die wichtige Abteilung II der BaFin leiten, zuständig für die Groß- und Auslandsbanken. Spätestens 2002, sagt Traber heute, habe man bei der BaFin erkannt, dass es sich bei verbrieften Produkten, mit denen immer mehr Banken überall auf der Welt Geschäfte machten, tatsächlich um ein Risiko handelte, das zu einer »systemischen Gefahr« werden kann. Systemisch, das heißt: eine Bedrohung, die aus dem Bankensystem selbst erwächst – und die das System, wenn nichts unternommen würde, eines Tages aus sich selbst heraus zerstören könnte.

Damals galten die Regeln des Basler Abkommens, Basel I, die Mindestkapitalquoten vorschrieben. Aber unter Bankern gilt seit je die Devise: »Rules are for fools«. Die Kunst besteht darin, das vorhandene Regelwerk auf legalem Weg auszuhebeln. Und das taten sie: Mit ihren Zweckgesellschaften, ihren Briefkasten-Ablegern auf den Kanal- oder den karibischen Inseln, wo sie Kredite außerhalb parkten, versteckten, verschleierten, um dafür kein Eigenkapital einsetzen zu müssen. Wenn die BaFin jetzt, und so früh, die »systemische Gefahr« dieser Praxis erkennt: Warum unternimmt sie nichts? Warum untersagt sie nicht die Bildung von Zweckgesellschaften an der Bilanz vorbei – wie es etwa die spanische Bankenaufsicht tut?

Die BaFin wird durch Zwangsumlagen und Gebühren jener Institute und Unternehmen finanziert, die sie beaufsichtigt. Gleichzeitig untersteht sie der Rechts- und Fachaufsicht des Finanzministeriums, das macht sie unabhängig von den Banken, aber anfällig für politische Einflussnahme.

In diesen Jahren hatte sich die deutsche Politik vorgenommen, den »Finanzplatz Deutschland« zu stärken und die Entwicklung neuer Finanzprodukte zu fördern. Eine allzu kritische Bankenaufsicht ist dabei eher hinderlich. Letztlich bestimmt das Finanzministerium, wie mächtig die BaFin sein darf.

Zudem ist die Bankenaufsicht aufgeteilt zwischen BaFin und Bundesbank. Zwischen beiden tobt ein »erbarmungsloser Machtkampf«, sagt Traber. Sachverhalte werden von der einen Behörde ermittelt und von der anderen entschieden, die BaFin, klagt Traber, verkomme mehr und mehr zur »Stempelbehörde« der Bundesbank. Die BaFin-Mitarbeiter sind frustriert.

Zu allem Überfluss mischt die Politik kräftig mit. BaFin und Bundesbank werden unterschiedlichen Lagern zugerechnet – die Bundesbank der Union, die BaFin der SPD.

Oldenburg, 2002

Vier Jahre nach der Grundsatzdiskussion der Landeskirche Oldenburg über die Finanzen veröffentlicht die Evangelische Kirche in Deutschland (EKD) eine Prognose. Sie sorgt für Aufregung, auch in Oldenburg. Per Rundschreiben wird den Mitgliedskirchen mitgeteilt, dass es im Jahr 2022 voraussichtlich ein Drittel weniger Gemeindeangehörige geben werde und 50 Prozent weniger Kirchensteuerzahler.

Bei der Landeskirche Oldenburg spüren die Verantwortlichen, dass der Handlungsdruck zunimmt. Im kirchlichen Haushalt gibt es Ausgaben und Belastungen, die sich nicht reduzieren lassen: die Instandhaltungskosten für die vielen denkmalgeschützten Kirchen oder die Lohnkosten für die aufgeblähte unkündbare Pfarrerschaft.

Die Oldenburger sehen nur einen Ausweg aus dem Dilemma: Wenn man die Ausgaben schon nicht verringern kann, dann muss man die Einnahmen steigern. Doch vor zwei Jahren ist die New-Economy-Blase geplatzt, die Börsenkurse fallen noch immer. Die Oldenburger warten noch.

New York, Dezember 2002

Die Investmentbank Lehman Brothers wird zur »Bank des Jahres« gekürt. Die Auszeichnung tut gut, das vergangene Jahr war hart. Am Tag der Anschläge vom 11. September hatte die Bank drei Stockwerke im World Trade Center belegt, zum Glück kam dort nur ein Angestellter ums Leben. Aber auch der eigentliche Hauptsitz im Three World Financial Center nebenan wurde beim Einsturz der Türme demoliert. 6400 Lehman-Leute hatten kein Büro mehr. Seither ziehen die Banker wie Zigeuner durch die Stadt.

Zwischenzeitlich hat die Bank das ganze Sheraton-Hotel in Manhattan gemietet, um in den Restaurants und den 665 Zimmern Notbüros einzurichten. Die Mitarbeiter mussten zur Heimarbeit angehalten werden, seit März 2002 residiert man wieder angemessen, im Wolkenkratzer an der Seventh Avenue, einen Block vom Broadway entfernt. Es geht jetzt hoffentlich zügig und kontinuierlich wieder aufwärts. Die Auszeichnung, »Bank des Jahres«, tut gut.

Noch im Herbst 2001 haben sie einen Fonds an den Markt gebracht, eine große Nummer. Der Fonds, Lehman Brothers Real Estate Partners, hantiert mit Eigenkapital in Höhe von 1,6 Milliarden Dollar. Investiert wird in große Einzelimmobilien, Beteiligungen an Immobilienunternehmen und in Immobiliendienstleister. Der Schwerpunkt liegt in Nordamerika. Das Geschäft ist gut angelaufen. Vor allem Großinvestoren haben zugegriffen, darunter staatliche und betriebliche Pensionskassen, Stiftungen. Aber Immobilien sind kein Spaziergang. Der Boom in Amerika mag weiter anhalten, aber in New York stehen immer mehr Bürobauten leer. In Manhattan steigt die Leerstandsrate auf über 13 Prozent. Es wird nur eine kleine Delle sein.

Omaha, Nebraska, März 2003

Warren Buffet, damals der zweitreichste Mann der Welt nach Bill Gates, schreibt den Aktionären seiner Holding Berkshire Hathaway einen Brief. »Wir bemühen uns, wachsam gegenüber jedem Risiko einer Megakatastrophe zu sein. Diese Haltung mag uns übertrieben besorgt erscheinen lassen«, schreibt er, aber dann kommt's: »Unserer Ansicht nach sind Derivate finanzielle Massenvernichtungswaffen, und sie bergen Gefahren, die im Augenblick zwar verborgen, potentiell jedoch todbringend sind.«

Buffet schießt, ohne sie namentlich zu nennen, gegen Produkte wie »Bistro« von JP Morgan, gegen Kredit- und andere Derivate, die in den vergangenen Jahren eine sagenhafte Karriere gemacht haben. Buffet selbst hat sein Vermögen nach einem einfachen Grundsatz verdient: Er investiert nur in Dinge, die er versteht. Das hat ihm den Ruf des »Orakels von Omaha« eingebracht. Das Orakel wütet Anfang 2003: »Das Ausmaß der Derivat-Kontrakte ist lediglich durch die Phantasie des Menschen (oder manchmal, so scheint es, der Verrückten) begrenzt.«

Warum hört die Wall Street diese Warnungen nicht? Warum schreckt die Welt nicht auf? Die Antwort ist einfach: Die Profite sind zu hoch, das Geschäft läuft zu gut. »Du musst tanzen«, sagen die Banker, »solange die Party läuft.«

Terrace Park, Ohio, Mai 2003

Tim Smith ist Republikaner, das hier ist sein Land, sein System, es ist das beste System der Welt. Risiken? Es gibt keine Risiken. Smith will sich neu finanzieren. Ein Makler vermittelt ihn an die New Century Mortgage Cooperation. Dass New Century die Verträge weiterverkauft an Banken, die mit Hypotheken handeln oder auf das Erfüllen oder Scheitern von Kreditverträgen wetten, das weiß Tim Smith nicht.

Sein Vertrag trägt die Nummer 893 600. Er bekommt 228 000 Dollar frischen Kredit. Der Zinssatz ist variabel, aber er darf niemals innerhalb eines Halbjahres um mehr als eineinhalb Prozentpunkte angehoben werden. Das ist eine gefährliche Formulierung, die man in guten Zeiten schon mal übersehen kann. Der Zinssatz beträgt vorerst 8,5 Prozent und »darf 15,5 Prozent nicht übersteigen«. Aber die Zinsen steigen ja nicht in Amerika, nur Immobilienwerte steigen, das ist so und wird so bleiben. 1753 Dollar pro Monat muss Smith nun zahlen, das ist überschaubar. Er macht schon alles richtig.

München, Herbst 2003

Am 29. September 2003 spaltet die HypoVereinsbank ihr gewerbliches Immobilienfinanzierungs-Geschäft ab und nennt die neue Bank Hypo Real Estate Group (HRE). In ihr vereinigen sich die Konzerntöchter Hypo Real Estate, Hypo Real Estate International in Dublin und die Württembergische Hypothekenbank. Beobachter bezeichnen den Schachzug als riskant. Es ist bekannt, dass leichtsinnige Finanzierungen etwa von Einkaufszentren und Bürogebäuden der Hypo Real Estate viele geplatzte Kredite beschert haben, die auf der neuen HRE lasten.

Am 6. Oktober 2003 werden die ersten Aktien der HRE zum Preis von 11,25 Euro ausgegeben. Einige Analysten raten zum Kauf und rechnen mit einem Kursanstieg auf bis zu 18 Euro. Bis Mitte Dezember legt der Wert um mehr als die Hälfte zu. Schon bald darauf erzielt die Bank Gewinne.

In einer ersten Roadshow für die Investoren spricht die HRE im Dezember davon, »in Rekordzeit« eine »neue Gruppe« geschaffen zu haben, die mehr an der Abwicklung einzelner Deals interessiert sei als an einer Rolle als Hausbank. Im Fokus des Geschäftsinteresses stünden seriöse Großkunden. »Wir wollen in Deutschland nur die Finanzierung von Großprojekten regeln«, sagt Vorstandschef Georg Funke kurz nach dem Börsenstart. Kritikern begegnet der als zurückhaltend geltende Banker zunehmend direkt: »Wer eine Aktienstory nicht versteht, sollte das Papier auch nicht kaufen«, sagt er.

Im Dezember 2003 verkauft die HRE einem Konsortium um die texanische Investmentgesellschaft Lone Star notleidende Kredite im Volumen von rund 490 Millionen Euro. Der Kaufpreis bleibt geheim, doch Experten gehen von einem Bruchteil der Kreditsumme aus. Mit dieser Transaktion gehen die Forderungen und Sicherheiten von 1350 privaten und gewerblichen Darlehen für 960 Objekte von der HRE auf Lone Star über. Aus der Bilanz der HRE verschwinden auf diese Weise auf einen Schlag faule Kredite in Höhe einer halben Milliarde Euro.

New York, 2003

Die Kreditmärkte kommen wieder in Schwung, trotz Irak-Krieg. Die Investmentbanken an der Wall Street experimentieren mit immer neuen »Bistro«-Varianten, mit wild verschachtelten CDOs, alle stürzen sich auf das Geschäft. Morgan Stanley, Merrill Lynch, Citigroup, UBS, sie verbriefen Risiken, als gäbe es kein Morgen mehr.

Abseits der Wall Street läuft auch das normale Kreditgeschäft kleiner und großer Banken gut, der Handel mit Hypotheken boomt. Im Jahr 2003 werden 1,7 Millionen neue Häuser in den USA gebaut, und die Hauspreise steigen im nationalen Durchschnitt um unglaubliche 13 Prozent. Aber unmerklich, unauffällig noch, zeichnet sich ein Überangebot auf dem Häusermarkt ab. Die Leerstandsquote bei Wohneigentum, für die ein historischer Mittelwert von 1,5 Prozent für gesund angenommen wird, klettert zwischenzeitlich auf fast zwei Prozent.

Es beginnt die Zeit, in der sich Zentralbankvertreter öffentlich kritisch über den Segen neuer Finanzprodukte äußern. Die in Basel ansässige Bank für Internationalen Zahlungsausgleich, die »Zentralbank der Zentralbanken«, warnt wiederholt, dass die Risikostreuung, immer wieder als der größte Vorteil der Kredit- und Kreditrisikoverbriefung angeführt, nicht in jedem Fall eine gute Sache sei. Im Basler Ausschuss, der alle drei Monate tagt, macht sich leise Furcht breit. Und die Zentralbanker der G-10-Staaten, die sich alle zwei Monate zu Chefgesprächen in Basel treffen, werden unruhig. Was ist, wenn alles nur eine Blase wäre?

PHASE IV:
2004 BIS 2006

Tim Smith wird arbeitslos und hat auf einmal Schulden bei der Deutschen Bank. Dov Seidman sinniert über Nachhaltigkeit. Die Hypo Real Estate dreht ein großes Rad. Die Landeskirche Oldenburg macht eine falsche Bewegung.

Terrace Park, Ohio, 2004

Tim Smith mochte Lockwood Greene sehr. »Meine Firma«, sagte er. Neun Jahre war er bei Lockwood Greene, er war in Atlanta und Dallas für seine Firma, dann in Cincinnati. Aber dann kam das Angebot von Belcan, der Konkurrenz. Mehr Geld, mehr Ruhm, und Tim sagte zu.

Ein knappes Jahr später muss Belcan das Geschäft aufgeben. Und Tim ist arbeitslos. Und Kelley Smith, seine Ehefrau, möchte gern abfangen, was sie abfangen kann. Aber Delta Airlines geht es schlecht. Keiner Fluglinie geht es gut in Amerika. Kelley kann nur noch wenige Stunden arbeiten, sie fängt als Krankenschwester an, parallel. Die Kinder erfahren nichts. Die Eltern liegen nachts wach und reden.

Das Haus ist schön geworden, sie haben jetzt einen Jacuzzi, und kirschfarben ist das zweite Bad. Aber sie haben nichts gespart, das Leben ist teuer. Es geht schnell hinab, sehr schnell, wenn man Schulden mit neuen Schulden begleicht. Tim schickt noch Schecks an New Century, aber nicht mehr pünktlich. Und nicht mehr über die vollen Beträge. Woher nehmen?

Die Deutsche Bank kauft Kreditverträge in Ohio auf. Es geht ihr nicht um ein einzelnes Haus, um eine einzelne Hypothek. Sie kauft die Verträge zu Tausenden, bündelt sie zu Paketen und verkauft diese an Investoren. Als Treuhänderin der Investoren kassiert sie Gebühren dafür, oder Zinsen, oder beides, es lohnt sich.

Tim Smith erfährt beiläufig, dass er Geschäftspartner des Deutsche Bank National Trusts, eines US-Ablegers der Frankfurter Bank, geworden ist. Er erfährt auch, dass seine Raten gestiegen sind, weil er zuletzt weniger zahlen konnte. Pro Monat schuldet er nun 1843,18 Dollar. Die Bank nennt die Erhöhung eine »Hilfe«. Damit er die Rückstände aufholen kann.

New York, März 2004

An der Wall Street wird Blythe Masters, die Heldin des »Bistro«, noch einmal als Superstar gefeiert. Das Fachblatt »Crain's« zählt sie zu den einflussreichsten Nachwuchsmanagern von New York, sie ist eine von »Forty under 40«. »Trotz ihrer Jugend hatte sie genügend Gravitas, um Finanzbehörden weltweit von der Solidität ihrer wenig bekannten Finanzinstrumente zu überzeugen«, heißt es in der Begründung. Masters sei eine Managerin, die »durch ihre Leidenschaft inspiriert«. Bei JP Morgan ist man nicht weniger stolz auf sie.

München, März 2004

Am 29. März legt Vorstandschef Georg Funke von der Hypo Real Estate das erste Mal Jahreszahlen vor. Statt der prognostizierten 100 Millionen Euro Gewinn vor Steuern verdiente die Bank 156 Millionen. »Es gibt Züge, die kommen sogar früher ins Ziel, als im Fahrplan steht«, sagt Funke auf der Bilanzpressekonferenz.

Der Verkauf von Krediten nach Amerika im Stil der HRE kommt auch diesseits des Atlantiks immer mehr in Mode. Auf dem Kreditverbriefungsmarkt bestünden für Deutschland »strukturelle Wachstumsmöglichkeiten«, schreibt die Unternehmensberatung Boston Consulting Group in einer Studie.

Teilnehmer einer Fachtagung über »Unternehmensrestrukturierung in Deutschland« bemerken in Deutschland einen wachsenden Markt für den Handel mit »leistungsgestörten Aktiva«: Das Geschäft mit faulen Krediten – urteilen sie – komme dem Bedürfnis vieler deutscher Banken entgegen, »Ballast abzuwerfen«.

Die Hypo Real Estate wird es vorführen in ganz großem Stil. Später wird sie »Problemkredite« im Wert von 3,6 Milliarden Euro erneut an den US-Investor Lone Star verkaufen.

Der Verkauf gilt als die größte Transaktion dieser Art. 4200 Kredite von 1700 Kunden wechseln mit der Transaktion den Besitzer. Die HRE kann das Volumen ihrer fragwürdigen Kredite in Deutschland mit einem Schlag um drei Viertel kürzen. Die Restrukturierung des Deutschlandgeschäfts sei damit abgeschlossen, sagt Vorstandschef Georg Funke. »Es beginnt eine neue Zeitrechnung.«

Frankfurt am Main, Mai 2004

Die Dresdner Bank warnt in einer Untersuchung vor einer Immobilienblase in den USA, Großbritannien und Spanien. »Es ist davon auszugehen, dass auf allen drei Märkten inzwischen eine spürbare Überbewertung im Wohnsegment anzutreffen ist«, heißt es in dem Papier.

In den Zeitungen ist auch bald zu lesen, dass Dick Fuld, der Vorstandschef von Lehman Brothers, in Europa mehr Kreditpakete verkaufen will. In einem Interview sagt er: »Ich möchte unser Geschäft mit Hypothekenkrediten ausbauen. In diesem Bereich haben wir in den USA neue Kapitalmarktprodukte entwickelt, die wir gern international anbieten möchten.« Man sehe Wachstumspotential. Und man müsse im Geschäft mit Hypothekenkrediten »direkt an den Endverbraucher« heran.

Es wird ein gutes Jahr für Lehman Brothers, ein sehr gutes. Lehman wird für die halbstaatliche US-Hypothekenbank Fannie Mae Vorzugsaktien im Wert von fünf Milliarden Dollar an die Börse bringen. Das bringt Geld.

Dublin, August 2004

Im Auftrag der BaFin kontrolliert das Wirtschaftsprüfungsunternehmen KPMG die Geschäfte der Sachsen LB. Die Bonner Bankenkontrolleure wollen wissen, ob die Staatsbank die Risiken der komplexen Finanzprodukte beherrscht, das heißt: ob sie sie gesetzeskonform »steuert und überwacht«.

Nachdem sich die Wirtschaftsprüfer monatelang bis in den Keller der irischen Außenstelle der Sachsen LB Europe gewühlt haben, kommen sie zum Schluss, dass es »erhebliche Unzulänglichkeiten in der Dokumentation« gebe. Der Verwaltungsrat habe den »Gesamtüberblick« verloren, die Funktionsfähigkeit der internen Revision sei »beeinträchtigt«.

Kreditpapiere im Wert von mehr als 13 Milliarden Euro führten in den Büchern der Bank eine Art »Eigenleben«. Noch schlimmer beschreiben sie den Zustand der von den Sachsen ausgegründeten Zweckgesellschaften. 13 solcher Conduits haben sie in Irland mittlerweile gegründet, die die KPMG-Prüfer erst nach »langwieriger Suche« überhaupt aufspüren. Sie halten zusammen 30 Milliarden Euro in hochriskanten Wertpapieren.

Die Prüfer lassen sich täuschen von der Triple-A-Bewertung dieser Papiere. Dass selbst US-Ramschhypotheken durch die Verbriefung als Premium-Papier mit Triple-A-Bestnote in den Depots auftauchte, will keiner bemerkt haben.

Dabei wussten viele um den zweifelhaften Wert der Ratings. Bereits am 17. Juni 2004 – also drei Jahre vor Ausbruch der Finanzkrise – bemängelten Mitarbeiter der Sachsen LB das

Rating-System und die dubiosen Praktiken der Agenturen. In einem Bericht des Kreditrisikomanagements stellten die Experten der Bank fest, dass »die verfügbaren Statistiken wesentlich durch zurückgezogene Ratings beschönigt sind, deren Häufigkeit z.B. bei Moody's in jeder Ratingklasse um ein Vielfaches über den gemessenen Ausfallraten liegt.«

Terrace Park, Ohio, Januar 2005

Der Deutsche Bank National Trust hat den Kreditvertrag der Familie Smith gekauft. Tim Smith muss unterschreiben, dass er zusätzlich 14 699,52 Dollar schuldet, darin stecken Tilgung, Säumniszuschläge, Anwaltskosten, Gerichtskosten. Er unterschreibt. Das Geld aber hat er nicht. Seine Gesamtschulden belaufen sich jetzt auf 246 025 Dollar und 77 Cents.

Kelley Smith kommt vom Einkaufen, nimmt die Post aus dem Briefkasten. Werbung, Werbung, Werbung – und: eine Karte. Von einem Computer beschrieben, rot abgestempelt für 23 Cent. »Case Number A 0500045 Deutsche Bank National Trust vs. Kelly Newton-Smith et al« steht da. Es ist die Androhung der Zwangsvollstreckung.

Tim Smith ist nur froh, dass die Kinder die Karte nicht gesehen haben. Er geht durch sein Haus, das immer schöner geworden ist in den guten Jahren. Eine alte Uhr mit römischen Ziffern hängt an der gelben Wand, das Parkett glänzt, weiß sind die Türrahmen, die Fenster, Allie, die Tochter, hat ein lila Himmelbett. Und nun das Ende? Hinausgeworfen von einer Bank – aus Deutschland?

In der Klageschrift steht, fällig und unbezahlt sei die Summe von 226 125,97 Dollar plus Zinsen, die Klägerin sei Inhaberin aller Kreditrechte. Muss die Deutsche Bank das beweisen? Die Deutsche Bank sagt, so sei es eben. Und Tim Smith sagt, er habe das alles nicht gewusst. Dass die Deutsche Bank seine Geschäftspartnerin sei, dass die Deutsche Bank wiederum einen Dienstleister zwischengeschaltet habe. »Ich hatte doch keine Ahnung«, sagt Tim Smith und: »Nein, natürlich wollte ich das nicht.«

Der zwischengeschaltete Dienstleister der Deutschen Bank heißt »Litton Loan Servicing«, er sitzt in Houston, Texas, am Central Loop Drive. Bei Litton Loan sitzen Menschen an Computern und lesen den ganzen Tag Ziffern. Die Programme melden, ob Geld eingegangen ist. Ist welches eingegangen? Gut. Ist keines angekommen? Noch besser. Das treibt die Gebühren nach oben.

In den Protokollen von Litton Loan heißt es: »Mr. Smith teilte uns mit, dass er überlegte, Konkurs anzumelden … Die Kreditnehmer beantragten eine Modifizierung des Vertrags. Die Modifizierung wurde zugestanden. Der Zinssatz wurde auf acht Prozent gesenkt, und eine Forderung von 5228,80 Dollar wurde fallengelassen.«

Es sei das erste und letzte Mal, dass die Parteien konstruktiv miteinander geredet hätten, sagt Tim. Die Gläubiger verweisen Tim und Kelley an eine Firma namens Titanium Solutions. Titanium soll vermitteln, soll mit Litton Loan reden, soll das Leben der Familie Smith in Zukunft wieder zu einem amerikanischen Leben machen. Immerhin, Tim arbeitet wieder, doch unregelmäßig und schlechter bezahlt. Der Anfang ist eine Selbstauskunft, das amerikanische Leben der Gegenwart ist erniedrigend geworden. Sie sitzen im Wohnzimmer, das Licht gedimmt, sie schreiben:

Das Nettogehalt: 2400 (sie) und 4200 Dollar (er).

Die Kosten: Zins und Tilgung 1953,13. Unterhaltung 150. Haustiere 50. Einkäufe 600. Benzin etc. 150. Autofinanzierung 675. Kreditkarte A 200. Kreditkarte B 100. Arztkosten 125. Kabelfernsehen 80. Strom 220. Telefon und Mobiltelefon 160 plus 60. Wasser 30.

Das Guthaben: Pensionsfonds 12 000. Aktien 1000. Das Haus 350 000.

350 000 Dollar. Das glauben sie immer noch. Litton Loan fordert 37 725 Dollar. Sofort. Aber wie soll das gehen? Sie kontern mit einem Scheck: 9214 Dollar. Ein Friedensangebot.

Ein anderes Mal schreibt Litton Loan, es lägen keine Verträge über ausreichende Versicherungen für das Haus vor; der Kreditvertrag verpflichte zu diesen Versicherungen. Darum habe Litton Loan nun Versicherungen abgeschlossen, anbei die Rechnung: 2631 Dollar.

Tim Smith sagt, da habe er geweint. »Ein kafkaesker Alptraum«, sagt er. »Einmal wollten sie 5000 Dollar für irgendwas, und ich habe gefragt, woher ich es nehmen solle.« »Keine Ahnung«, habe der Mann von Litton Loan am Telefon gesagt, »hör doch auf zu essen.«

New York, 2005

Die US-Wirtschaft wächst robust um 3,5 Prozent. Doch der Präsident der New Yorker Zentralbank, Timothy Geithner, empfiehlt den Banken, sich auf »Fat Tails« einzustellen – ein Begriff, mit dem Statistiker extrem negative Ereignisse bezeichnen, die häufiger vorkommen, als es die üblichen Bankenmodelle errechnen. Die »fetten Enden« verändern die Kurve der berühmten Gaußschen Normalverteilung. Sie machen das Unwahrscheinliche viel wahrscheinlicher.

Im Mai 2005 geschieht etwas Unwahrscheinliches: Die Rating-Agenturen stufen die Bonität des US-Autokonzerns General Motors auf BB herunter. Die festverzinslichen Anleihen des Konzerns, mit denen er sich im Wesentlichen finanziert, stürzen im Wert. Das Problem ist, dass die Anleihen längst in vielen CDOs in vielerlei Formen verbrieft sind, die dadurch ebenfalls Wert verlieren. Das bringt Hedgefonds in Bedrängnis, die sie in großer Zahl halten. In dieser rasenden Abwärtsspirale bildet sich in Miniatur die Kettenreaktion ab, die später das Weltsystem zum Wackeln bringt; es ist die Kette des Misstrauens zu besichtigen, die Wertpapiere plötzlich entwertet.

Nicht nur die CDOs stürzen im Wert, auch die Credit Default Swaps, die in ihnen stecken, die angeblichen Kreditversicherungen, müssen einen ersten Belastungstest bestehen. Viele Banken, die General Motors (GM) Kredite gegeben hatten, hatten sich bei einer anderen Bank oder einem Hedgefonds für den Fall versichert, dass GM zahlungsunfähig würde. Sie lernen nun, dass es das Risiko doch noch gibt. Sie verlieren Geld. Trotz allen »Swappens«.

Diese Versicherungskontrakte gibt es inzwischen beinahe für jeden Konzern der Welt. Das Geschäftsvolumen ist innerhalb weniger Jahre auf mehrere Billionen Dollar hochgeschnellt. Wieder waren es neben US-Hedgefonds vor allem auch deutsche Banken, die sich mit CDS vollfraßen.

Der Beinahe-Kollaps von General Motors im Mai 2005 sorgte für einen ersten Schock – selbst beim damaligen US-Notenbankchef Alan Greenspan. Dem weltweit mächtigsten Währungshüter, dessen Niedrigzinspolitik die Verschuldungsorgie befeuert hatte, wurde es mulmig.

Am Tag, als die CDS-Kontrakte auf GM verrückt spielten, klinkte sich Greenspan über Satellit in eine Konferenz in Chicago ein und berichtete von der Besorgnis so mancher Finanzmarktexperten, dass zum Beispiel Hedgefonds ihre Positionen schlagartig liquidieren müssen. Der so schön konstruierte Risikotransfer würde platzen.

Um »diese Besorgnis zu evaluieren«, brauchte es Informationen über das Ausmaß des Risikotransfers. »Unglücklicherweise können die vorhandenen Daten diese Informationen nicht liefern«, sagte Greenspan. Damit sprach der Notenbanker schon früh den Kern des Problems an: Es wurden Kreditrisiken wie Streubomben rund um den Globus verteilt, aber niemand wusste, welche bei wem am Ende landen würden.

Oldenburg, Juni 2005

Am 22. Juni 2005 tritt der Finanzausschuss der Landeskirche Oldenburg zu einer außerplanmäßigen Sitzung zusammen, in einem Oldenburger Altenheim. In der Vergangenheit hat die Landeskirche ihr Vermögen vor allem sicher angelegt. Jetzt diskutieren die Ausschussmitglieder, was unter »Sicherheit« überhaupt zu verstehen sei.

Fortan, lautet der Beschluss, will man sich an internationalen Anlagekriterien orientieren. Der Finanzausschuss empfiehlt, »die Geldanlagen der Landeskirche, begleitet durch den Finanz- und Anlageausschuss, schrittweise auf der Basis des bankenüblichen Ratings weiterzuentwickeln. Mit Schwerpunkt auf der Sicherheit sind Anlagen ausschließlich im Rahmen des Investmentgrades zu tätigen.«

Die Kirche folgt damit den marktüblichen Bonitätseinstufungen der Rating-Agenturen. Etwa AAA, BBB. Letzteres ist die letzte Stufe, die als »investment grade« noch durchgeht. Darunter kommt, was Finanzleute »junk« nennen, Müll, Abfall. Offiziell sagt man: Solche Anlagen seien »spekulativ«. Der Antrag wird, bei zwei Enthaltungen, angenommen. »Anlagen des Investment-Grades mit dem Rating BBB«, heißt es im Protokoll, »sind übergangsweise zulässig.«

Am 29. Juni, eine Woche nach der Finanzausschusssitzung, ist es so weit: Die Landeskirche Oldenburg erwirbt eine sogenannte Cobold-Anleihe, ein Finanzprodukt der DZ Bank, Wertpapierkennnummer DZ8F2A. Die Anleihe verspricht eine jährliche Rendite von 3,2 Prozent bei einer Laufzeit von fünf Jahren.

3,2 Prozent, das versprach damals, in einer Niedrigzinsphase, eine etwas höhere Rendite, als mit Bundesanleihen zu erzielen gewesen wären. Die DZ Bank hat die Cobold-Anleihe nach eigener Aussage für »chancenorientierte Kunden« entwickelt. Das Papier, erklärt der Bankberater in Oldenburg, bestehe aus einem Anleihen-Korb von fünf namhaften Großbanken: JP Morgan

Chase, Merrill Lynch, Morgan Stanley und Lehman Brothers aus den USA, dazu die Deutsche Bank.

Insgesamt 1,6 Millionen Euro investiert die Landeskirche in die Cobold-Anleihe. Das Risiko, so scheint es der Kirche, ist überschaubar. Tatsächlich lassen sich die Anlageexperten der Landeskirche von dem Wort »Anleihe« täuschen. Selbst für den unwahrscheinlichen Fall, dass eine der fünf Großbanken in Schwierigkeiten geraten sollte, denken sie, stünden immer noch vier andere renommierte Institute bereit, den Schaden zu begrenzen.

Tatsächlich handelt es sich bei der Cobold-Anleihe um eine sogenannte Credit Linked Note, bei der die Höhe der Rückzahlung von vielen Bedingungen abhängt, die vertraglich vereinbart werden. Es kann schon zu Ausfällen kommen, wenn nur ein einziger Wert im Korb wackelt. Die Cobold-Anleihe ist ein Kreditderivat; Kurs und Rendite der Anleihe richten sich nach der Bonität jener Unternehmen, die sich in dem Korb befinden. Ein wichtiger Baustein sind Credit Default Swaps, Kreditausfallversicherungen, an denen sich die Bonität ablesen lässt.

Für den Fall, dass bei einer der fünf Banken ein »Kreditereignis« eintritt, eine Insolvenz etwa oder eine Schuldenrestrukturierung, falle die hundertprozentige Rückzahlung aus, so steht es in der Produktinformation. In diesem Fall wird die Anleihe jenes Unternehmens geliefert, das zuerst ausgefallen ist. Die Produktinformation ist nicht leicht zu lesen.

Noch im selben Jahr erwirbt die Kirche zudem Anteile an einer Tochter von Lehman Brothers, diesmal für 200 000 Euro.

USA, Oktober 2005

In New York, Los Angeles, in Miami, in Boston, in Chicago, in Houston stagnieren die Immobilienpreise, sie fallen noch nicht, aber es geht etwas vor. In Manhattan sinken die Wohnungspreise im dritten Quartal um 13 Prozent gegenüber dem zweiten Vierteljahr. Es geschieht, was einige wenige Ökonomen seit geraumer Zeit prognostiziert haben. Die Blase platzt.

Ein Boom geht zu Ende, wie die USA noch nie einen erlebt haben, wie die Welt selten einen gesehen hat. Noch heißt es, die Branche sei »generell« in guter Verfassung. Es dürfe nur, heißt es, kein »unvorhergesehenes negatives Ereignis« dazwischenkommen.

Ein Rückgang der Bonuszahlungen an der Wall Street könnte so ein Ereignis sein, klein, aber wirkmächtig: Die immensen Boni der Investmentbanker stützen immerhin den Markt für Luxusgüter und Luxuswohnungen. In diesem Jahr werden die fünf größten Banken 20,5 Milliarden Dollar Gewinn machen. Ein Managing Director an der Wall Street kann mit Gesamtbezügen von einer Million Dollar rechnen.

Aber selbst Alan Greenspan, der Chef der amerikanischen Notenbank, hat in seiner Abschlussrede auf der traditionellen Sommerkonferenz der Fed in Jackson Hole vor einem möglichen Einbruch bei den Häuserpreisen gewarnt. »Unausweichlich«, sagte Greenspan, werde sich der Immobilienboom »abschwächen«. Aber auch das ist ein Fehlurteil. Der Boom wird sich nicht abschwächen. Er wird zusammenbrechen.

München, Oktober 2005

Der Vorstand der staatlichen BayernLB beschließt eine Ausweitung des Geschäfts mit »forderungsbesicherten Wertpapieren«. Künftig sollen dafür bis zu maximal 58 Milliarden Euro bereitstehen, 28 Milliarden mehr als bis dahin, und sie sollen in »deutlich risikoreichere Papiere« fließen, wie später ein Untersuchungsbericht feststellt.

Die deutschen Landesbanken hatten in diesem Jahr, in dem sich in den USA die ersten Krisensymptome zeigten, noch mal Milliarden in riskante Papiere gesteckt. Sie hatten sich mit billigen Krediten eingedeckt, weil sie zukünftig – so hatte es in einem Beschluss der EU-Kommission gestanden – mit Privatbanken gleichgestellt werden: Die Staatsgarantie entfiel und somit der Zugriff auf billiges Geld. »Load the boat«, so hieß das Codewort der Milliardenaktion, mit der sich die BayernLB viel Geld besorgt hatte, das sie nun vorzugsweise in amerikanische Hypothekenpapiere steckt. WestLB, HSH Nordbank und LBBW machten es genauso, am schlimmsten trieb es die Sachsen LB. Sie hatte die Liquiditätslinie für ihre irische Schattenbank Ormond Quay kurzerhand verneunfacht, sie durfte jetzt mit 41 Milliarden Euro herumspielen – bei einem Eigenkapital der Sachsen LB von 1,5 Milliarden Euro.

New York, 2005

Dov Seidman, der Philosoph und Firmenchef, in San Francisco geboren, in Israel aufgewachsen, beginnt nun, um den Globus zu reisen, um für eine neue Wirtschaftsmoral zu werben. Denn Seidmans Firma wächst, er verteilt Mitarbeiter überall in den USA und auch in Europa, der Chef selbst pendelt zwischen Los Angeles und New York. Vielleicht ist es das Unbehagen der Leute, vielleicht so etwas wie Angst – Seidman, der seit Jahren schon warnt, ist gut im Geschäft als Vortragsreisender.

Er sagt: »Wir brauchen Regulierung, das ist ja keine Frage mehr. Die Frage ist aber, schaffen wir es, dass wir uns selbst regulieren, oder zwingen wir Regierungen zu einer Regulierung von außen?«

Jetzt, nicht lange vor der Weltkrise, dreht sich die Debatte noch immer um die Deregulierung, noch immer wird geworben für die Grundideen des kapitalistischen Manifests, dass die Wirtschaft in der Wirtschaft stattfinde, dass sich Märkte am besten selbst regeln, dass Staaten im großen Spiel nur Nachtwächter sein sollten. Seidman glaubt, dass sich die Kultur der Kapitalisten verändern müsse.

»Konzernchefs sollten so klug sein, dass sie verstehen, wann es Innovation gibt. Nämlich wenn Angestellte bereit sind, etwas zu riskieren. Ohne Risiko keine Innovation, das eine bedingt das andere. Wann bin ich bereit, etwas zu riskieren? Wenn ich Vertrauen spüre, nur dann. Ohne Vertrauen kein Selbstvertrauen, kein Risiko.«

Er sagt: »Die wirkliche Währung unserer Zeit ist Beständigkeit. Eigentlich ist alles ganz einfach. Wenn wir die Vernunft des Menschen voraussetzen, dürfte es Finanzkrisen nicht geben.«

Terrace Park, Ohio, 2006

Tim Smith würde gern mit der Deutschen Bank sprechen, aber er kommt nicht durch. Niemand zuständig. Niemand da. Die Deutsche Bank hat Kelley und Tim verklagt, so etwas macht Angst: »Deutsche Bank National Trust gegen Kelley Smith«, schon wieder müssen sie für Anwälte zahlen. Ein Schriftstück von 2003 taucht auf, bei New Century, jener Bank, die den Kreditvertrag an die Deutsche Bank weitergereicht hat. Tims und Kelleys Unterschriften sind darauf, die Unterschriften aber sind falsch. Es ist ganz leicht zu erkennen, hier steht »Kelly« und nicht »Kelley«. Auch die Ziffern und Daten auf Verträgen und Unterverträgen seien verändert, sagt Tim.

Eine Zwangsversteigerung wird angesetzt für den 26. Januar 2006. Der Sheriff von Hamilton County setzt den Wert des Hauses auf 189 000 Dollar an, es dürfe nicht weggehen für weniger als zwei Drittel dieses Werts, schreibt er. Tim und Kelley beantragen einen Aufschub, schicken 9213,91 Dollar an Litton Loan, der Aufschub wird gewährt. Tim und Kelley bezahlen die Anwälte.

33 595,22 Dollar schicken Tim und Kelley Smith in diesem Jahr an Litton Loan, die Agentur der Deutschen Bank. Es ist alles, was sie haben, aber es ist nicht genug.

Es fühlt sich trist an, elend, wenn man Tims Notizen liest: Er fragt nach Geld, bei anderen Banken, bei Verleihern, er notiert jeden Kaffee, »Starbucks 9 Dollar«, er hat keine Chance mehr. Die Briefe kommen nun immer schneller: Zahlen Sie. Sie haben 45 Tage. Danach versteigern wir Ihr Haus.

Und es hilft ja nicht, wenn man nervös durchs Leben hastet. Tim wechselt erneut die Arbeitsstelle, nichts Großartiges, aber doch ordentlich bezahlt, bei einem Architekturbüro. Im Dezember wird ihm ein Bonus versprochen, er braucht diesen Bonus, 30 000 Dollar.

Weihnachten kommt, die sechs Partner der Firma behalten die Bonuszahlungen lieber für sich. »Lügner«, ruft Tim und ist wieder arbeitslos.

PHASE V:
2007

Manfred Blume investiert jetzt in Lehman. Die Oldenburger Landeskirche stockt ihr Risiko-Portfolio auf. Der IKB geht es sehr schlecht. Der Hypo Real Estate geht es sehr gut. Lehman Brothers stoppt das Subprime-Geschäft. Tim Smith erstickt an seinen Schulden.

Davos, Januar 2007

Der Chef der Europäischen Zentralbank, Jean-Claude Trichet, beklagt auf dem Weltwirtschaftsforum in Davos die Undurchsichtigkeit einiger Finanzinnovationen. Es drohe eine baldige »Neubewertung« von Vermögenswerten. Am Ende des Jahres werden Kreditabsicherungen, also jene »Credit Default Swaps«, im Gesamtvolumen von 57,9 Billionen Dollar gehandelt, mit denen Kredite angeblich versichert, gehedgt, gedeckt werden. Die Summe entspricht ungefähr der gesamten Weltwirtschaftsleistung des Jahres. Es wird bekannt, dass JP Morgan mit Umschichtungen in großem Stil beginnt, um sich gegen zu erwartende Ausfälle abzusichern. Auch die amerikanischen Finanzunternehmen Pimco und Blackrock kaufen ab Anfang 2007 bestimmte Schuldeninstrumente nicht mehr.

Hamburg, Februar 2007

Als Manfred Blume am Morgen nach seinem siebzigsten Geburtstag, am 6. Februar 2007, zu Hause aufwacht, bleibt er etwas länger im Bett als gewöhnlich. Mit Verwandten und Freunden hat er bis halb eins gefeiert, jetzt genießt er es, seinen sonst so disziplinierten Tagesrhythmus zu ignorieren. Wenige Tage zuvor, am 1. Februar, hat ihm sein alter Arbeitgeber die letzte Rate der betrieblichen Altersvorsorge überwiesen, in die er 42 Jahre lang einbezahlt hat. Mit Zinsen beläuft sich der Gesamtbetrag auf rund 30 000 Euro.

Um Viertel nach zwölf ruft sein Bankberater an. Er ist der Mann, dem Blume bald Briefe schreiben wird, in denen von Scham und Vertrauen die Rede ist. »Ich hätte da was für Sie, Herr Blume«, sagt der Berater. Er redet von »Papieren«, in die Blume investieren soll. »Der Vorteil«, sagt er über die Papiere, es sind Lehman-Zertifikate, »liegt in ihrer guten Verzinsung von 8,5 Prozent, und die Kaufkosten erlassen wir Ihnen auch. Wir müssen uns schnell entscheiden.« So erinnert sich Blume.

Als er nach zehn Minuten den Hörer auflegt, hat er für 25 000 Euro Zertifikate der amerikanischen Investmentbank Lehman Brothers gekauft. Am Telefon. Blume hat den Erklärungen seines Bankberaters nicht nur zugehört, er hat sich auch ein paar Notizen gemacht. Von Zertifikaten und Amerika war im Gespräch gar keine Rede.

Eine Woche nach dem Telefonat liegt ein einseitiger Kaufbeleg in Blumes Post. Darauf bestätigt die Dresdner Bank ihrem Kunden Manfred Blume den »Kauf von Wertpapieren« des Anbieters »Lehman Brothers«. Er habe 25 Stück »Treas. Co. B. V. Glob. Champ. ZT 07 (13. 5. 10) Index Bskt« zum Preis von je 1000 Euro erworben. »Mit Wertstellung von 15. 02. 07 belasten wir Ihr Konto mit 25 000 Euro.«

Erst einige Tage später befällt Blume eine leichte Unruhe. Er ruft in seiner Filiale an und bestellt »Informationen über die Lehman-Papiere«. Kurze Zeit später schickt ihm die Bank einen achtseitigen, mit einer Klammer zusammengehaltenen Farbausdruck. Am Ende des Ausdrucks führt eine Liste die Chancen und Risiken der Zertifikate auf. Sie ist im Grün der Dresdner Bank hinterlegt. Der vorletzte Punkt der »Risiken«-Liste erklärt, was die Anlage in Lehman-Zertifikate eigentlich riskant macht: »Im Falle einer Insolvenz der Emittentin könnte es sein, dass der Anleger nur eine geringe oder keine Zahlung erhält und sein eingesetztes Kapital ganz oder teilweise verliert.« Aber im Februar 2007 ist die Pleite eines Traditionshauses wie Lehman Brothers völlig unvorstellbar. Das Risiko: gleich null.

München, März 2007

»Wir haben uns auf die schlechte Entwicklung in Amerika vorbereitet«, sagt der Chef der Hypo Real Estate, Georg Funke, am 14. März. Die Krise auf dem US-Immobilienmarkt hat erste Auswirkungen in Europa. Der Schweizer UBS droht ein Ausfall von 1,5 Milliarden Dollar des US-Immobilienfinanzierers New Century, der Credit Suisse einer in Höhe von 900 Millionen. Die Hypo Real Estate ist mit einem Finanzierungsvolumen von 6,6 Milliarden Euro in Amerika engagiert, etwa die Hälfte davon steckt in Immobilienprojekten. Nach ihren Angaben handelt es sich um erstklassig besicherte Anlagen.

Oldenburg, Juni 2007

Während draußen in der Welt, im fernen Amerika, die Investmentbank Bear Stearns in Not gerät und zwei Hedgefonds abwickeln muss, läuft für die Landeskirche Oldenburg noch alles nach Plan. Ein Jahr nach dem Erwerb der Cobold-Anleihe werden ihr zum ersten Mal Zinsen für ihr Investment gutgeschrieben. Sie hat noch Mittel frei für »ertragreichere Anlagen«, die Cobold-Anleihe war nur ein Anfang. Am 27. Juni 2007 und noch einmal am 17. Juli kauft der für Anlagen zuständige Mitarbeiter der Kirche deshalb zwei Lehman-Anleihen: zunächst für eine Million Euro, dann für 1,5 Millionen Euro. Die Landeskirche hat jetzt für insgesamt 4,3 Millionen Euro Papiere in ihrem Depot, an denen in irgendeiner Form die US-Bank Lehman Brothers beteiligt ist. Niemand sieht darin eine Gefahr. Lehman gilt in der Bankenwelt als erstklassige Adresse, »solid like a rock«, fest wie ein Fels.

München, Juli 2007

Nach eineinhalbjährigen Verhandlungen kündigt HRE-Chef Georg Funke am 23. Juli 2007 die Übernahme des Staatsfinanzierers Depfa für 5,7 Milliarden Euro an. Damit setzt sich die HRE an die Spitze der Spezialfinanzierer in Deutschland. Aber als die Nachricht die Börsenplätze erreicht, stürzt der Kurs der Hypo Real Estate um 5,7 Prozent auf 46,46 Euro ab.

HRE-Chef Georg Funke sagt, die »Kernaktivitäten« beider Banken ergänzten sich perfekt. Im Übrigen teilt die Bank am 3. August 2007 mit, vom US-Subprime-Markt nicht betroffen zu sein. Aber bald kursieren Gerüchte, dass das gelogen ist.

Am 24. Juli räumt der Vorstand der BayernLB in einer Verwaltungsratssitzung erstmals ein, dass der US-Immobilienmarkt zunehmend Krisenmerkmale zeige. Es wird ein genereller Ankaufsstopp für amerikanische Hypothekenpapiere beschlossen. Der Bestand an »forderungsbesicherten Wertpapieren« liegt bei über 32 Milliarden Euro.

Düsseldorf, Juli 2007

In einem nüchternen Sitzungssaal der Düsseldorfer Zentrale der Mittelstandsbank IKB kommen die Retter der deutschen Finanzindustrie zusammen. BaFin-Chef Jochen Sanio ist da, Ingrid Matthäus-Maier als Chefin der staatlichen Förderbank KfW, Jörg Asmussen, Abteilungsleiter, bald Staatssekretär im Bundesfinanzministerium. Finanzminister Peer Steinbrück ist aus seinem Haus in Bonn zugeschaltet, Bundesbankpräsident Axel Weber aus Frankfurt, außerdem Deutsche-Bank-Chef Josef Ackermann, Commerzbank-Boss Klaus-Peter Müller und der Sparkassen-Präsident Heinrich Haasis.

Sie bereden, was bislang niemandem aufgefallen war: dass die IKB in eine dramatische Schieflage geraten ist. Die Bank hat Probleme mit ihrer amerikanischen Schattenbank »Rhineland Funding«. Es geht um 8,1 Milliarden Euro, vielleicht mehr. Es geht um die Existenz einer wichtigen Mittelstandsbank. Die Deutsche Bank hatte die Bankenaufsicht alarmiert.

Die IKB rudert im Subprime-Geschäft, sie sitzt auf zu vielen faulen Kreditpapieren, es platzen Zahlungspläne, Ausschüttungen, die Bank steht mit dem Rücken zur Wand. Sie braucht schnell Geld und will es sich leihen, wenige Tage vor dem Krisengipfel, von der Deutschen Bank. Aber Ackermanns Leute sind dagegen. Sie trauen der IKB nicht mehr, nachdem sie jahrelang gut, sehr gut vom Geschäft mit ihr gelebt haben.

Es braucht eine konzertierte Rettungsaktion. BaFin-Chef Sanio rechtfertigt sie mit den Worten, andernfalls drohe »die größte Bankenkrise seit der Wirtschaftsdepression in den dreißiger Jahren«.

Am 1. August verlangt das sächsische Finanzministerium von der Sachsen LB Auskunft über die US-Risiken. Der Vorstand beruhigt, es gebe keine Probleme. Aber in den folgenden Tagen tritt ein, womit niemand gerechnet hatte. Großinvestoren geraten in Panik, sie wollen ihr Geld zurück und keine neuen Kurzfristanleihen mehr zeichnen zur Finanzierung der windigen Finanzvehikel aus Sachsen oder Bayern.

Die Sachsen LB trifft es am härtesten. Ihren irischen Ablegern brechen nun im Tagestakt zwei- bis dreistellige Millionenbeträge weg. Der Vorstand muss per Eilbeschluss hastig frische Liquidität bereitstellen.

Aber es ist schon zu spät. Ormond Quay, die Schattenbank, taumelt. »Die Substanz für weitere nennenswerte Eigenmittelnachlieferungen besitzt die Bank nicht mehr«, sagen die Risikokontrolleure. Nun muss das Land Sachsen einstehen. Es hat eine Garantieerklärung für die irischen Sachsen unterschrieben. Am 17. August wird das Ende der Sachsen LB mit einer Kreditzusage der Sparkassen-Finanzgruppe über 17,3 Milliarden Euro kurzfristig verhindert. Am 26. kann die Landesbank trotz des Rettungskredits ihre Probleme nicht mehr allein meistern. Die Landesbank Baden-Württemberg übernimmt in Dresden die Kontrolle.

München, August 2007

Bei einer Roadshow für Investoren erklärt die Hypo Real Estate, es bestehe keine Verbindung zwischen ihren CDOs und dem Subprime-Markt in den USA. Vorstandschef Funke sagt am 6. August: »Ob die Krise Deutschland erfasst hat, ist die große Frage.« Er glaubt nicht an eine globale Krise. »Sie können Bürotürme in Hongkong oder London nicht mit Einfamilienhäusern in Minnesota vergleichen.« Er sagt voraus, dass sich die Märkte relativ schnell wieder beruhigen würden. »Das ist eine Frage von Wochen, allenfalls Monaten.« Funke wird im Jahr 2007 1,9 Millionen Euro verdienen.

New York, August 2007

Die Investmentbank Lehman Brothers hat als erstes der großen Wall-Street-Häuser ihre Tochterfirma für Kredite an Kunden minderer Bonität, den Subprime-Sektor, geschlossen und entlässt 1200 Mitarbeiter. Auch die Londoner HSBC schließt eine US-Filiale für Hypotheken mit 600 Beschäftigten. Hypothekenfinanzierer kündigen die Entlassung von insgesamt 3700 Mitarbeitern an. Trotzdem geht Lehman einkaufen. Man leistet sich für 22 Milliarden Dollar den Wohnungskonzern Archstone-Smith Trust.

Lehman-Chef Richard Fuld verteidigt seine Bank gegen den Vorwurf, faule Geschäfte gemacht zu haben. Er sagt: »Nein, es gibt keine Vertrauenskrise der Banken. Entweder haben viele Investoren einfach die Produkte nicht verstanden. Oder sie haben nicht damit gerechnet, dass die Preise so stark schwanken würden. Wir haben doch nicht besonders komplexe Produkte ausgebrütet und sie dann unseren Kunden aufgedrängt. Das kommt zwar auch vor, ist aber die Ausnahme. Die meisten Produkte, die wir schaffen, sind auf Wunsch unserer Kunden entstanden, um Risiken abzusichern oder bestimmte Wertpapiere zu verbriefen. Die Anleger haben höhere Risiken akzeptiert, um höhere Rendite zu erreichen.« Er hat damit nicht ganz unrecht. Er sagt: »Die Mentalität in Zeiten niedriger Zinsen war: Mach dir keine Sorgen, es wird immer genug Liquidität geben. Erst jetzt haben die Leute die Risiken wahrgenommen.« Aber jetzt ist es zu spät.

Auf dem Interbanken-Markt, auf dem sich die Banken untereinander Geld ausleihen, springt der Zins für Tagesgeld am 9. August von 4,1 auf zeitweise 4,7 Prozent. Die Zahl markiert eine Katastrophe, vermutlich den eigentlichen Startschuss für den großen Untergang: Die Banken trauen sich gegenseitig nicht mehr. Sie horten ihr Geld.

Der Interbanken-Markt bricht zusammen, er stirbt ab, obwohl die Europäische Zentralbank (EZB), die amerikanische und die japanische Notenbank ständig frisches Geld frei machen. Die EZB stellt den Banken erst 95 Milliarden, dann, nur Tage später, noch einmal 109 Milliarden Euro zur Verfügung. Gibt es eine Liquiditätskrise? Oder ist es eine Vertrauenskrise? Welche Bank hat welche Kreditpapiere? Wer muss wie viele Verluste aus Derivaten abschreiben? Wer steckt in der Subprime-Krise? Und wer steckt dahinter?

Terrace Park, Ohio, Oktober 2007

Tim und Kelley Smith sind mit 28 000 Dollar im Verzug. Ihr Konto liegt jetzt bei Litton Loan, der Agentur der Deutschen Bank, Nummer 13047519. Sie müssen künftig 2846,20 Dollar zahlen, Monat für Monat. Wenn sie ihr Haus behalten wollen.

Ein neuer Vertrag also, sechs Seiten. Ein neuer Sargnagel. Tim unterschreibt. »Wir waren doch gar nicht gierig«, sagt er, »wir wollten bloß klug sein wie alle anderen.« Briefe gehen hin und her. Einmal kann Tim Smith 1000 Dollar überweisen, die Leute von Litton Loan schreiben: »Das reicht nicht.«

Tim schickt ein Fax an Miss Barley von Litton Loan und kündigt 4000 Dollar an, die Kelley verdient habe. Sie überweist das Geld über Western Union, 12,95 Dollar Gebühren, aber dafür geht die Überweisung schneller als mit den üblichen Schecks; dann ist das Geld weg, die 4000 Dollar, wie verschluckt, sie bekommen keine Bestätigung, keinen Dank, nichts.

In Tims Kontoauszügen taucht die Formulierung »Late Charges« auf, Verspätungszuschläge. 92,16 Dollar. Dutzendfach.

Immer wieder, Monat für Monat, kommen zu allen Schulden nun noch diese 92,16 Dollar Zuschlag. Und dann: »Borr Auth Elect Fee«. 9,99 Dollar. Einmal, zweimal, immer wieder. Tim weiß nicht, was »Borr Auth Elect Fee« ist, eine Gebühr, klar, aber wofür? Er ruft Litton Loan an, erreicht Anrufbeantworter, immer wieder erreicht er nur diese verdammten Maschinen. Und niemand ruft zurück.

Dann: »Inspection Fee«. 9,50 Dollar. Neunmal 9,50, dann 11 Dollar. In den Unterlagen von Litton Loan heißt es: »Mr. Smith teilte uns mit, dass sie kein Guthaben besitzen, um irgendwelche Zahlungen zu leisten.« Litton Loan beantragt erneut die Zwangsversteigerung. Am 11. Dezember, mit »sehr herzlichen Grüßen«, verschicken Anwälte aus Cincinnati die Nachricht vom »Sheriff's Sale«, das ist die Zwangsversteigerung. Der Termin: 10. Januar 2008, 11 Uhr, im Büro des Bezirkssheriffs. Frohe Weihnachten.

Am Nikolaustag sieht Tim Smith seinen Präsidenten im Fernsehen, Republikaner wie er selbst. George W. Bush kündigt Hilfen für über eine Million Hausbesitzer an, die von der Zwangsräumung bedroht sind. Tim Smith profitiert davon nicht.

Zürich, New York, Oktober 2007

Die Schweizer Großbank UBS gibt Verluste im amerikanischen Subprime-Geschäft bekannt. Es geht um 3,4 Milliarden Dollar. Die Citigroup schreibt im dritten Quartal 6,5 Milliarden Dollar ab. An der Wall Street müssen der Citigroup-Chef und der CEO von Merrill Lynch ihr Büro räumen. Die Bank muss den Wert ihrer tausendundein Wertpapiere und Finanzinstrumente um 8,4 Milliarden Dollar abschreiben.

Nouriel Roubini, ein Harvard-Absolvent, der einmal Wirtschaftsberater im Weißen Haus war und heute als Professor an der New York University lehrt, fühlt sich bestätigt. Er hat die Entwicklung seit Jahren kommen sehen. Seine Analysen sind gefragt wie nie zuvor. Roubini warnt seit 2006 vor den Konsequenzen der Subprime-Krise.

Es gehe nicht nur um Subprimes, es gehe auch um »near prime« und »prime mortgages«, die angeblich höherwertigen Hypotheken, außerdem werde bald der Markt für Gewerbeimmobilien betroffen sein, die Kreditkarten-Trusts, die Autokredite, die Studentendarlehen. Kaum ein Bereich, sagt Roubini, werde von dem Kreditvirus verschont bleiben. Er muss sich die Frage anhören, ob es solche Zyklen nicht schon immer gegeben habe, warum glaube er denn, dass diesmal alles so schlimm kommen werde? Der Unterschied, sagt Roubini, liege darin, dass das amerikanische Finanzsystem zu einem intransparenten, unverständlichen Organismus mutiert ist.

»Du nimmst eine Hypothek und wandelst sie in ein Wertpapier. Dann machst du daraus eine CDO, und daraus die CDO einer CDO, und daraus die CDO einer CDO einer CDO«, sagt Roubini. »Das macht dann eine CDO hoch drei«, sagt er. Am Ende dieser Verbriefungskette stehe ein Instrument, »komplex, exotisch, illiquide, mit dem ein Voodoo-Finanzsystem erschaffen wird«.

München, November 2007

Am 7. November sagt der Chef der Hypo Real Estate, Georg Funke, seine Bank sei von der US-Hypothekenkrise praktisch nicht betroffen und gehe »gestärkt aus der jüngsten Marktkrise hervor«.

PHASE VI:
JANUAR BIS OKTOBER 2008

Die Welt gerät ins Wanken. Tim Smith verklagt die Deutsche Bank. Die BaFin macht sich rar. Die Hypo Real Estate braucht auf einmal Nothilfe. Lehman Brothers ebenso.

München, Januar 2008

Am 15. Januar gibt die Hypo Real Estate bekannt, 390 Millionen Euro abgeschrieben zu haben, die sie in strukturierte Finanzprodukte investiert hatte. Der Markt reagiert entsetzt.

Das ganze Vorjahr lang hatte Funke wiederholt, dass seine Bank von der Krise nicht betroffen sei. Auf Nachfragen schließt Funke jetzt einen Rücktritt aus. Er sagt: »Unser Team hat einen super Job gemacht.« Die Aktie der Bank verliert im Tagesverlauf zeitweise rund 35 Prozent, ein seltener Vorgang bei einem Dax-Wert.

Die Welt erlebt schwarze Börsentage von New York bis Shanghai, die größten Einbrüche seit dem 11. September 2001. Die US-Notenbank verfügt die größte Zinssenkung seit 20 Jahren, binnen eines Monats um einen vollen Prozentpunkt, auf 3,0 Prozent.

Terrace Park, Ohio, März 2008

Anwaltsrechnungen: 1879,50 Dollar. »Hört es nie auf?«, fragt Tim Smith. Kelley fragt, was er von Scheidung hält. »Wir haben kein anderes Thema mehr«, sagt sie, »was ist denn das für ein Leben?« Aber sie spricht ganz leise, sie weint. Sie beten, sie beschließen, dass sie durchhalten wollen, aber das Haus verkaufen. Die Frage: an wen? Wie denn, in dieser Zeit?

Ohio ist schwer getroffen von der Krise. Bald werden hier Ruinen sein, vernagelte Häuser, in einigen Straßen neun von zehn.

Manche werden niederbrennen, andere geplündert, und vor jedem zweiten Haus steckt ein Schild im Sand: »For Sale«.

Aber es gibt keine Käufer mehr und keinen Markt, 29 100 Zwangsversteigerungen gab es in den beiden vergangenen Jahren im Bezirk Cuyahoga. Darum lassen die Menschen ihre Häuser einfach zurück, sie ziehen aus und fort, keiner kennt die neue Adresse, sie versuchen, sie hoffen, in der Obdachlosigkeit wenigstens den Schulden zu entkommen.

»Es ist der perfekte Sturm«, sagt Tim Smith, »die Menschen verlieren ihre Jobs und wollen Häuser verkaufen, die überbewertet waren, und keiner kann kaufen.« Es ist der Kollaps einer Gesellschaft. Das Ende einer Idee. In Cleveland, Ohio, lässt sich das Scheitern einer Kultur besichtigen oder, so kann man es auch sagen, das, was die Wirtschaftskrise aus einer funktionierenden Kultur macht.

»Willkommen im Heimatland der Gier«, sagt Jim Rokakis, der Kämmerer von Cuyahoga in Cleveland, wo es 84 000 Wohnhäuser gibt, von denen bald 15 000 leer stehen. Rokakis sitzt in seinem Büro, Zimmer 135, im Cuyahoga County Administration Building. Er hat graue Haare, einen Oberlippenbart, er spricht von »Epidemien« und »Katastrophen«, von »Verbrechern« und »10 000 Männern mit Masken und Knarren«, damit meint er die Makler und Banker.

Jahrelang hatten Jim Rokakis und die Bürgermeister des Bezirks über die sogenannte Redline-Politik der Banken geklagt: Weiße Reiche bekamen Geld, schwarze Arme immer bloß Rechnungen. Vor sechs Jahren aber war der Immobilienmarkt derart überhitzt, so viele Häuser so grotesk überbewertet, dass Makler und Banker nach neuen Kunden suchten. Jeder erhielt einen Kredit, der in die Nähe eines Geldinstituts kam, ohne Rücklagen, ohne Arbeitsnachweis. »Wenn du kein Geld hast, solltest du auch kein Haus haben. Darum hat Gott die Mietwohnung erfunden«, sagt Jim Rokakis.

In Cleveland konnte sich jeder seinen Vertrag zurechtlügen, denn die Kreditmakler verdienten umso mehr Geld, je höher die Kredite waren. Ninja-Loans: no income, no job, no assets. Dass ein paar Menschen nicht zurückzahlen würden, war einkalkuliert; dass das System nicht funktionieren konnte, weil viel zu viele Menschen nicht zurückzahlen konnten, hatte keiner erwartet. Oder wussten sie es und wollten so lange mitmischen, wie es eben ging?

Sie wehren sich hier. Sie haben ein Sozialprojekt in Cleveland, das den Kampf gegen die Krise aufgenommen hat, das East Side Organizing Project. In einem kahlen Raum stehen ein paar Tische, die Bürger von Cleveland kommen und erzählen ihre Geschichten und bekommen Tipps. So können Sie klagen. Dies sind die Fehler der Banken. Kämpfen Sie!

Und einer ihrer liebsten Gegner ist die Deutsche Bank. 5600 Zwangsversteigerungen hat das Frankfurter Geldhaus beantragt, aber ein wenig Gemeinsinn scheint noch übrig. Die Bürger von Cleveland rüsten zum Gegenschlag.

James Rosenthal und seine Kollegen sitzen im Zentrum, ihre Kanzlei liegt in einer restaurierten Fabrik, fünf Anwälte, die mittags an einem runden Tisch sitzen und Lachs essen und dann wieder nach oben gehen und die Deutsche Bank verklagen. »Wenn eine Konstruktion wie die Bündelung von Kreditverträgen erst einmal so weit gediehen ist, einfach weil es ja das nächste heiße Investment ist, dann vergessen irgendwann alle, dass da wirkliche Menschen in wirklichen Häusern sitzen und Angst haben«, sagt James Rosenthal. Er ist ein listiger Jurist mit Halbglatze und runder Brille. Cohen, Rosenthal & Kramer heißt die Kanzlei, die darum nun einen Doppelschlag führt.

»Was wir machen, ist so wie damals, als Al Capone wegen der Einkommensteuer verknackt wurde«, sagt Josh, der Kollege. Al Capone wurde niemals wegen Mordes verklagt, und hier haben sie die Deutsche Bank auch nicht bei den Krediten erwischt, nicht direkt jedenfalls, sie haben einfach die Frage gestellt, ob die Deutsche Bank eigentlich ordnungsgemäß ihre Ansprüche auf die Kredite beweisen könne, die sie über zwei, drei und manchmal über sieben, acht Ecken und diverse Wall-Street-Deals erworben hat. Ist nicht einfach, so ein Beweis, dass nämlich in einem Wertpapierbündel namens CDO, das aus Hunderten Hypotheken zusammengestückelt und zweimal, dreimal weitergeschoben wurde, tatsächlich die Hypothek steckt, die dem Besitzer das Recht gibt, die Bewohner auf die Straße zu setzen. Hin und wieder fehlt ein Glied in der Verkaufskette, manchmal eine Unterschrift.

Die Whittikers sind so ein Fall. Die Whittikers wohnen in der East 85th Street in Cleveland, ein weiß-graues Haus, zwei Briefkästen, auf der Veranda ein blauer Klappstuhl und in der Einfahrt ein grüner Pontiac. Bäume gibt es hier, Ahorn und Kastanie, es war mal Mittelstand.

Jerry und Frances Whittiker sind der Präzedenzfall. Sie sind das, was James Rosenthal brauchte, das, worauf Tim Smith und all die anderen hoffen. Gewinnen die Whittikers, wollen die Anwälte eine »Class Action« starten, ein Massenverfahren gegen die Deutsche Bank. Und eine zweite Klage folgt, die Stadt Cleveland gegen die Deutsche Bank und andere Geldhäuser. Man kann die Schäden schließlich berechnen: Bis zu 30 000 Dollar macht die Zerstörung eines verlassenen Hauses, all die Kabel, all der Sondermüll, knapp 20 Millionen Dollar haben allein die Räumungen und Entrümpelungen und Zerstörungen die Stadt in einem Jahr gekostet. »Whittiker vs. Deutsche Bank« heißt der Fall, er wird jetzt verhandelt.

Und auch Tim Smith gibt nicht auf. Er sagt: »Es kann doch nicht sein, dass eine Bank mit Wetten handelt, mit Wetten, die zum Teil darauf zielen, dass Immobilienbesitzer ihre Hypotheken nicht ablösen können. Wenn du in deinem Haus bleibst, verdienen sie durch Säumniszuschläge und Gebühren, wenn du dein Haus verlierst, gewinnen sie ihre Wette. Es darf doch nicht sein, dass die Deutsche Bank nicht mal belegen kann, dass sie Inhaberin aller Rechte ist. Vielleicht war sie auch nur Treuhänderin für eine Gruppe. Ich weiß es noch immer nicht.« Und sie sagen auch nichts dazu: Weder der Deutsche Bank National Trust noch die Agentur Litton Loan beantworten Anfragen. Kein Kommentar.

Washington, April 2008

Der Internationale Währungsfonds schätzt die Finanzkrise als noch verheerender ein als bis dahin angenommen. Zu erwarten seien weltweite Verluste von 945 Milliarden Dollar. Angesichts dessen, was wirklich folgt, ist das in der Rückschau eine putzige Schätzung.

Bonn, April 2008

BaFin-Präsident Jochen Sanio hält sich mit öffentlichen Äußerungen zur Krise auffallend zurück. Anfang April gibt er der »Zeit« ein Interview. Ob die Bankenaufsicht nicht früher hätte Alarm schlagen müssen? »Wie denn?«, antwortet Sanio. »Wie hätten wir Kenntnis erlangen sollen von den verhängnisvollen Fehlleistungen im amerikanischen Subprime-Segment, vom Irrsinn, der dort plötzlich herrschte? Was jenseits der deutschen Grenzen im Verborgenen geschieht, können wir nicht wahrnehmen. So gab es für uns auch keinen Anlass, an den Klassifizierungen der Agenturen zu zweifeln. Wir haben also ein prinzipielles Informationsproblem, das ich nicht leugnen will.«

New York, Juni 2008

Die Investmentbank Lehman Brothers räumt ein, sechs Milliarden Dollar zusätzliches Kapital von unabhängigen Investoren zu benötigen, um ihre Geschäfte abzusichern. Schwierigkeiten der

Bank sind seit einiger Zeit bekannt, aber diese Summe übersteigt selbst pessimistische Schätzungen. Lehman ist einer der aktivsten Akteure auf dem Markt der Kreditderivate, nun überprüfen viele Banken jede einzelne Transaktion; vor allem aber: sie misstrauen anderen Banken, weil sie nicht wissen, welche Lehman-Risiken die in den Büchern haben.

Terrace Park, Ohio, Juni 2008

Am 6. des Monats bekommt Tim Smith wieder Post. In der Mahnung steht: »Wir sind unfähig, weiter an Ihrem Fall zu arbeiten, bis Ihre überfällige Rechnung bezahlt ist.« Fällig sind 5329,50 Dollar. Tim bittet um eine erneute Modifizierung des Kredits. »Abgelehnt«, steht im Antwortschreiben, stattdessen wird ihm der nächste Termin für die Zwangsversteigerung mitgeteilt, »aus guten Gründen«, wie der Richter schreibt.

Mit der Hand füllen Tim und Kelley Smith das Formular aus, Aktenzeichen A 0700261, »Kelley Newton-Smith and Timothy E. Smith vs. Deutsche Bank National Trust Company«. »Betrug« und falsche Darstellung der Fakten werfen sie der Bank vor. Die Zwangsversteigerung möge ausgesetzt werden, schreiben sie, weil »wir immer wieder versucht haben, vom Beklagten einen Preis zu erfahren, zu dem wir das Haus an Interessierte verkaufen können«, aber nie habe es eine Antwort gegeben, nie auch nur eine Kommunikation mit der Bank.

Immer nur Forderungen. Und dann wieder Schweigen. »Wir verbinden Sie weiter«, und dann ein Anrufbeantworter. Tracy heißt die Frau, die zuständig ist, angeblich, Tracy ruft nicht zurück. Kelley Smith sagt, sie habe es inzwischen verstanden: »Genauso soll es sein, das ist der Sinn des Systems. Es geht nicht mehr um Menschen, weil es nicht mehr um Menschen gehen soll.«

München, August/September 2008

Das Vorsteuerergebnis der Hypo Real Estate bricht im zweiten Quartal um 70 Prozent gegenüber dem Vorjahreszeitraum ein und beträgt nur noch 40 Millionen Euro. Finanzvorstand Markus Fell beziffert den Bedarf an Abschreibungen für das zweite Halbjahr mit 200 Millionen Euro. Seine Präsentation überschreibt er mit dem Slogan »Focus on Risk Reduction and Capital Management«.

Am 25. September beschreiben Manager der HRE auf einer Konferenz für Investoren die Lage als »stabil« und berichten von »Liquiditätspuffern« in Höhe von 33 Milliarden Euro.

Einen Tag später meldet sich HRE-Chef Georg Funke bei der BaFin und berichtet ihrem Chef Jochen Sanio, dass seinem Institut die Zahlungsunfähigkeit drohe. Funke sagt, die Refinanzierungsmöglichkeiten der irischen Ableger hätten sich so verschlechtert, dass nun der ganzen Hypo Real Estate die Pleite drohe.

Funke macht klar: Es eilt. Er kann nur noch bis zum Dienstag der folgenden Woche die Insolvenz abwenden. Es gibt eben Züge, die sogar früher ankommen, als im Fahrplan steht. Sanio unterrichtet Finanzminister Peer Steinbrück, Steinbrück ruft die Kanzlerin an.

In der Nacht von Sonntag auf Montag verhandeln Deutsche-Bank-Chef Josef Ackermann und andere Vertreter deutscher Großbanken, Steinbrück und Sanio mit Georg Funke über eine Lösung. Die Entscheidung fällt im Morgengrauen: Steinbrück und die Bankenchefs retten die HRE mit einem Hilfspaket.

Als Hauptursache für die Krise der Hypo Real Estate wird das Nebengeschäft der Depfa in Dublin angesehen, die außer dem Pfandbriefgeschäft Infrastruktur- und Projektfinanzierung betrieben habe. Diese Finanzierungen habe man – um die Marge zu heben – ungesichert und vor allem sehr kurzfristig refinanziert. Aber es gibt keine kurzfristigen Kredite mehr. Und niemanden, der kurzfristige Anleihen kaufen will. Das Spiel ist aus.

New York, 10. September 2008

Lehman Brothers verbucht für das dritte Quartal einen vorläufigen Verlust von 3,9 Milliarden Dollar. Die Bank muss große Teile ihres Geschäfts zum Verkauf bieten. Besonders schwierig ist die Vermarktung eines 30-Milliarden-Dollar-Portfolios mit gebündelten Immobilienkrediten. Die Bank steht vor dem Aus. An der Wall Street wird hektisch getagt. Und es wird hektisch mit Washington telefoniert. Aber es wird alles nichts helfen.

PHASE VII:
SEPTEMBER 2008 BIS ?

Die Landeskirche Oldenburg fürchtet sich erst nicht, dann sehr. Manfred Blume muss seinen Bankberater anrufen. Die Deutsche Bank verliert einen Prozess in Ohio. Kontrolliert eigentlich jemand die amerikanischen Banken? Für Tim Smith kommt der Sieg zu spät. Blythe Masters hat einen neuen Job.

Oldenburg, September 2008

Bei der Landeskirche Oldenburg hatten die für Finanzdinge zuständigen Mitarbeiter schon lange ein »mulmiges Gefühl«. Sie schauen dabei zu, wie die Krise wächst. Wie aus der Subprime-Krise allmählich die Kreditkrise wird; wie der Bankenkrise die Finanzkrise folgt, die Wirtschaftskrise. Andererseits sieht niemand in Oldenburg den Bezug zu den eigenen Anlagen. Was hat die Kirche in Oldenburg mit der Bankenkrise in den USA zu schaffen? Und haben die Experten der Kirche nicht bedacht, was bedacht werden konnte? Schließlich sei man sich stets darin einig gewesen, in der Geldanlage niemals zu versuchen, die Schwankungen des Marktes auszunutzen. Die Kirchenleute taten das Richtige: sie trafen eine Anlageentscheidung und blieben dabei. Sie glauben sich sicher.

Am 11. September, einem Donnerstag, erhält die Landeskirche einen Hinweis. Die DZ Bank habe angesichts der aktuellen Ereignisse eine Neubewertung jener Anleihen vorgenommen, in denen Lehman-Papiere enthalten sind. Nachdem Lehman erwartungsgemäß einen Quartalsverlust von 3,9 Milliarden Dollar vermeldet habe, heißt es in dem internen Papier, habe Lehman »strategische Restrukturierungsmaßnahmen« vorgestellt.

Der Experte der DZ Bank beendet seine Analyse mit einer konkreten Einschätzung: »Wir empfehlen Buy-and-Hold-Investoren, ihre Position zu halten, Neuengagements jedoch weiterhin zurückzustellen.« Die Oldenburger verlassen sich auf diesen Rat. Aber bald, am Freitag, dem 12. September, 12.35 Uhr, erreichen die Kirchenleitung Meldungen, dass Lehman Brothers in ernsthaften Schwierigkeiten stecke.

Was aber kann eine Landeskirche an einem Freitagnachmittag unternehmen, selbst wenn ihre Fachleute zu der Überzeugung gelangt wären, Gefahr sei im Verzug? Selbst wenn man sich an diesem Freitagnachmittag entschlossen hätte, die Lehman-Papiere zu verkaufen – an wen hätte man verkaufen sollen? Und zu welchem Preis?

Hamburg, 15. September 2008

Manfred Blume erfährt aus dem Fernsehen, dass Lehman pleite ist. Im Mai hat er die erste Auszahlung auf seine Papiere bekommen, 2187,50 Euro. Das entsprach der versprochenen Rendite, und für einen Rentner wie Blume, der von 1400 Euro brutto im Monat lebt, ist die Summe enorm. Er weiß an diesem Montag, dass er auf weitere Zahlungen nicht hoffen kann.

Es ist diesmal Blume, der bei der Bank anruft und nach seinem Berater verlangt. »Nu' will ich mal hören, was ist«, sagt er. Es geht ihm nicht um Provokation. Er hat es nur nicht verstanden. Wo ist sein Geld? Wieso bekommt er es nicht zurück? Was ist ein Zertifikat?

Blumes Berater sagt: »Der Emittent ist insolvent.« Blume versteht es nicht. »Was ist ein Emittent?«, fragt er.

Nach dem Gespräch denkt Blume lange nach. Dann holt er Papier und Stift und schreibt in blauen Druckbuchstaben Briefe, Wort für Wort. Es entstehen wütende Dokumente, deren Adressaten in Blumes Filiale sitzen oder im Dresdner-Bank-Hochhaus in Frankfurt am Main. Keine Zeile der Briefe enthält ein Wort der Beleidigung. Blume erzählt darin nur, was er als »70jähriger Arbeiter-Rentner« wollte, »gerade Papiere«, und was er abgegeben hat, ist »eine Wette«. »Stornieren Sie bitte diese verunglückte Transaktion«, schreibt er.

Eine einzige Provokation erlaubt er sich. Er benutzt immer wieder den Werbeclaim des Unternehmens: »die Beraterbank«. Die Wiederholung ist sein Stilmittel des Protests.

Die Bank bleibt stumm. Nur sein Berater sucht nach Worten der Entschuldigung. »Es tut mir leid«, sagt er, »die Ratings der Lehman-Zertifikate waren ausgezeichnet.« Die Ratings. Blume kapituliert. Er weiß nicht, was Ratings sind, aber er fragt nicht mehr nach.

Oldenburg, 15. September 2008

Die Landeskirche verkauft ihre Lehman-Investments nicht, sie versucht es gar nicht erst. Die Lehman-Pleite kam wie aus dem Nichts. Der Schock ist selbst ein paar Wochen nach diesem schwarzen Montag noch immer zu spüren. Die Fassungslosigkeit, die Wucht der Bombe, die die ganze Welt erschütterte, und deren Splitter auch hier in der Kirche einschlugen.

Wolfram Friedrichs, Oberkirchenrat bei der Landeskirche in Oldenburg, sitzt in seinem Büro, Philosophenweg 1, ein vorsichtiger, bedächtiger Kirchenjurist, er versucht zu begreifen, wie passieren konnte, womit kaum jemand gerechnet hat. Immer wieder springt er auf, läuft zum Schreibtisch, auf dem sein Computer steht. Friedrichs tippt Begriffe ein, neue, ungewohnte Begriffe, sein Denken kreist neuerdings um Wörter wie Emittentenrisiko, Kreditereignis oder Credit Default Swap.

Am Morgen des 15. September erhält der Finanzfachmann der Kirche einen Anruf von der Hausbank. Es ist dieselbe Bank, bei der er im Juni 2005 die Cobold-Anleihe gekauft hat. Ob er wahrgenommen habe, was mit Lehman los sei? Der Kirchenmann fährt ins Büro, rechnet. Dann eilt er ins Büro von Friedrichs, seinem Oberkirchenrat. »Sie haben's vielleicht gehört«, ruft er. »Wir sind betroffen.«

Gemeinsam gehen die beiden die Unterlagen durch. Wann war was passiert? Welche Entscheidungen hatte der Finanzausschuss der Kirche getroffen? Hatte der zuständige Mitarbeiter seine Befugnisse überschritten? Friedrichs entschließt sich, an die Öffentlichkeit zu gehen. Die evangelisch-lutherische Landeskirche, rund 460 000 Mitglieder, ist eine der ärmsten Landeskirchen in Deutschland, regelmäßig beziehen die Oldenburger Geld aus dem Finanzausgleich der EKD. Offenheit, glaubt er, ist die einzige Chance.

4,3 Millionen Euro sind womöglich weg, so steht es in einer Pressemitteilung der Kirche, das entspricht sechs Prozent des Jahresetats. »Kirche verzockt Millionen«, titelt die Lokalzeitung.

Terrace Park, Ohio, Oktober 2008

James Rosenthal und seine Kollegen haben gewonnen, die Deutsche Bank hat den Musterprozess in erster Instanz verloren. Richter Christopher Boyko schrieb: »Keine der Unterlagen konnte beweisen, dass die Klägerin wirklich die Eigentümerin der Rechte, Titel und Kredite ist«, um die es in dem Verfahren ging. Das heißt:

Was in den Banken an CDOs zusammengebaut und über die Welt verstreut wurde, wird von einem Richter in Cleveland in der Luft zerrissen. Was immer die Deutsche Bank und andere Banken gekauft haben, sie haben laut Urteil keine Rechte an dem Haus von den Whittikers und Millionen anderen Häusern erworben.

James Rosenthal und seine Kollegen bereiten die nächsten Schritte vor, die »Class Action«, das Sammelverfahren, und auch die Klage der Stadt Cleveland gegen die Bank. Tim Smith wird dabei sein, als Kläger. Es geht für ihn um Revanche, um Anerkennung, vielleicht um Schadensersatz. Die Deutsche Bank und Litton Loan haben die Zwangsversteigerung angekündigt, Plakate hingen an Bäumen, überall in der Stadt konnte man es lesen. Fremde Menschen riefen an und fragten nach dem Zustand des Hauses. »Was wollen die Leute«, fragte Allie Smith, die Tochter, die Eiskunstläuferin werden will.

Tim Smith hat seine Geschichte zwei Tage lang erzählt, zuerst in einem Restaurant, dann in seinem Büro. Er arbeitet jetzt für »The Austin Company«, Business Development Director ist er; das Unternehmen ist 130 Jahre alt und heute in japanischer Hand. Ein Großraumbüro am Rande Clevelands, Tim hat eine Zelle von drei mal drei Metern, einen roten Drehstuhl, aber es ist eine schöne Zelle mit Fotos von den Kindern und Pflanzen und Büchern.

Kelley wollte nicht mehr über die Geschichte reden, am Anfang, aber jetzt ist sie doch am Telefon. Eine weiche Stimme. Ganz leise. Vorsichtige, langsame Worte. »Es war so bedrohlich«, sagt sie, »so entwürdigend. Es war ganz egal, wie sehr wir uns mühten, wir hatten keine Chance.« Stille. Dann: »Irgendwann hast du kein anderes Thema mehr. Es macht eine Ehe kaputt. Du fragst deinen Partner, ob er den Scheck geschickt hat, und er sagt ja, aber die Bank sagt nein, da sei kein Scheck. Wem glaubst du? Es zerstört dich, es zerfrisst dich. Du fragst dich die ganze Zeit, was Menschen davon haben, wenn sie andere Menschen so behandeln, aber dann verstehst du, dass sie gar nicht wahrnehmen, dass sie mit Menschen zu tun haben. In der ganzen Zeit habe ich nicht ein einziges Mal jemanden von der Deutschen Bank ans Telefon bekommen.«

Er sagt zu seiner Frau: »Du warst sehr geduldig, Schatz, du hast so viele Ideen gehabt.« Und sie sagt: »Und du hast dich so tief in den ganzen Wahnsinn hineingearbeitet, wie ich es nie gekonnt hätte.« Es ist eine kalte Nacht in Cleveland, es regnet, es ist stockfinster draußen. Dann kommen zwei Engel vorbei.

Kate und Jeremy Hudson fahren durch die Gegend, sie suchen ein Haus, sie haben freie Auswahl, so viele Häuser, und so billig! 287 415 Dollar schulden Tim und Kelley der Deutschen Bank. 320 000 Dollar verlangen sie für das Haus, sie wissen, dass sie nicht pokern können. Alle wissen das. Auch 290 000 Dollar wären gut, dann kämen alle ohne Verluste aus der Sache heraus. Kate und Jeremy Hudson bieten 240 000.

Die Deutsche Bank sagt zuerst nein, dann sagt sie: Okay, macht es. Die Maklerin, die geholfen hat, heißt Tina Turner. Tim Smith, 49 Jahre alt, sitzt auf einem Gehsteig und denkt, dass er ein Jahrzehnt seines Lebens verloren hat in einem amerikanischen Alptraum, als er vom Abschluss hört. »I love you, Tina Turner«, ruft er. Dann fängt er an zu weinen. Dann packen sie ihre Sachen. Sie ziehen nach Cleveland. Und mieten.

Washington, Oktober 2008

Die amerikanische Börsenaufsicht SEC wurde im Lauf der Jahre immer weiter reduziert. Bei einer Kongressanhörung sagen Zeugen, die Kontrollmacht der SEC sei gering und obendrein lax ausgeführt gewesen. Die Zahl der Mitarbeiter in der Abteilung für Risikomanagement sei immer mehr reduziert worden – von hundert bis am Ende auf einen einzigen. Dieser eine Mitarbeiter habe, unter anderem, die Risiken im Auge behalten sollen, die im gewaltigen Universum der Credit Default Swaps entstanden waren, in dem in Tausenden Einzelverträgen Billionen bewegt wurden.

Bei der Anhörung am 7. Oktober erfahren die verblüfften Ausschussmitglieder auch, dass in der Vollstreckungsabteilung der SEC 146 Arbeitsplätze gestrichen worden waren. Der einstige Chefbuchhalter der SEC bestätigt, dass es »eine systematische Entvölkerung in der Regulierungsabteilung« gegeben habe, »so dass es überhaupt nicht zu einer Regulierung kommen konnte«.

Verantwortlich für die Personalkürzungen war das Office of Management and Budget. Dieses Office strich die Zahl der Aufsichtsbeamten genau in der Phase zusammen, in der Goldman Sachs unter seinem damaligen Chef Henry Paulson, Finanzminister der USA von 2006 bis 2009, in großem Stil das Geschäft mit »Verbriefungen« an der Wall Street betrieb. Und der Direktor des Office war Joshua Bolten – ein ehemaliger Angestellter von Goldman Sachs.

Mit der Finanzaufsicht ist es eine schwierige Sache in den USA, schwer zu sagen, wovon eigentlich genau die Rede ist. Aus dem Dauerstreit zwischen Regulierungsgegnern und -befürwortern ist ein zersplittertes System erwachsen. Allein auf Bundesebene gibt es vier Aufsichtsbehörden, deren Arbeit sich teilweise überschneidet, die sich Konkurrenz machen und die von den Banken leicht gegeneinander ausgespielt werden können.

Banken mit nationaler Lizenz beispielsweise, immerhin rund 1700 Institute, werden vom Office of the Comptroller of the Currency (OCC) beaufsichtigt. Das OCC ist Teil des Finanzministeriums. Es reguliert die Kreditvergabe und wacht über die Einhaltung von Grundsätzen des Bankmanagements und von Bundesgesetzen, die Banken betreffen.

Die Notenbank (Federal Reserve) gestaltet zwar hauptsächlich die staatliche Geldpolitik, ist darüber hinaus jedoch oberste Aufsichtsbehörde für Bank Holding Companies und Banken mit einzelstaatlicher Lizenz. Bei den von der Fed kontrollierten Bank Holding Companies sind – über deren Geschäftsbanken – rund 96 Prozent aller Vermögenswerte konzentriert.

5200 Institute werden von der Federal Deposit Insurance Corporation (FDIC) beaufsichtigt – all jene nämlich, die nicht Mitglied des Federal-Reserve-Systems sind. Und dem Office of Thrift Supervision (OTS) schließlich fällt die Kontrolle der Spar- und Darlehenskassen (Savings and Loan) zu. Auch die einzelnen Bundesstaaten haben ihre eigenen Aufsichtsbehörden, sie überwachen 6000 Banken.

Das alles heißt: Es ist für die Banken nicht schwer, in diesem System Schlupflöcher zu finden.

Bonn, Oktober 2008

Der Fall Hypo Real Estate bestimmt die Schlagzeilen, und nach und nach kommen Details über das Versagen der Bankenaufsicht an den Tag. Die BaFin hatte bereits im Februar mit einer Überprüfung der HRE und ihres irischen Ablegers Depfa begonnen; im August wurde auch – zumindest teilweise – das Bundesfinanzministerium im Rahmen der regulären Quartalsberichterstattung informiert.

In dem Bericht forderte die BaFin das Management der Hypo Real Estate auf, Probleme beim Risikomanagement abzustellen. »Kritisch ist insbesondere die umfangreiche kurzfristige unbesicherte Refinanzierung der irischen Depfa-Bank zu sehen«, heißt es – und damit ist das Problem genau benannt, das die Hypo Real Estate wirklich an den Rand der Pleite brachte.

Die BaFin, sagt ihr Präsident Sanio, renne den Entwicklungen am Markt mit hängender Zunge hinterher, »und der Abstand zwischen unserem Wissen und dem der Marktteilnehmer, die wir überwachen sollen, wird von Jahr zu Jahr größer«.

Hamburg, Oktober 2008

Im Oktober lernt Manfred Blume viel dazu. Er sitzt im Seminarraum der Hamburger Verbraucherzentrale und notiert sich, was er hört. Vor allem alte Menschen umgeben ihn und tun es Blume gleich. Es weht ein Hauch von Kölnischwasser durch den Raum, und ab und an ruft einer »bitte lauter«, wenn die Anwälte zum Vortrag über das Risiko von Zertifikaten ansetzen. Der Seminarraum im Keller des Vereins ist in den vergangenen Wochen zum Widerstandshort der Lehman-Opfer geworden. Die letzte Kriegsgeneration kämpft hier um ihr finanzielles Lebenswerk.

Mit Bleistift hat Blume auf kleinkarierten Bögen über Jahrzehnte Tausende Kästchen mit Zahlen gefüllt. Er fährt mit dem Finger die Spalten entlang, die seine Anlagen, Auszahlungen, Verluste, Gebühren und Einnahmen dokumentieren. Um ihn herum klappern Rentner mit dem Besteck ihres frühen Mittagessens, Blume trinkt nicht einmal von seinem Kaffee. Nach 49 Berufsjahren liest er die Zahlen wie die Bilanz seines Lebens. Sie fällt nicht gut aus. »Mir ist so viele Jahre nicht klar gewesen, dass ich gemolken werde«, sagt er. »Lehman war nur der Höhepunkt.«

Es ist unwahrscheinlich, dass Blume sein Geld schnell wiederbekommt. Vor Gericht müsste er seiner Bank nachweisen, ihn falsch beraten zu haben. Irgendwann würde es um die Frage gehen, ob die Dresdner Bank einem 70-jährigen Kfz-Elektriker mit kleiner Rente raten soll, seine Ersparnisse mit dem Kauf des komplizierten Finanzprodukts einer amerikanischen Investmentbank zu mehren. Kein Fall, dessen Ergebnis auf der Hand liegt, nach allem, was die Anwälte wissen.

Blume schwankt. Allein die Vorstellung einer Klage beunruhigt ihn. Blume gegen die Dresdner Bank, deren Kunde er seit 45 Jahren ist? Dazu kommen die Prozesskosten. Ein Anwalt der Verbraucherzentrale rechnet vor, dass bei einem Streitwert von 5000 Euro Ausgaben von 4739 Euro anfallen können, wenn man verliert. Die Prozessmathematik verwirrt Blume. »Solange ich mich selbst um mein Geld gekümmert habe«, sagt er, »habe ich nur Gewinne gemacht.«

Diese Zeiten sind lange vorbei. Seit Blume 1996 sein Geld in die Hand der Berater legte, hat sich sein Erspartes nicht vervielfacht, wie versprochen. Blume ist nicht nur Lehman-Opfer, er hat auch mit seinen anderen Anlagen Geld verloren.

Sein Geld bei der fondsbasierten Vermögensverwaltung der Dresdner Bank, die inzwischen Dresdner Vermögensmanagement heißt, hat Blume zurückgeholt. Die Ausbeute war gering. Den Immobilienfonds hält er noch. Von den umgerechnet rund 50 000 Euro, die Blume 1996 investiert hatte, sind Ende Oktober noch 43 000 Euro übrig. Eine Eigentumswohnung, wie sie einst der Traum seines Lebens war, wird er sich so schnell nicht kaufen können.

Oldenburg, Oktober 2008

4,3 Millionen Euro fehlen der Landeskirche nun, so sieht es aus. Es kursieren Meldungen darüber, was die Lehman-Gläubiger als Restwert ihrer Forderungen irgendwann bekommen könnten, von 8,6 Cent für jeden investierten Dollar ist die Rede, ein Trost ist das nicht. 4,3 Millionen Euro, das entspricht in etwa den Kosten des Kindergarten-Fachpersonals im Haushalt – oder den Zinseinnahmen, mit denen die Kirche fest rechnet und die in den Haushalt fließen.

250 000 Euro fehlen im laufenden Haushalt, das Loch hat die Lehman-Pleite gerissen. Sie werden sparen müssen in Oldenburg, ihr Vermögen ist geschrumpft, aber niemand muss deswegen entlassen werden. Man habe Glück gehabt, sagt Oberkirchenrat Friedrichs in seinem Büro. Die Kirchensteuereinnahmen waren im vergangenen Jahr höher als veranschlagt, und sie werden auch im kommenden Jahr noch einmal höher sein.

Es bleibt Zorn. Darüber, dass man mit einer vermeintlich hundertprozentig sicheren Anlage trotzdem verlieren kann. Dass eine Anleihe in Wahrheit eine Wette sein kann; dass sie in dem Augenblick ohne Beratung waren, wo sie Beratung am nötigsten gebraucht hätten. Er erinnere sich, sagt Friedrichs, dass noch eine Woche vor dem Lehman-Schock Anleihen mit den Lehman-Papieren von den örtlichen Banken aktiv beworben wurden.

Dubai, Oktober 2008

JP Morgan wendet sich neuen Geschäftsfeldern zu. Blythe Masters, die einst die »Bistro«-Papiere mit erfand und als die Mutter der neuen »Finanztechnologie« Schlagzeilen machte, zeichnet bei der Bank inzwischen fürs globale Rohstoffgeschäft verantwortlich. Für sie und ihre Kollegen ist es ein Business mit gewaltigem Potential. Masters ist überzeugt, dass insbesondere die Vereinigten Arabischen Emirate eine große Zukunft haben. Für ihre Bank feiert sie den Einstieg bei der Dubai Mercantile Exchange, einer der nun vielversprechendsten Börsen weltweit. »Diese Partnerschaft«, sagt sie, »unterstreicht unseren Einsatz für den Nahen Osten und das Wachstum unseres Rohstoffgeschäfts.«

Während sich Blythe Masters neuen Profitfeldern zuwandte, während sich die Landeskirche darum sorgte, wie sie zukünftig ihre Gelder sicher anlegen soll, während Manfred Blume immer wieder alles durchrechnete, machten sich die Regierenden daran, mit Billionen Dollar und Euro den Schaden für die Weltwirtschaft zu begrenzen. In Europa wurden zur Stützung der Banken 4 Billionen Euro bereitgestellt, die Konjunkturprogramme summieren sich in den USA auf 1,6 Billionen Dollar, in Europa auf 1,2 Billionen Euro, allein in Deutschland auf 464 Millionen Euro. Dennoch fiel die Weltwirtschaft in eine Rezession, minderte die Wirtschaftsleistung weltweit um 4 Billionen Dollar.

Die vom US-Kongress bestellte Financial Crisis Inquiry Commission kommt nach Sichtung von Beweismitteln und Zeugenvernehmungen zu dem Schluss, die fehlende Regulierung des Bankensektors, die Spekulation im Immobiliensektor und die Niedrigzinspolitik der Federal Reserve hätten den Crash entscheidend befördert. Unter Ökonomen entbrennt ein Streit darüber, ob zu viel Markt oder zu wenig Staat ursächlich waren für die Exzesse auf den Finanzmärkten. Die Angebotstheoretiker sehen in dem politisch gewollten Häuserprogramm für Amerikaner, die sich eigentlich kein Haus leisten können, die Hauptursache, darum habe der Markt nicht normal funktionieren können; die Nachfragetheoretiker geben den Marktkräften und ihrer Tendenz zur Blasenbildung die Schuld, gefördert allerdings durch eine Politik, die den Marktkräften durch den Abbau von Kontrollen und fehlender Weitsicht das Treiben erleichterte.

Neoliberale Angebotsvertreter gerieten in die Defensive, marktkritische und systemkritische Stimmen beherrschten die öffentliche Meinung: Von Helmut Schmidt bis Sahra Wagenknecht, von Gewerkschaftsführern bis zu Bankern, von »taz« bis »FAZ« reichte der Chor der Kapitalismuskritiker.

Nachdem es 2009 und 2010 so aussah, als könnte sich die Weltwirtschaft rasch erholen von dem Crash, breitete sich die Panikstimmung im Herbst 2011 erneut aus und erinnerte den deutschen Sachverständigenrat »an die Situation nach der Insolvenz von Lehman Brothers«. Der Gouverneur der Bank of England sieht die Weltwirtschaft zu diesem Zeitpunkt in »der schlimmsten Finanzkrise seit 1930, vielleicht der schlimmsten Krise, die wir je hatten«. Und Jean-Claude Trichet, 2011 noch EZB-Präsident, zeigte sich überrascht davon, »dass die Krise die gesamte Wirtschafts- und Finanzstrategie aller entwickelten Volkswirtschaften infrage stellt«. Der Sachverständigenrat fasst den Verlauf der Krise zu diesem Zeitpunkt so zusammen: »Ausgehend von der

Immobilienkrise des Jahres 2007 in den Vereinigten Staaten, die mit einer stark gestiegenen Verschuldung der privaten Haushalte einherging, setzte sich eine Abwärtsspirale in Gang. Diese ging mit der Insolvenz der US-Investmentbank Lehman Brothers im September 2008 in die zweite Phase über und bedrohte erst das Weltfinanzsystem und dann die Weltwirtschaft ernsthaft. Durch entschlossenes, gemeinsames Handeln der G20-Länder gelang es, eine Entwicklung ähnlich der ›Großen Depression‹ der 1930er-Jahre abzuwenden. Die von den nationalen Regierungen der Industrie- und Schwellenländer ergriffenen Maßnahmen, wie die Stabilisierung der Banken und die Konjunkturprogramme, führten zu einer raschen wirtschaftlichen Erholung. Dies hatte allerdings seinen Preis: Die staatliche Verschuldung in den Industrieländern weitete sich massiv aus, teilweise sogar auf ein Niveau jenseits der langfristigen Tragfähigkeit. Nunmehr dominiert … ein Teufelskreis aus Staatsschulden- und Bankenkrise die wirtschaftliche Entwicklung.«

KAPITEL IV

DIE WETTE

Warum die größte Kreditblase der Geschichte die Demokratie ruiniert

Die Welt liegt angenehm in der Hand, grau die Meere, gelb die Kontinente, sie sträubt sich, wenn man sie zusammendrückt, und lässt der Druck der Finger nach, schnellt sie in ihre Form zurück und ist wieder so rund, prall und stark, wie sie – aus dem Weltall betrachtet – scheint. Der Schriftzug »Ernst & Young« steht auf der kleinen Erdkugel aus Gummi, in Höhe des Äquators. 152 000 Mitarbeiter des Beratungsunternehmens sind rund um die wirkliche Welt damit beschäftigt, Unternehmen und öffentliche Körperschaften in Wirtschafts- und Steuerfragen zu beraten. Auch deutsche Finanzminister, Bürgermeister und Stadtkämmerer gehören zu ihren Kunden, und deshalb haben die Leute von Ernst & Young allen 300 Besuchern des Deutschen Kämmerertages in Berlin eine Hartgummiwelt in die Hand gedrückt.

»Anti-Stress-Ball« nennen sie das kleine Marketing-Tool, es soll die Menschen, die in deutschen Städten und Gemeinden verantwortlich sind für die Finanzen, besänftigen in den schweren Zeiten der Milliardenlöcher. In die Hände von Kindern unter drei Jahren soll die kleine Welt nicht gelangen, abfallende Gummiteilchen könnten bei ihnen Erstickungsanfälle auslösen, warnt der Beipackzettel.

Auf dem Kämmerertag beschreiben die Arbeitstitel der Workshops und Seminare den Gemütszustand der im DBB Forum in der Berliner Friedrichstraße diskutierenden Geldhüter der Republik: »Banken und Kommunen: eine Schicksalsgemeinschaft?«, »Haushaltssanierung unter dem Schirm«, »Großstädte vor dem Finanzkollaps? Wege aus der Krise«, »Steht die Finanzautonomie auf dem Spiel? Die Zukunft der deutschen Kommunen im Euro-Raum«. Die Infostände der Deutschen Bank, der NRW Bank oder der HypoVereinsbank im Foyer der Veranstaltung zeigen, dass das Geld noch fließt in die maroden Haushalte. »Sparen ist gut für den Haushalt«, steht auf der Verpackung der Leibniz-Kekse, die die HypoVereinsbank verteilt. Und: »Das Leben ist voller Höhen und Tiefen. Wir sind für Sie da.«

Die Versammlung der Schatzmeister wirkt wie ein Kammerspiel der Sorgenzähler – im vierten Jahr der Tiefe –, sie wissen genau, was die globale Finanzkrise in ihren Städten und Gemeinden anrichtet, hier geht es nicht um Griechenland, Spanien oder Irland, hier geht es um Sachsen, Saarland oder Bremen, um Wuppertal, Oberhausen oder Hagen. Aber EFSF oder EZB, Zinswette oder Derivat, EZB oder Troika, auch die Begriffe der globalen Finanzkrise schwirren während der Diskussionen über die Haushaltsprobleme von Remscheid oder Duisburg durch die Konferenzzimmer.

Im »Raum Charlottenburg« versucht der Staatssekretär im Bundesministerium für Finanzen, Werner Gatzer, Kämmerer von Großstädten davon zu überzeugen, dass die Lage der Städte und Kommunen aus Berliner Sicht besser ist, als sie glauben. Er hat eine Power-Point-Präsentation mit vielen Zahlen dabei, aber er beschränkt sich darauf, den Anwesenden eine Hoffnung zu nehmen: Die Bundesregierung werde Kommunen nicht entlasten, und wenn Zeitungsberichte in letzter Zeit solche Erwartungen geschürt haben, dann sei das ein Missverständnis.

Für Christoph Gerbersmann, den Stadtkämmerer von Hagen, ist das eine sehr schlechte Nachricht, eine so schlechte Nachricht, dass er eigentlich zur Anti-Stress-Welt greifen und sich zur Beruhigung einen Keks der HypoVereinsbank reinschieben müsste. Denn wenn er zu Hause in Ratssitzungen den Abgeordneten entgegenschleudert »Griechenland ist überall« und ihnen vorrechnet, wie Hagen aus der tiefsten Krise seiner Geschichte und von den 1,3 Milliarden-Euro-Krediten herunterkommen kann, dann ist eine der vier Prämissen: »Der Bund muss mindestens 50 Prozent der Sozialkosten übernehmen!«

Der CDU-Politiker sieht das nicht als frommen Wunsch, sondern als Gebot der demokratischen Fairness: Die Stadt zahlt immer mehr Millionen für das, was in Berlin beschlossen wurde.

Aus den Charts, die der 47-Jährige gern zeigt, um das Elend seiner Stadt zu demonstrieren, stechen zwei Kurven hervor: Die Einnahmen sind im letzten Jahrzehnt stark schwankend und die Ausgaben kontinuierlich steigend. Was zwischen den beiden Kurven anwächst, ist das Defizit der Stadt, und das interessiert längst nicht nur den Kämmerer und die Ratsmitglieder. Jeder Hagener spürt inzwischen, was zu hohe Staatsverschuldung heißt: Die Busse fahren seltener und man muss öfter umsteigen, Schwimmbäder, Kinderspielplätze, Jugendzentren, Seniorenbegegnungsstätten, Kindergärten wurden geschlossen, Elternbeiträge für Kindergärten, die Grundsteuer und die Gewerbesteuer wurden erhöht. Und Lehrer müssen auf Schulhöfen jetzt Parkgebühren bezahlen, die Bordelle eine Sexsteuer entrichten, die Wettbüros eine Vergnügungssteuer und die Hotels eine Übernachtungssteuer.

So versucht Gerbersmann die Kluft zwischen den beiden Kurven nicht größer werden zu lassen. Aber – und das sehen seine Kollegen aus Wuppertal, Oberhausen oder sonstwo auf dem Kämmerertag genauso – die wahren Herren über die Kurven sitzen in Berlin.

Um die Kurven zu verstehen, um die Zusammenhänge zwischen den gigantischen Schuldenbergen des Bundes und denen der Kommunen, zwischen dem Minus in Hagen und dem Crash in New York zu begreifen, muss man vier Jahrzehnte zurückgehen, ins damals noch hauptstädtische Bonn.

Ende der sechziger Jahre wurde von der damaligen Großen Koalition in der Gemeindefinanzreform zum einen festgelegt, welchen Teil vom Steueraufkommen die Kommunen bekommen sollen, um ihren Aufgaben gerecht werden zu können – damals waren die Ausgaben des Staates für Sozialleistungen noch verschwindend niedrig. Und zum anderen durfte fortan nach Änderung des Grundgesetzes durch Bundestag und Bundesrat der Staat gegen den bis dahin ehernen Grundsatz verstoßen, dass die Haushaltsausgaben nicht höher sein dürfen als die Einnahmen.

Vom Krisenökonomen John Maynard Keynes inspiriert, wollte die Bundesregierung es besser machen als Ludwig Erhard, der die erste tiefe Wirtschaftskrise im Nachkriegsdeutschland nicht in den Griff bekommen hatte. Die Arbeitslosenquote war auf 2,1 Prozent gestiegen, das Bruttoinlandsprodukt 1967 um 0,3 Prozent gesunken – das galt damals schon als Krise. Durch Verschuldung in Krisenzeiten durfte der Staat nun mit Konjunkturprogrammen wirtschaftliches Wachstum stimulieren, unter der Maßgabe allerdings, dass die Verschuldung in besseren Zeiten wieder zurückgeführt werden sollte.

»Globalsteuerung« nannte sich diese Wirtschaftspolitik. Helmut Schmidt nutzte erst als Finanzminister, dann als Kanzler die Ölkrise Anfang der siebziger Jahre, um in der ersten großen Welle der Staatsverschuldung mit Konjunkturprogrammen das Defizit des Bundes nach oben zu treiben. Als Helmut Schmidt 1982 abtrat, hatten sich die Ausgaben des Bundes gegenüber 1970 schon auf umgerechnet 126 Milliarden Euro fast verdreifacht. Noch stärker langten die Bundesländer zu, sie steigerten ihre Ausgaben von

39 Milliarden auf 115 Milliarden, auch die Kommunen hatten ihre Haushalte fast verdreifacht.

Die gesamten Staatsausgaben (424 Milliarden Euro) hatten sich um 324 Prozent erhöht, die Steuereinnahmen (395 Milliarden) aber nur um 144 Prozent. Die Folge: Der Schuldenberg aller öffentlichen Haushalte verfünffachte sich von 64 Milliarden Euro im Jahr 1970 auf 313 Milliarden Euro im Jahr 1982. Die Verpflichtung, die Verschuldung baldmöglichst wieder zurückzuführen, geriet schnell in Vergessenheit.

Unter Kanzler Helmut Kohl und der schwarz-gelben Koalition setzte sich diese Entwicklung – wenn auch zunächst mit geringerem Tempo – fort. Bis 1989 waren die öffentlichen Haushalte mit über 470 Milliarden Euro verschuldet, nur die Kommunen hatten ihr Minus in diesen Jahren annähernd konstant gehalten. Mit der Wiedervereinigung aber erlebte die Republik die zweite große Verschuldungswelle, am Ende des Jahrtausends waren die öffentlichen Haushalte mit über 1,2 Billionen Euro verschuldet. So hatte sich das Minus von Jahrzehnt zu Jahrzehnt jeweils mindestens verdoppelt: von 29 Milliarden Euro (1960) auf 64,2 Milliarden Euro (1970), von 238,8 Milliarden (1980) auf 538,3 Milliarden (1990) und auf 1198 Milliarden Euro (2000).

Oskar Lafontaine, für einige Monate Finanzminister der rot-grünen Koalition, wollte 1998 mit der angebotsorientierten Wirtschaftspolitik der Kohl-Regierung brechen und anknüpfen an die keynesianische Nachfragepolitik der Sozialdemokratie aus den siebziger Jahren, aber Gerhard Schröder glaubte – wie Tony Blair – daran, eine moderne Sozialdemokratie müsse über die Senkung der Staatsquote und die Senkung von Steuern wirtschaftliches Wachstum und Beschäftigung fördern. Finanzminister Hans Eichel (»Operation Sparschwein«) brachte es 2001 fertig, die Verschuldung des Bundeshaushalts zum ersten Mal seit 1970 zurückzufahren und dennoch eine unternehmensfreundliche

Steuerreform durchzusetzen, die im folgenden Jahr die Einnahmen des Bundes um über 20 Milliarden Euro reduzierte. Das erhoffte Wirtschaftswachstum stellte sich jedoch nicht ein, die Arbeitslosenzahlen stiegen weiter, die Verschuldung der öffentlichen Haushalte nahm wieder stark zu.

Das alles hat direkt mit Hagen, seinem Stadtkämmerer Christoph Gerbersmann und seinen Kurven zu tun: Seit der Steuerreform kippt in Hagen die Kurve der Einnahmen nach unten, im Jahr 2003 hatte die Stadt im Vergleich zu 1999 100 Millionen Euro weniger in der Kasse, ein Viertel der Einnahmen waren weggebrochen.

In den Jahrzehnten vorher war Hagen eine normal verschuldete Stadt, mal zehn oder zwanzig Millionen Euro mehr oder weniger. Seit 2002 geht es fast jedes Jahr um 100 Millionen Euro tiefer in den Keller, von 367 Millionen Euro Schulden bis auf jetzt über 1300 Millionen. Schuld daran ist vor allem die andere Kurve, die Ausgabekurve. Sie wird bestimmt von den Zinsausgaben für die Kredite, inzwischen jedes Jahr über 35 Millionen, und von den Sozialausgaben: von den Kosten für Wohngeld, für die Eingliederung von Behinderten, für Kindergärten, für die Jugendhilfe.

Kein Haushaltsposten ist in den letzten zehn Jahren so stark gestiegen wie diese sozialen Ausgaben, inzwischen auf über 100 Millionen Euro, und gleichzeitig stiegen die Zinsen für die Defizite und die Zinsen für die Kredite, die man braucht, um wiederum die Zinsen für die Defizite bezahlen zu können. So buchstabiert sich Teufelskreis.

»Kassenkredite« nennen die Kämmerer das geborgte Geld, das eigentlich nur zum Ausgleich kurzfristiger Liquiditätsschwankungen aufgenommen werden darf, ungefähr so wie der Überziehungskredit auf dem Girokonto. In der Theorie sollen Kredite, so steht es in vielen Gemeindeordnungen, zur Finanzierung von Investitionen dienen, damit Gegenwerte entstehen und an einer besseren Zukunft gebaut werden kann.

Aber was eine kurzfristige Ausnahme sein soll, ist in vielen Kommunen inzwischen die alltägliche Haushaltsregel geworden. Seit 1998 ist das Volumen der Kassenkredite von 6 Milliarden auf über 44 Milliarden Euro gewachsen, die Hälfte davon steht in Nordrhein-Westfalen in den Büchern, Hagen gehört zu den deutschen Städten mit der höchsten Pro-Kopf-Summe an Kassenkrediten, insgesamt sind es 1,14 Milliarden Euro.

Christoph Gerbersmann ist seit 2005 Stadtkämmerer von Hagen, vorher war er CDU-Kommunalpolitiker, selbstkritisch kennt er die Schuldengeschichte seiner Stadt aus der Sicht derjenigen, die im Rat Verschuldung beschließen, und der nun als Kämmerer versuchen muss, den Schuldenberg wieder abzutragen.

Bis 1994 stellte die SPD die meisten Stadtratsabgeordneten, seither ist es die CDU. Von 1989 an war mal ein SPD-Mann Oberbürgermeister, mal ein CDU-Politiker, für die Verschuldung tragen beide großen Parteien, eigentlich alle Parteien die Verantwortung. Als Stadtkämmerer muss Gerbersmann alle Ratsmitglieder gleichermaßen zu Mitstreitern machen, egal welcher Partei sie angehören. Der Ton seiner Haushaltsreden ist von Jahr zu Jahr schärfer geworden, im März, bei der Vorlage des Haushalts 2012/2013, rief er seinen Ratskollegen zu: »Ich fordere uns alle in Politik, Medien und Öffentlichkeit auf, sich immer wieder zu vergegenwärtigen, was passiert, wenn die Kommunen in Deutschland und damit auch die Stadt Hagen tatsächlich einmal keine neuen Kredite bekommen sollten. Dann werden die Leistungen unserer Stadt völlig unkoordiniert durch die Banken quasi auf Null gefahren.« Zu spät, sagt er, haben die Politiker der Stadt den Ernst der Lage begriffen und sich verabschiedet von ihrer verschwenderischen Grundhaltung der Vergangenheit, aber immerhin streichen sie jetzt zusammen, was sie vor 10, 20 Jahren hätten streichen müssen. Dafür ist Gerbersmann dankbar.

Wie viele Ruhrgebietsstädte erlebte auch Hagen, dass Industriebetriebe dichtmachten oder wegzogen, die Brandt-Zwieback-Werke zum Beispiel, die die niedrigeren Löhne in Thüringen nutzten und die Produktion verlegten. Oder die Hasper Hütte, Varta, Krupp-Hoesch und andere Werke, die Industriebrachen zurückließen.

Die Stadtbevölkerung schrumpfte um 40 000 Einwohner auf jetzt 186 000, aber alle öffentlichen Einrichtungen sollten so bleiben, wie sie sind: Schulen, Kindergärten, Theater, Museen, Schwimmbäder, Ämter und Behörden. Darin waren sich, kritisiert Gerbersmann, Bürger und Politiker viel zu lange einig.

Es war die weit verbreitete Schuldenmentalität der achtziger und neunziger Jahre, die Hagen so wie andere Städte des Ruhrgebiets, wie ganze Bundesländer und Bundesregierungen über die immer stetig wachsenden Schuldenberge hinwegsehen ließ. Begründungen für neue Kredite gab es immer: Mehr Arbeitsplätze, bessere Bildung, soziale Gerechtigkeit, das waren die Schlagworte, und die nächste Wahl war nie weit entfernt.

Was auf kommunaler Ebene Buslinien oder Spielplätze sind, das sind auf Länderebene Lehrerstellen oder Umgehungsstraßen und auf Bundesebene Panzer oder Konjunkturpakete. Die Gewöhnung an Schulden führte – so der Schuldenexperte Dieter Meyer – zu einem perversen Ergebnis: Zählt man die jährlichen Defizite von 1965 bis 2010 zusammen, in den Kommunen, den Bundesländern und im Bund, kommt man auf die Summe von 1480 Milliarden Euro. Stellt man die Summe der Zinsausgaben dagegen, das sind 1642 Milliarden Euro, dann folgt daraus: Von den aufgenommenen Krediten wurden – mathematisch – keine Schule, kein Schwimmbad, keine Autobahn, kein Theater, kein Flughafen gebaut. Vielmehr wurden 162 Milliarden Euro Steuergelder ausgegeben, um die Schulden machen zu können, mit denen sie finanziert wurden.

Die dritte große Welle der Staatsverschuldung in Deutschland schließlich – von 2008 bis 2010 – trieb die Kreditsummen der öffentlichen Haushalte auf über 2 Billionen Dollar. Die Rettung von Banken und fette Konjunkturprogramme, die Keynes glücklich gemacht hätten, wurden über Kredite finanziert; die trotzdem einbrechende Wirtschaft trieb die Steuereinnahmen nach unten und die Sozialausgaben nach oben, was natürlich wieder hieß: neue Kredite. Christoph Gerbersmann hätte die kleine Welt aus Hartgummi mächtig bearbeitet, wenn er sie damals schon in den Händen gehalten hätte.

Der Staat, nicht nur der deutsche, musste Kredite aufnehmen, weil sich zuerst zu viele amerikanische Hausbesitzer zu hoch verschuldet hatten, und die Banken, erst in Amerika, dann in Europa und bald überall, aus den immensen Risiken ihrer Hypotheken trickreiche Wertpapiere machten, die eigentlich gar keine waren.

Es ist Christoph Gerbersmann unangenehm, er spricht nicht mehr gern darüber, aber seine Vorgängerin hatte, wie viele deutsche Kämmerer, versucht, im globalen Schuldenroulette mitzuspielen. Sie ließ sich 2005, als die Zinsbelastungen für die Stadt besonders hoch waren, mit der Deutschen Bank auf eine Wette ein: Wenn die langfristigen Zinsen auf den Finanzmärkten stärker steigen sollten als die kurzfristigen, dann hätte die Stadt einen Vorteil, umgekehrt die Deutsche Bank. »CMS Spread-Leader-Swap« nennen sich diese Derivate, es sind komplizierte Zins-Tausch-Geschäfte, entwickelt für Spezialisten und Zocker. Hagen verzockte sich, die Marktzinsen entwickelten sich zum Vorteil der Deutschen Bank. Die Stadt fühlte sich über den Tisch gezogen, verlor knapp 40 Millionen Euro, verklagte die Bank und gab sich schließlich in einem Vergleich geschlagen. Vielleicht zu früh: Später entschieden Gerichte, dass solche Spread-Leader-Swaps das Fachwissen von Stadtkämmerern überstiegen, und verurteilten die Deutsche Bank zu Schadensersatz an einige Gemeinden.

Nach dem Lehman-Crash kauften Staaten den taumelnden Banken ihre wertlos gewordenen Risikoscheine ab, um sie zu stützen.

Private Schulden wurden damit stillschweigend zu öffentlichen. Um Hunderte von Milliarden Euro und Dollar erhöhten sich die Schuldenberge. Die durchschnittliche Verschuldung aller OECD-Länder stieg im Zuge dieser Krise um mehr als ein Drittel, allein 2010 packten die Länder noch einmal sechs Billionen Dollar drauf.

Steckt dahinter ein menschliches Schulden-Gen? Oder ist es ein Herdentrieb, der Hausbesitzer und Politiker in den Ruin rennen lässt? Was verbindet den Stadtkämmerer in Hagen mit dem Spekulanten an der Wall Street, den Manager der Deutschen Bank mit den Finanzministern der Bundesländer, was verbindet Helmut Schmidt mit Ronald Reagan und was Helmut Kohl mit Barack Obama?

Die ganze Welt lebt auf Pump, vor allem die Menschen und Staaten in den entwickelten Ländern. Nimmt man zur öffentlichen Verschuldung die Verschuldung von Unternehmen und privaten Haushalten hinzu, so wuchs die Summe aller Kredite seit 1985 doppelt so schnell wie die Wirtschaftsleistung, sie ist jetzt dreimal größer als die Weltwirtschaftsproduktion. Die entwickelten Volkswirtschaften brauchen die kreditfinanzierte Nachfrage, um weiter zu wachsen, sie brauchen Konsumenten, Unternehmen und Staaten, die sich verschulden und die Finanzierung ihrer Nachfrage in die Zukunft verschieben. Allein Staaten und Banken haben Schuldtitel im Volumen von 95 Billionen Dollar in Umlauf, das entspricht 130 Prozent der jährlichen Weltwirtschaftsleistung, 50 Prozentpunkte mehr als noch vor zehn Jahren.

Deshalb wirkt das zurückliegende Jahrzehnt – aus heutiger Sicht – wie der finale Triumph einer globalen, maßlosen Finanzialisierung. Bürger und Banken, Unternehmen, Volkswirtschaften und Staaten werden vom Schuldenregime kolonialisiert. Es ist der weite Bogen, den die Kapitel dieses Buches zu schlagen versucht haben: Begonnen hatte die neue Stufe des Finanzkolonialismus damit, dass Millionen amerikanischer Bürger, deren einziger

Besitz ein auf Pump gekauftes Haus war, in die Finanzmärkte gesaugt wurden: Ihre Schulden waren der Rohstoff für den Erfindungsgeist der Wall-Street-Banker. Das Volumen von Häuserkrediten verfünffachte sich. Und ihre Häuser waren die Basis für ihren immer weiter steigenden Kreditkartenkonsum: Die Schulden der Privathaushalte stiegen zwischen 2001 und 2006 um durchschnittlich 10,7 Prozent jährlich. Das US-Handelsministerium schätzt, dass der Hypothekenboom die Wirtschaft der USA in der ersten Hälfte des 20. Jahrhunderts um jährlich anderthalb Prozent wachsen ließ, und niemand bemerkte, wie fiktiv, wie virtuell dieses Wachstum war, bis die Blase platzte.

Bis dahin glaubten sich Millionen amerikanischer Bürger auf dem Weg zum Eigenheim und zur Konsumfreiheit, ermuntert von großzügigen Banken und staatlichen Baufinanzierern, politisch umworben von Politikern, die in ihnen dankbare Wähler sahen und volkswirtschaftlich nützliche Konsumenten.

So wie die Bürger in der privaten Verschuldung einen Akt der Befreiung sahen, so sah der US-Präsident in Verschuldung einen Ausdruck von staatlicher Souveränität. Unter George W. Bush stiegen die Staatsschulden der USA um über 5 Billionen Dollar, das ist mehr, als seine drei Vorgänger zusammen hinterlassen hatten. Unter Bushs Vorgängern war Ronald Reagan mit 1,9 Billionen Dollar der größte Schuldenmacher. Beide Republikaner hatten Steuern gesenkt und Militärausgaben erhöht. Ronald Reagan war in den Achtzigern der erste US-Präsident, der ganz auf eine angebotsorientierte Wirtschaftspolitik setzte. Über Märkte können Gesellschaften besser gestaltet werden als über Sozialhilfe und Konjunkturprogramme, das war der Kern seiner Politik. »Wir wollen nicht klüger sein als der Markt«, so formulierte es später Tony Blair. »Gegen die Wirtschaft kann man nicht regieren«, meinte Gerhard Schröder. Als Reagan abtrat, war die Staatsverschuldung auf 2,9 Billionen Dollar gestiegen.

Als »ersten Schritt unseres umfassenden Programms zur Deregulierung des Finanzmarktes« hatte Reagan jenes Gesetz bezeichnet, mit dem Sparkassen fortan erlaubt wurde, ihre Kreditvergabe auszuweiten und »in den kommenden Jahren den Eigenheimkauf von Millionen von Amerikanern zu finanzieren«. Auch sein Nachfolger Bill Clinton glaubte – bei allen politischen Unterschieden – an den wachstumsfördernden Segen entfesselter Finanzmärkte. Er setzte das Glass-Steagall-Gesetz außer Kraft, das das Einlagen- und Kreditgeschäft vom Wertpapiergeschäft trennte – eine Maßnahme aus der Zeit nach der Weltwirtschaftskrise, um das Geld der Privatkunden nicht zur Spekulationsmasse von Banken und riskanten Zockereien zu machen.

Mit der Befreiung der Weltwährung von der Kopplung an Gold (Bretton-Woods-System) hatte Richard Nixon bereits Anfang der Siebziger das Tor zur unbegrenzten Ausweitung der Geldmengen und zur globalen Spekulation mit Devisen aufgestoßen. Die Akteure auf den Finanzmärkten machten sich daran, immer neue Wege zur Kreditschöpfung aufzuspüren, die Banken blähten sich auf, die Notenbanken machten aus nichts Geld und die Staaten setzten die Verschuldungsspirale in Gang. Und Reagan und Clinton schoben jene Schranken weg, die nach der Weltwirtschaftskrise 1929 errichtet worden waren, um eine Wiederholung zu vermeiden. In drei Stufen hatten damit US-Präsidenten somit – in bester Absicht – den Rausch auf den Finanzmärkten vorbereitet. Ein neuer Kapitalismus konnte sich entfalten, finanzgetrieben, maßlos, systembedrohend.

Die Regierenden delegierten Macht und Gestaltungskraft an die Märkte, in der Hoffnung, Wachstum und Beschäftigung zu ernten und so den finanziellen Spielraum von Politik zu erweitern. Die auf Pump gebauten Staatshaushalte schufen solange die Illusion von Macht, bis die Märkte über die Zinsen ihre Macht ausspielten.

Im Bundeshaushalt sind die Zinsausgaben inzwischen der drittgrößte Posten, in Griechenland, Spanien oder Italien entscheiden die Bondmärkte mittlerweile über Renten, Planstellen und Löhne. Und die Stadt Hagen kann ihre Straßen und Schulen schon lange nicht mehr so sanieren, wie es nötig wäre.

Ein Staat ist kein Unternehmen, auch wenn es Politiker gibt, die mit ihren Wählern gern so umgehen, als wären sie Betriebsangehörige. Politik ist die Kunst, zwischen den politischen und den wirtschaftlichen Märkten zu vermitteln, Parlamente und Bürger davon zu überzeugen, dass die Wirtschaftspolitik ihrem Wohlstand und dem Gemeinwohl dient; und Märkte und Anleger davon zu überzeugen, dass Völker nicht so gewinnorientiert geführt werden können wie Unternehmen.

Diese Balance zwischen Demokratie und Markt ist durch vier Jahre Finanzkrise empfindlich gestört. Zum einen hat die billionenschwere Intervention der Staaten zur Rettung der Banken und Märkte das Legitimationsproblem, das Regierungen in der Demokratie grundsätzlich haben, verschärft. Die Reichen zu schonen und die Armen zu schröpfen ist der gängige Vorwurf. Selten wurde er so bestätigt wie in der ersten Phase der Finanzkrise: Die verschuldeten Hausbesitzer verloren ihr Dach über dem Kopf, die Banken blieben dank der Rettungspakete aus Steuergeldern im Geschäft.

Besonders jene Politiker hatten ein Problem, die ihren Wählern vorher von den Vorzügen einer wirtschaftsfreundlichen Angebotspolitik vorgeschwärmt hatten. In Deutschland war es eine ganz große Koalition von Freidemokraten und Union bis zur rot-grünen Regierung, die sich von entfesselten Finanzmärkten, niedrigen Steuern und niedrigen Löhnen Wachstum und Wohlstand versprochen hatten. Verschiedene Finanzmarktförderungsgesetze und die Steuersenkung auf Kapitalerträge sollten Anleger nach Deutschland locken. Die Geschäfte deutscher Landesbanken mit Zweckgesellschaften und Schattenbanken, die unternehmensfreundliche Steuerreform, die Absenkung der Spitzensteuersätze, die durch die Agenda 2010 bewirkte Lohnsenkung – all das waren Maßnahmen, die den Finanzmärkten ihre Geschäfte erleichterten.

Wenn aber das Gewinnstreben einiger weniger die Gesellschaft an den Abgrund führt, statt – wie behauptet – dem Gemeinwohl zu nützen, wie legitimiert sich dann deren Bevorzugung? Wenn sie in guten Zeiten die Gewinne einstreichen, warum müssen wir sie in schlechten Zeiten mit Steuergeldern retten? Was sind das für Politiker, die das Geschäftsgebaren der Großbanken gefördert haben? Und schließlich: Was ist das für eine Demokratie, in der Politiker von den Steuerzahlern und Wählern Zustimmung für diesen Geldlobbyismus erwarten?

In der zweiten Phase der Krise, nachdem die Staaten sich Billionen pumpen mussten, um die Finanzmärkte zu stabilisieren, nahm die Abhängigkeit der Regierungen von den Finanzmärkten so zu, dass der Konflikt zwischen Markt und Demokratie nun offen ausgetragen wird, auf den Straßen von Athen und Madrid, in den Talkshows des deutschen Fernsehens, auf Gipfeltreffen, in Wahlkämpfen. Auf die Finanzmärkte, eigentlich ein lautloses Geflecht von Milliarden Transaktionen am Tag, sind nun die Scheinwerfer der Demokratie gerichtet, jede Zuckung wird analysiert, gefürchtet, bejubelt, verdammt, und das Handeln der Politiker wird daran gemessen, ob es den Märkten nützt oder schadet.

Der eine Souverän belauert den anderen, der Druck der Märkte ringt mit dem Druck der Straße; besonders in Europa ist das ein ungleiches Spiel geworden. Seit dem 14. Januar 2009, seit Standard & Poor's griechische Staatspapiere abstrafte, bestimmen die Märkte die Richtung und das Tempo der europäischen Integration. Sie nutzen die Konstruktionsfehler des Euro, die Verschuldung europäischer Staaten und die Unentschlossenheit der Regierungen, um den europäischen Völkern ihren Willen aufzuzwingen. Sie wollen immer größere Rettungsschirme, sie wollen einen Bailout, sie wollen die Absicherung ihrer Forderungen, sie wollen eine Europäische Zentralbank, die unbegrenzt Staatsanleihen aufkauft, sie wollen zusammengestrichene Staatshaushalte, sie wollen Arbeitsmarktreformen wie in Deutschland, sie wollen Lohnreduzierungen wie in Deutschland, und sie wollen gleichzeitig, dass diese entmündigten, rezessiven Staaten ihnen die Aussicht auf sattes Wachstum bieten.

Und das passiert in einem Europa, in dem der andere, eigentliche Souverän nicht weiß, wie viel Europa, wie viel Selbständigkeit und wie viel Gemeinschaft er eigentlich will. Die Regierenden in Europa wissen das auch nicht, und das macht sie zu Getriebenen der Märkte. Sie haben kein gemeinsames Europamodell, noch schlimmer, sie müssen im Moment aus Not die simpelsten demokratischen Grundregeln außer Kraft setzen, um handlungsfähig zu bleiben. Sie müssen tricksen und Verträge verbiegen, um den Euro nicht zerbrechen zu lassen, sie müssen die EZB handeln lassen, als habe sie ein demokratisches Mandat, als hätten Parlamente sie beauftragt, durch unbegrenzten Aufkauf von Staatsanleihen den Rettungsschirm aufzuspannen, den die Parlamente nicht mehr hinkriegen – weil die Abgeordneten und Wähler ihn nicht mehr tolerieren würden.

Die EZB ist zur Feuerwehr der europäischen Brandherde geworden, sie versorgt zum einen die Banken mit immer neuen Krediten, und zum anderen kauft sie Staatsanleihen der Krisenstaaten, um deren Zinsen zu drücken. Ende letzten Jahres und Anfang dieses Jahres gewährte sie Banken Drei-Jahres-Kredite zum Zinssatz von 1 Prozent, eine »historisch einmalige Hilfe«, wie der Investmentbanker und ehemalige Goldman-Sachs-Manager Bert Flossbach es nennt: »Das ist quasi die Lizenz zum Gelddrucken. Wenn die Banken sich nicht dumm anstellen, dürften sie mit den im Dezember 2011 und Februar 2012 geliehenen gut 1000 Milliarden Euro mindestens 60 Milliarden Euro Gewinn machen. Sie müssen nur das Geld in höher verzinsliche Staatsanleihen investieren.«

Bleibt nur wieder die Frage, was passiert, wenn diese Billion in drei Jahren zurückgezahlt werden muss, wird dann die nächste Billion gedruckt?

Alle großen Notenbanken pumpen immer noch Geld in die Banken und Märkte, sie sind keine unabhängigen Hüter des Geldwerts mehr, sie sind die Konjunkturhelfer und Krisenmanager der Regierungen. In Japan flossen umgerechnet zusätzlich 700 Milliarden Dollar, in Großbritannien 325 Milliarden Pfund, in den USA sind rund 2,6 Billionen zusätzliche Dollar gedruckt worden. Die Bilanzsumme der Federal Reserve hat sich seit 1995 versechsfacht, die Bilanzsumme der EZB hat sich seit 2007 mehr als verdoppelt. Die Notenbank ist Druckmaschine und Mülldeponie zugleich geworden, sie hat für 210 Milliarden Staatsanleihen von Krisenstaaten aufgekauft, die keiner mehr haben wollte. Und sie ist bereit, neue Anleihen unbegrenzt in frisches Geld zu verwandeln, um den Staaten die weitere Verschuldung zu erleichtern.

Die Staaten und die Banken hängen am Tropf der EZB und der Federal Reserve, die Notenbanken halten den Schuldenkreislauf in Gang. Was vor vier Jahren begann mit dem Platzen einer Kreditblase auf dem Hypothekenmarkt, wird durch immer neue Schulden in Billionenhöhe bekämpft und pumpt so die nächste, noch größere Kreditblase auf.

Die frischen Billionen vermehren die vagabundierenden Billionen, die um die Welt kreisen auf der Suche nach Rendite. Die großen börsennotierten Unternehmen sitzen auf gigantischen Reserven an liquiden Mitteln, allein in den USA und Europa auf über 4 Billionen Euro, die Banken parken jede Nacht Hunderte Milliarden bei der EZB – aber in die Realwirtschaft fließt das Geld nicht, investieren lohnt sich nicht, weil die Nachfrage zu schwach ist. Die Billionen schwappen von einem Finanzmarkt zum anderen, vom Devisenmarkt zum Rohstoffmarkt, vom Goldmarkt zu den Börsen und zurück.

Weil die Billionen nicht in der Realwirtschaft ankommen, ist die Inflationsgefahr im Moment kleiner, als die Bundesbank und ihr Präsident glauben machen wollen. Aber jeder Sparer und Lebensversicherte zahlt für die Niedrigzinspolitik der Notenbank mit einem Niedrigzins. Wenn Notenbanken über lange Zeit die Zinsen nahe Null halten, was sie seit Jahren tun, dann benachteiligen sie kleine Sparer und bevorzugen große Anleger, Zocker und Banken, die sich günstig verschulden und das Geld profitabel anlegen können.

Ab wann können Schulden nicht mehr mit Schulden beglichen werden, wann bricht dieser Kettenbriefmodus der Weltwirtschaft zusammen? Die Ökonomen nennen diesen Punkt die Ponzi-Schwelle oder den Minsky-Moment, den Zeitpunkt, wenn Gläubiger der Staaten nicht mehr an die Rückzahlung glauben und ihr Geld in Sicherheit bringen. Der Moment hängt nicht nur von der Höhe der Verschuldung ab, sondern auch von der Aussicht auf Wachstum. Und von der Irrationalität einer Anlegerschaft, die sich gegenseitig infiziert mit Pessimismus.

Der Schuldenkrisenforscher Kenneth Rogoff hat zusammen mit seiner Kollegin Carmen Reinhart nach der Analyse von Finanzcrashs der letzten 200 Jahre in 44 Ländern eine Bruchstelle definiert, die bei 90 Prozent der jährlichen Wirtschaftsleistung eines Landes liegt. Wird die überschritten, ist die aufgelaufene Summe der Schulden also fast so groß wie die Summe der Güter und Dienstleistungen eines Staates, werden Kapitalgeber nervös und dringen auf Sparprogramme. Griechenland (165 Prozent) lag darüber, Portugal (108 Prozent) und Irland (108 Prozent) auch, als die Länder unter den Rettungsschirm mussten, um nicht bankrottzugehen. Italien (120 Prozent) liegt ebenfalls drüber, Japan (220 Prozent) sowieso.

Je größer und wirtschaftsstärker ein Land, desto größer ist die Hoffnung der Gläubiger, dass die Regierung die Kredite bedienen kann. Im Maastricht-Vertrag wird für Europa eine Verschuldung bis 60 Prozent als oberste Schwelle vorgeschrieben, legt man die zugrunde, dann müssten Privathaushalte, Unternehmen und Regierungen in der Eurozone über 6 Billionen Euro Schulden abbauen und die USA über 8 Billionen Euro.

Je kleiner aber das Wirtschaftswachstum, desto schwieriger wird es, von den Schulden herunterzukommen; liegt der Zins, der für die Schulden zu zahlen ist, dauerhaft über dem Prozentsatz, mit dem die Wirtschaft wächst, steigt die Verschuldung von Jahr zu Jahr allein durch den Effekt von Zins und Zinseszins. Aus dieser Schuldenspirale kommt kein Land heraus.

Trotzdem wähnte sich bislang noch jeder deutsche Finanzminister auf dem Weg zum ausgeglichenen Haushalt ohne neue Schulden, alle machten denselben Fehler: Sie gingen in ihren Berechnungen von zu hohen Wachstumsannahmen aus. In den 33 Jahren von 1971 bis 2004 war das Wachstum in 28 Jahren niedriger, als von der Bundesregierung veranschlagt.

Die im Maastricht-Vertrag vereinbarten und erlaubten 3 Prozent Neuverschuldung in jedem Jahr sind – aus heutiger Sicht – viel zu hoch. Denn das durchschnittliche Wachstum in Europa ist kontinuierlich gesunken und lag zuletzt nur bei 1,3 Prozent.

Wachstum ist für verschuldete Staaten eine von vier Möglichkeiten, sich zu entschulden. Die Haushalte zu sanieren durch Kürzungen und Steuererhöhungen, ist eine andere. Der Schuldenschnitt ist die dritte Option, also den Bankrott zu erklären und die Schuldzinsen nicht mehr zu bezahlen. Griechenland hat das, in zu geringem Umfang, gemacht, Irland und Portugal hätten es machen müssen, wenn die EU die Zinszahlungen nicht subventioniert hätte. Der vierte Weg: Inflation, also klammheimliches Abschmelzen der Schulden auf Kosten der Sparer und Konsumenten. Drei bis vier Prozent Geldentwertung im Jahr ist allerdings in Deutschland politisch kaum zu vertreten, in den USA und anderen Ländern schon eher.

In Europa versuchen es die Länder deshalb – auf deutschen Druck hin – mit harten Sparprogrammen, in Griechenland, Spanien, Portugal, Italien schrumpfen die öffentlichen Haushalte, sinken die Renten und Löhne und produzieren – neben dem Unwillen der Betroffenen – das, was alle Sparbemühungen bedroht: weniger Wachstum, weniger Beschäftigung, weniger Steuereinnahmen, mehr Schulden. Vor Ausbruch der Finanzkrise lag die griechische Arbeitslosenquote bei 8,2 Prozent, inzwischen liegt sie bei über 22.

Das erste von drei grundsätzlichen Problemen, vor denen die Regierenden im finanzgetriebenen, demokratisch verfassten Kapitalismus stehen: Wie kann eine hochverschuldete Wirtschaft wachsen, wenn die öffentliche und private Nachfrage schrumpft? Zumal, wenn ein großer Teil der Nachfrage in der Vergangenheit auf den Krediten basierte, die nun abgebaut werden sollen? Die Finanzmärkte mit Geld zu fluten, wie es die Notenbanken tun, erzeugt schon lange nicht mehr die erhofften Wachstumseffekte in der Realwirtschaft.

Das zweite große Problem des modernen Pumpkapitalismus: Wie sollen die entfesselten Finanzmärkte wieder eingefangen werden, wie sollen die G-20-Staaten gemeinsame Regeln finden für Großbanken, die ihre Geldgeber und Gläubiger sind, und für Märkte, die diese Staaten über die Zinsen abstrafen und belohnen? Warum produzieren die Finanzmärkte regelmäßig Krisen, obwohl man dachte, wenn man den freien Kapitalfluss erleichtert, würde sich die Krisenanfälligkeit des Kapitalismus verringern? Wie viel Freiheit brauchen Finanzmärkte, um der globalen Weltwirtschaft als Schmiermittel zu dienen, welche Grenzen brauchen sie, damit Banken, Schattenbanken und Hedgefonds nicht zum Systemrisiko werden?

Das dritte Problem: Wie moderieren die Regierenden die Koexistenz der beiden Souveräne, wie verschaffen sie den Bürgern wieder Vorrang vor den Gläubigern, wie funktioniert Demokratie in hochverschuldeten Staaten? Wie stoppen sie die Unterwanderung demokratischer Strukturen durch Finanzmärkte? Und: Warum können westliche Demokratien nicht (mehr) mit Geld umgehen? Wie können Politiker regieren, ohne die Staaten weiter zu verschulden? Wie können sie überhaupt noch regieren in diesem Gefängnis der Schulden? In der Vergangenheit wurden die Einnahmen der Zukunft verpfändet, in Kommunen, Bundesländern und im Bund. Das macht es nun so schwierig, die Gegenwart und die Zukunft zu gestalten. Im Bundeshaushalt sind nur noch knapp über 20 Prozent des Etats wirklich politisch verfügbar, 1970 waren es noch 40 Prozent. Der Anteil der Zinszahlungen erhöhte sich im selben Zeitraum von 3,1 Prozent auf über 14 Prozent.

Wofür es neue Ideen braucht, ist dieser Befund: Die Welt steckt immer nur auf den ersten Blick in einer Finanzkrise, einer Schuldenkrise, einer Eurokrise. Tatsächlich steckt sie in einem gewaltigen Transformationsprozess, mitten in einer tiefgreifenden Veränderung eines krisenhaften und verschuldeten Systems, die bisherige Annahmen außer Kraft setzt, geltende Wirtschaftstheorien obsolet macht und geeignet ist, uns arm zu machen, unseren Wohlstand, soziale Sicherheit und Demokratie zu zerstören.

Es ist eine große Wette, die da läuft, zwischen denen, die sich mit Notenbankengeld und Haushaltskürzungen Zeit erkaufen und glauben, so weitermachen zu können wie bisher; und den anderen, die sich ängstigen vor Armut, Unruhen und der größten Kreditblase der Geschichte; die nach Antworten suchen auf die Probleme des Pumpkapitalismus.

Peer Steinbrück wird vielleicht andere Antworten finden als Angela Merkel, Hu Jintao sicher andere als Francois Hollande, Barack Obama andere als Christoph Gerbersmann. Der Stadtkämmerer von Hagen muss seit Jahren der Kommunalaufsicht seine Nothaushalte vorlegen. Unter der Auflage, bis zum Jahr 2016 die Kassenkredite so weit herunterzufahren, dass der Haushalt dann ausgeglichen ist, bekommt er in diesem Jahr und in den nächsten eine Hilfe von 40 Millionen Euro vom Land Nordrhein-Westfalen. Wenn er die jährlichen Sanierungsziele verfehlt, wird ein Sparkommissar eingesetzt, »dann«, meint Gerbersmann, »haben wir hier griechische Verhältnisse«.

Es gibt, aus seiner Sicht, nur zwei Möglichkeiten für Hagen: Alle Sparmaßnahmen – in diesem Jahr bringen sie rund 18 Millionen Euro Einsparungen, im letzten waren es 87 Millionen – führen nur dann zum Ziel, wenn die Einnahmen steigen und der Bund sowie das Bundesland die Kommunen befreien von Belastungen, die entstehen, weil in Berlin immer wieder etwas beschlossen wird, was in Hagen bezahlt werden muss. Wer kauft die Geräte für die neuen elektronischen Personalausweise, wer bezahlt das Recht auf einen Kindergartenplatz, wer finanziert höhere Sozialausgaben? Und warum muss Hagen noch bis zum Jahr 2019 Solidaritätszahlungen von 250 Millionen Euro an ostdeutsche Kommunen leisten, für die der Stadtkämmerer neue Kassenkredite aufnehmen muss?

So etwas wie Schuldendemokratie haben die Hagener ausprobiert, vier Versammlungen, auf denen den Einwohnern erklärt wurde, warum die Stadt wo und wie viel sparen muss, und auf denen sie sich beteiligen konnten mit Vorschlägen. Es kamen etwa 1000 Hagener, das Ausmaß ihrer Einsicht war begrenzt. Eigentlich stieß nur der Vorschlag auf Zustimmung, mehr Knöllchen für Stadtverschmutzer auszustellen. Bei der letzten Versammlung kamen nur noch 50 Bürger.

Den Versuch, eine Grundschule wegen stark sinkender Schülerzahlen zu schließen, musste die Stadt abbrechen. Die Eltern und Lehrer sammelten so viele Unterschriften, dass ein Bürgerbegehren drohte, und das hätte die Stadt verloren.

Aufs Wirtschaftswachstum hofft Gerbersmann, auf mehr Gewerbesteuereinnahmen, denn wenn eine Rezession kommt, sind alle Sanierungspläne kaputt. Selbst jetzt, bei sprudelnden

Steuereinnahmen im Bund und in den Ländern, »kriegen die ihre Haushalte nicht ausgeglichen, was soll dann erst in schlechten Zeiten passieren?«

Gerbersmann weiß auch, dass die Deutschen und die Hagener von der Euro-Krise profitieren: Die Zinsen für die Kassenkredite liegen jetzt bei 2,5 Prozent, sonst waren immer 3,5 bis 4 Prozent fällig. Wenn sich das wieder normalisieren sollte, muss Hagen im Jahr 11,5 Millionen Euro zusätzlich bezahlen – dann geht das Gefeilsche um neue Kürzungen wieder los.

So ist das Leben in Hagen abhängig davon, wie die Finanzmärkte die Zukunftsaussichten der Stadt beurteilen. So sind Christoph Gerbersmann und die Hagener wie Millionen anderer Menschen einbezogen in das Spinnennetz aus Schulden, das die Finanzmärkte über die Erde gelegt haben. Wer noch immer meint, die Krise betreffe immer die anderen, sie sei kein deutsches, sondern ein griechisches Problem, kein französisches, sondern ein irisches, wer noch immer meint, sich in einem kaputten System allein retten zu können, der irrt. Und der hat nicht verstanden, dass die Weltkrise Menschen zusammenbringt, die nur auf den ersten Blick nichts miteinander zu tun haben, tatsächlich aber in einem dichten Geflecht unsichtbarer Finanzgeschäfte verbunden sind.

Von diesen Menschen, der New Yorker Bankerin Blythe Masters und dem Hamburger Rentner Manfred Blume, dem Hausbesitzer Tim Smith und vielen anderen hat dieses Buch erzählt. Was aus ihnen geworden ist in den vergangenen Jahren, beleuchtet, wie sich die Welt in Zeiten großer Transformationen immer in Gewinner und Verlierer teilt.

Blythe Masters wird im US-Fernsehen bis heute als »die Frau hinter den finanziellen Massenvernichtungswaffen« tituliert. Die junge Top-Managerin, Jahrgang 1969, die in den 1990er Jahren mit ihren Kollegen bei JP Morgan Chase an der Wiege der neuen Finanzinstrumente stand, welche die Welt im Jahr 2008 an den

Abgrund führten, wechselte schon ein Jahr vor dem Lehman-Bankrott in die Rohstoff-Sparte des Unternehmens. Dort feiert sie neuerlich Triumphe. Unter ihrer Leitung verdreifachten sich im Jahr 2011 die Erlöse, und JP Morgan Chase verdrängte Goldman Sachs und Morgan Stanley von der Spitze, die bis dahin die erfolgreichsten Investmentbanken im Rohstoffgeschäft waren.

Durch das Web geistert Masters vornehmlich als Hassfigur von Kapitalismuskritikern, ihre seltenen öffentlichen Auftritte ziehen lange Kommentarschlangen voll übelster Beschimpfungen nach sich. Als sie im Jahr nach dem Lehman-Bankrott einmal auf CNBC zu sehen war, wünschten ihr die Kommentatoren Pest und Cholera an den Hals. Aber sie benannte damals korrekt die Probleme der Finanzinstrumente, an deren Entwicklung sie maßgeblich beteiligt war: Das Geschäft mit hochkomplexen Kreditausfallversicherungen und anderen Derivaten sei einerseits zu wenig transparent gewesen, sagte sie; andererseits sei unterschätzt worden, wie schnell in einer hoch vernetzten Finanzbranche systemische Risiken entstehen können. Als Rohstoff-Händlerin wurde ihr vorgeworfen, die Preise etwa von Silber mit großem Einsatz vorsätzlich zu manipulieren, was sie in einem neuerlichen Fernsehinterview im April 2012 zurückwies. JP Morgan, sagte sie, »schließt keine Wetten ab. Wir bedienen Kunden, die Lösungen suchen für ihren Rohstoffbedarf.«

Seit Manfred Blume, Opfer von Masters Erfindungsreichtum und der Lehman-Pleite, vor Gericht verloren hat, schläft er zumindest wieder besser. Mit der Bankpleite hatte Blume kurz nach seinem 70. Geburtstag vor vier Jahren 25 000 Euro verloren. Die Summe entspricht fast der Höhe seiner Rente für zwei Jahre. Er klagte. Am ersten Verhandlungstag im Sommer 2011 schien ein Vergleich nicht ausgeschlossen. Dann entschied der Bundesgerichtshof in einem ähnlich gelagerten Fall zu Gunsten der Bank. Das Verfahren wurde eingestellt. Seinem Anwalt musste er 2000 Euro für Gerichtskosten und das Honorar überweisen.

An jedem Wochenende macht Blume »Ablage«: Er ordnet die Post der Woche und brütet über seinen Finanzen. »Seit einigen Wochen träume ich nicht mehr so oft von Lehman«, sagt Blume. Er hat in der Finanzkrise seit 2008 insgesamt 58 000 Euro verloren. Lehman-Zertifikate, Investmentfonds, Vermögensvorsorge. An eine Eigentumswohnung denkt er nicht mehr, er ist jetzt 75. »Die Banken-Gangster haben mich um meinen Lebenstraum gebracht«, sagt er. »Mal sehen, welches Pflegeheim ich mir jetzt noch leisten kann.«

Tim Smith, der sich in Ohio ein Haus gekauft hatte, später die Zinsen nicht mehr bedienen konnte und die Deutsche Bank verklagte, arbeitet im September 2012 noch immer bei »The Austin Company«, er ist dort Business Development Director. Seine Ehefrau Kelley und er, sagt Smith, hätten gelernt, »zurückhaltender zu denken, so, dass wir die Kontrolle über unser Leben nicht ein zweites Mal verlieren«. Familie Smith hat ein neues Haus gefunden.

Der Rechtsanwalt James B. Rosenthal, der in Ohio viele zwangsgeräumte Hausbesitzer vor Gericht vertrat, arbeitet immer noch als Partner bei Cohen, Rosenthal & Kramer. »Er hat für seine Klienten bedeutende Siege vor staatlichen und regionalen Gerichten errungen«, so steht es auf der Webseite der Kanzlei, einen wichtigen Fall allerdings hat Rosenthal verloren. Die Sammelklage, die er gegen die Deutsche Bank eingereicht hatte (Whittiker v. Deutsche Bank National Trust Co., Aktzenzeichen 1:08cv00300), wurde abgewiesen.

Die Deutsche Bank hatte in Ohio Tausende Kreditverträge von Hausbesitzern aufgekauft, auch den von Tim Smith, in Paketen gebündelt und an Investoren verkauft. Die Stadt Cleveland klagte später gegen die Bank, auch die Pensionskasse der amerikanischen Lehrer und die Gewerkschaft der Eisenarbeiter, letztlich sogar die amerikanische Regierung. Der amerikanische Senat kam im Untersuchungsbericht zu den Ursachen der Finanzkrise zu dem

Urteil, die Geschäftspraktiken der Deutschen Bank hätten »eine Schlüsselrolle in der Finanzkrise gespielt«.

Was in New York begann, sich über die Großbanken und die Zahlungen zu ihrer Rettung bis in die Staatshaushalte der europäischen Staaten fraß und schließlich in Athen als Schuldenkrise wieder aufbrach, ist eine im schlechten Sinne globale Kettenreaktion. Sie zeigt, warum es in Zeiten der hochvernetzten Finanzmärkte keine lokalen Krisen mehr gibt, jede Krise schlägt Wellen am anderen Ende der Welt.

Und darum ist auch Horst Reichenbach, von der EU nach Athen geschickt, um die Folgen der Krise abzufedern, eingespannt in das Spinnennetz der Schulden. Er tut noch immer dasselbe wie vor einem Jahr, als seine Mission begann. Er besucht griechische Minister und lobt sie. Er lobt den Wirtschaftsminister für seinen Reformwillen, bezeichnet das Finanzministerium als Motor des Fortschritts, geht beim Arbeitsminister vorbei und klopft ihm auf die Schulter. Er ist der *good cop* in diesem Spiel, während die Chefkontrolleure der »Troika« aus Internationalem Währungsfonds (IWF), Europäischer Kommission und EZB, die über die Einhaltung der Auflagen wacht, den *bad cop* geben und überall Rüffel verteilen.

Reichenbach traf sich sogar mit einer Delegation der Linksallianz von Alexis Tsipras, für die EU das Schreckgespenst der griechischen Politik, nachdem sowohl Manuel Barroso wie auch Jean-Claude Juncker bei ihren Besuchen ein Treffen mit Tsipras abgelehnt hatten. Die Rolle des guten Deutschen zu spielen, das passt zum freundlichen Herrn aus Kiel, wenn es ihm auch ein schier übermenschliches Maß an Selbstdisziplin abverlangen muss, nachdem er in den ersten Monaten seiner Mission alle paar Tage neue Nazi-Schmährufe in der Presse über sich lesen musste.

Es war ein hässliches Jahr für ihn. Die griechische Krise, die lösen zu helfen er von der EU-Kommission losgeschickt wurde, hat ihn von Athen bis nach Berlin verfolgt. Im Mai ist sein Haus in Potsdam mit Farbe beworfen worden und der BMW seiner Frau, der SPD-Europaabgeordneten Dagmar Roth-Behrendt, ging in Flammen auf. Die Täter nannten sich in einem Bekennerschreiben »FreundInnen von Loukanikos«, nach einem Hund, der bei Demonstrationen in Griechenlands Hauptstadt oft an vorderster Front mitgeführt wird und als Maskottchen der linken Szene gilt. Die Tat begründeten die Krawalleure damit, dass sich durch die von der EU verordneten Sparmaßnahmen das Leben der Griechen »extrem verschlechtert« habe.

Er persönlich habe zum Glück »keine verbalen oder physischen Aggressionen erleiden müssen«, sagt Reichenbach, ein Mann von unerschütterlichem Stoizismus. Inzwischen wird es bereits als Erfolg der EU-Taskforce gewertet, dass ihr Chef in Griechenland seit Monaten nicht mehr als Gauleiter oder Ähnliches bezeichnet worden ist. Inhaltlich aber ist das kleine Team handverlesener europäischer Finanz- und Verwaltungsexperten mit Griechisch-Kenntnissen – 30 sitzen in Athen, 15 in Brüssel – offenbar kaum vorangekommen. Wie auch, wenn Reichenbach und seine Männer in einem einzigen Jahr nicht weniger als vier griechische Staatsoberhäupter erlebten, womit oft auch die Chefbeamten, ihre Ansprechpartner, ausgetauscht wurden? Als Reichenbach mit der Arbeit begann, hieß der griechische Premierminister noch Giorgos Papandreou, dann kam Lukas Papademos, dann übergangsweise Panagiotis Pikrammenos und jetzt ist es Antonis Samaras. Während der Zeit der Regierungskrisen zwischen April und Juli 2012 stellte die Taskforce ihre Arbeit mehrheitlich ein, weil auf griechischer Seite niemand da war, um Unterschriften unter Papiere zu setzen.

Mit der Akribie eines Schuldenforschers verfolgt Kenneth Rogoff die Abläufe in Europa, für ihn sind sie Studienmaterial, neuer Stoff für seine Forschung über Ursprung und Verlauf von Staatsbankrotten. Wer den Harvard-Professor im September 2012 über seine Sicht auf das europäische Krisenmanagement befragt, bekommt eine Menge Antworten, die mit »Ja und nein« oder »Ja, aber« beginnen. Rogoffs Skepsis ist groß. Und sie wiegt schwer.

Die Regierungen und EU-Organe hätten ohne Zweifel bedeutsame Schritte gegen die Krise unternommen, sagt Rogoff, insbesondere die EZB. Ihre Verpflichtung, die Schulden jener Staaten aufzukaufen, die im Gegenzug Spar- und Strukturprogramme beginnen, habe vorerst das Schlimmste verhindert. Spanien und Italien hätten andernfalls sehr schnell am Rand des finanziellen Kollaps gestanden. Für Griechenland aber, glaubt Rogoff, komme die Aktion schon zu spät.

Das Grundproblem, vor dem Euro-Europa stehe, bleibe ungelöst: Wann, fragt Rogoff, werden die Regierungen ihre Wahlvölker »mit der kalten Realität konfrontieren, dass nur eine echte politische Union den Euro auf Dauer sicher machen kann«? Sind Deutsche oder Franzosen wirklich dazu bereit, ihre Länder in einer EU zu verschmelzen, die von einem starken europäischen Präsidenten geführt wird? Und mit einem europäischen Finanzministerium, das starke Eingriffsrechte hat und auch bei den Steuern mitredet? »Ich bin sehr skeptisch«, sagt Rogoff.

Seine Skepsis betrifft auch die Frage, wie lange die EZB ihre Schuldenankaufspolitik betreiben kann. »Wenn dies ein Schachspiel wäre«, sagt Rogoff, der es am Brett zum Großmeister gebracht hat, »dann hat die EZB einen ‚erzwungenen Zug' gespielt, um nicht finanziell schachmatt gesetzt zu werden.« Ihr Zug sei sehr gut gewesen, weil er die Gefahr eines raschen Zusammenbruchs abgewandt habe. »Der Euro«, sagt Rogoff, »stand im Jahr 2012 direkt vor der Implosion.«

Aber leider, sagt er weiter, werde die neue EZB-Politik auf Dauer nichts fruchten und ohnehin bald infrage gestellt werden: Mit welcher Legitimation stützt die EZB die Länder an der Peripherie der europäischen Union? Nur eine echte politische Vereinigung könne solch weitreichende Programme beschließen und langfristig legitimieren, nicht aber eine Zentralbank.

Wird die Euro-Zone zerbrechen? Rogoff sagt: »Nein, und ja.« Am wahrscheinlichsten sei, dass sich binnen weniger Jahre eine Kerngruppe von Staaten in Europa bilde, die Ernst machten mit einer vertieften politischen Union, einem stärkeren, kleineren Euro. Zwei oder drei der ärmeren Euro-Länder würden ausscheiden und »auf eine entferntere Umlaufbahn geschickt, wo sie 25 bis 75 Jahre lang arbeiten werden, bis sie als Mitglieder der Eurozone wieder aufgenommen werden«.

All dies könne aber nur zum Erfolg führen, wenn sich Europas Regierungen und die Brüsseler EU-Zentrale endlich ehrlich äußern würden. Ja, die ersten, wichtigen Schritte in Richtung einer echten politischen Union seien gemacht. Aber nein, sagt Rogoff, die Politik zögere noch immer, den Wählern klar zu sagen, wie weit die Integration wirklich gehen müsse, um die Euro-Krise zu bewältigen.

Außerdem verkenne die gegenwärtige Strategie der europäischen Führer, dass es in dieser Krise »kein Endspiel geben wird ohne einen massiven Schuldenschnitt in den Ländern an den Rändern Europas«. Die Regierungen versuchten aber weiterhin, genau dies zu verhindern. »Sie werden damit scheitern«, sagt Rogoff. Ohne umfangreiche Schuldenschnitte werde Europa kein wirtschaftliches Wachstum mehr erleben. Und ohne deutlich mehr Wachstum seien alle Versuche, die Lage zu beruhigen, sinnlos.

ANHANG

GLOSSAR

DAS WÖRTERBUCH DES GRAUENS

ACKERMANN

Josef, genannt Joe, ist für viele Deutsche so etwas wie das Gesicht der Gier, seit der damalige Vorstandsvorsitzende der Deutschen Bank ein Renditeziel von 25 Prozent vorgab. Sah die Finanzmärkte noch 2007 »so viel stabiler« als vor zehn Jahren, forderte nach Ausbruch der Finanzkrise 2008 einen Rettungsschirm für Banken, sagte später, er würde sich schämen, wenn seine Bank ihn in Anspruch nehmen müsse, forderte im November 2011 einen größeren Rettungsschirm für Euro-Staaten von bis zu 1,5 Billionen Euro, damit die Banken ihre Staatsanleihen ohne Verlust loswerden. Alles klar? Gab im Mai 2012 sein Amt auf. Der Plural »Ackermänner« ist für Bankenkritiker das Synonym für skrupellose Manager (→ Deutsche Bank, Gier).

ANLEIHEN

Wertpapiere mit festem Zinssatz und einer vollständigen Kapitalrückzahlung, jedenfalls in der Theorie. Ausgegeben von Staaten, Banken und Unternehmen. Die Anleihe ist eine Art Kredit, während die Aktie den Käufer zum Teilhaber eines Unternehmens macht. Weil Aktien wegen der Kursschwankungen wesentlich risikoreicher sind, galten Staatsanleihen lange als Anlage für Leute, die Angst haben, ihr Geld zu verlieren: Der Staat war der perfekte Schuldner. So schön, schön war die Zeit.

Staaten verschulden sich ständig neu, um – im Idealfall – in ihre Zukunft investieren zu können. In der Realität refinanzieren sie derzeit nur noch ihre Sünden der Vergangenheit. Sie »rollen« ihre Schulden im Zuge von Auktionen, auf denen Investoren um Staatsanleihen bieten. Je schlechter indes der Ruf und Zustand eines Staates, desto höher die Zinsen, die die Gläubiger verlangen. Sie sprechen dann von einer »Risikoprämie«. Übersteigt sie 6 Prozent, ist die Zukunft eines Staates, das heißt seiner finanziellen Stabilität, gefährdet (→ EZB, Griechen, Italiener).

ARBITRAGE
Bezeichnet das Ausnutzen von Preisunterschieden auf verschiedenen Märkten, ist das perfekte Geschäft, das lange Zeit so unmöglich war wie der perfekte Mord. Der Arbitrageur nutzt zum Beispiel Wechselkursdifferenzen auf den Devisenmärkten aus. Stellt sein Computer fest, dass der Euro in Tokio wenige Hundertstel Cent billiger zu haben ist als in New York, kauft er große Mengen Euro in Tokio und verkauft sie gleichzeitig in New York. Gelingt der Währungskauf und -verkauf tatsächlich zeitgleich, ist das Geschäft gänzlich risikolos. Finanztransaktionssteuern würden solche Deals unrentabel machen (→ Devisen, Regulierung).

BAFIN
Die Bundesanstalt für Finanzdienstleistungsaufsicht soll zusammen mit der Bundesbank die mehr als 2000 Banken in Deutschland, deren Geschäftspraktiken und Zahlungsfähigkeit überwachen. Zu wenig Personal, zu schlechte Bezahlung und zu wenig Kompetenzen, das alles erschwert den Mitarbeitern die Überprüfung. Die BaFin warnt: Schattenbanken bedrohen das Finanzsystem (→ Schattenbanken).

BAILOUT

In der Luftfahrt der Ausdruck für das Verlassen eines Flugzeugs mittels des Schleudersitzes. In der Finanzwelt bedeutet es in der Regel eine Schuldenübernahme durch den Staat, wenn Banken, Unternehmen oder ganze Staaten andernfalls zahlungsunfähig würden. Merke: Je höher die Schulden, desto größer die Wahrscheinlichkeit, entschuldet zu werden (→ Griechen). Bailouts finden statt, obwohl es in den europäischen Verträgen eine »No-Bailout«-Klausel gibt. Juristen streiten darüber, wie das zusammen geht.

BANKEN

Was ist ein Einbruch in eine Bank gegen die Gründung einer Bank? Das stammt von Bertolt Brecht, klingt immer noch schneidig, ist aber überholt. Zur Gründung einer Bank kann man niemandem mehr ernsthaft raten. Die Zeiten scheinbar unbegrenzt hoher Renditen sind vorbei, die Eigenkapitalvorschriften werden schärfer, zudem ist das Ansehen de Banker, einst geschätzt für ihr Marktwissen und ihre Seriösität, auf das Niveau von Hütchenspielern und Heiratsschwindlern gesunken.

Besonders auf den Finanzmärkten ist das Ansehen der Banken auf Ramschniveau: Deutsche Bankaktien haben seit Beginn der Krise zwei Drittel ihres Wertes eingebüßt, Bankanleihen sind schwer zu platzieren (→ EZB, Geldmarkt).

BAZOOKA

Panzerabwehrwaffe, im Wettrüsten des Euro-Gipfel-Vokabulars die derzeit zweitgrößte Maßeinheit für Maßlosigkeit, die größte ist die »Nuklearoption«. Die Euro-Rettung verlangte zunächst ein »Paket«, dann einen »Schirm«, schließlich eine »Bazooka«, als jüngste Waffe im Kampf gegen das Misstrauen der Märkte. Das Ding erfand ein amerikanischer Radiokomiker, der während des

Ersten Weltkriegs zwei Rohre ineinandergesteckt hatte, obendrauf einen Trichter. An dem einen Ende blies man hinein, am anderen Ende kam so etwas wie Musik heraus – eine primitive Posaune. Im Zweiten Weltkrieg wurde aus der Tröte die Panzerfaust, statt reinzublasen schob man eine Rakete ins Rohr. Der Finanzkrise soll die EZB nach Meinung vieler begegnen, indem sie eine Billion Euro und mehr ins Rohr schiebt, damit Staatsanleihen aufkauft und so die Spekulanten abschreckt (→ Nuklearoption).

BILLION

Zahl mit zwölf 000 000 000 000, taucht im Moment in Zeitungen öfter auf als zur Zeit der Weltwirtschaftskrise 1929. Eine amerikanische »billion« hat nur neun 000 000 000, entspricht also 1000 Millionen beziehungsweise einer Milliarde.

BONDS

Anderer Ausdruck für Anleihen.

BRETTON WOODS

Paradiesisch schöner Ferienort in Neuengland, USA. Schauplatz einer richtungweisenden Konferenz: 44 Staaten entwarfen im Juli 1944 eine Weltfinanzordnung, die feste Wechselkurse zwischen den verschiedenen Währungen vorsah und den Dollar als Leitwährung bestimmte. Der Dollar wiederum war an das Gold gebunden, zu einem festen Kurs von 35 Dollar je Feinunze. Das Bretton-Woods-System stand für eine Ära, in der die Politik über die Märkte herrschte. Nach dem Zweiten Weltkrieg waren die USA der größte Gläubiger der Welt, nicht der größte Schuldner wie heute. Zu Fall gebracht wurde das System von Bretton Woods durch die immensen Kosten des Vietnam-Kriegs und eine Inflation, die das System der festen Wechselkurse 1971 schließlich zusammenbrechen ließ. Es gilt als eine der großen Hoffnungen, die

Krise durch eine Konferenz wie damals in Bretton Woods zu lösen. Es wäre das erste Mal, dass eine Rückkehr ins Paradies gelänge (→ Deregulierung, Regulierung).

CDO

Abkürzung für »Collateralized Debt Obligation«, ein sogenanntes Finanzinstrument, das den findigen Investmentbankern in den 1990er Jahren als Stein der Weisen galt. Wie beim → CDS ist die Grundidee, das Ausfallsrisiko von Krediten abzuschaffen, das heißt: in handelbare Wertpapiere zu verwandeln. CDOs bündeln dafür aber CDS, sie versicherten also Versicherungen, und nicht selten wurden CDOs selbst zur Grundlage neuer CDOs, was mutmaßlich nur eine Hand voll Finanzingenieure jemals verstanden hat. Der interessierte Laie mag an russische Puppen oder Zwiebeln denken: Ganz klein im Kern steckt in einem CDO ein reales Kreditgeschäft, mit dem viele weitere Geschäfte betrieben wurden, die sich – wie neue Puppen oder weitere Schalen – um den Kern legten. Die Banker taten das so lustvoll, dass am Ende keiner mehr so recht wusste, ob es den Kern eigentlich noch gibt. Diese Verwirrung wirkte im Krisenjahr 2008 wie ein Brandsatz.

CDS

Abkürzung für Credit Default Swaps, amerikanischer Ausdruck für Kreditausfallversicherungen, entwickelten sich seit Mitte der neunziger Jahre zunächst zur Wunderwaffe gegen die Risiken der globalisierten Finanzmärkte, dann zur »Massenvernichtungswaffe«, wie US-Milliardär Warren Buffett Finanzderivate nannte, weil sie Sicherheit versprachen, wo – im Ernstfall – keine ist. Eigentlich waren die CDS als eine Art Versicherungspolice für Kreditgeber gedacht. Spekulanten kauften jedoch unter anderem CDS für Staaten, an deren Bonität sie zweifelten, obwohl sie Anleihen des Staates gar nicht besaßen. Sie kauften also gewissermaßen eine Brandschutzversicherung für ein Haus, das ihnen nicht gehört. Wer so etwas kauft, kriegt irgendwann Lust aufs Zündeln. Heutzutage sind CDS im Wert von 28,6 Billionen Dollar im Umlauf (→ Derivate, Kreditausfallversicherungen).

CAYMAN ISLANDS

Britische Inselgruppe in der Karibik, 50 000 Einwohner, fünftgrößter Finanzplatz der Welt, 40 Prozent aller Hedgefonds sind hier zu Hause, weil Steuerfreiheit und fehlende Aufsicht den Standort zu einem Paradies für Schattenbanken machen. Die meisten international agierenden Banken, auch die größten deutschen, sind dort vertreten (→ Schattenbanken).

CAMERON

David William Donald. Britischer Politiker, seit 2010 Premierminister. Sohn eines Börsenmaklers, Elite-Schule, Elite-Universität, Elite-Studenten-Club, ist konservativ und will den Londoner Finanzplatz um jeden Preis schützen. Der ist der mächtigste in Europa, weil er weniger reguliert ist. Darum bestand Cameron beim Brüsseler Gipfel Anfang Dezember 2011 darauf, nur dann einer Änderung der EU-Verträge zuzustimmen, wenn die Banken und Hedgefonds in London so unbehelligt wie bisher ihren Geschäften nachgehen können. Logisch: 30 Prozent aller Erträge der britischen Finanzbranche gehen auf Hedgefonds zurück (→ Deregulierung, Hedgefonds).

DEREGULIERUNG

Oder die Frage, wie man den Geist wieder zurück in die Flasche kriegt. Entkorkt wurde die Flasche Mitte der achtziger Jahre in den USA und Großbritannien, wo Margaret Thatcher und Ronald Reagan die Finanzmärkte entfesselten – sie also der staatlichen Aufsicht entzogen, neue riskante Finanzprodukte ermöglichten, die Besteuerung der Finanzakteure senkten und die Rendite von Banken und Hedgefonds in die Höhe schnellen ließen, also paradiesische Verhältnisse für Finanzjongleure schufen. Politisch gewollt von neoliberalen Kräften, ökonomisch vorgedacht von Theoretikern wie Milton Friedman, sollte die Deregulierung der Finanzmärkte der stagnierenden Realwirtschaft Wachstumsimpulse geben, doch sie hat vor allem die Finanzmärkte immer mehr von den Realmärkten entkoppelt. Und vagabundierende Billionen von Dollar und Euro hervorgebracht, die nur noch auf den Finanzmärkten und kaum noch in der Realwirtschaft nach Renditen suchen (→ Regulierung).

DERIVATE

Spekulative Finanzinstrumente, deren Preise sich von der Wertentwicklung von Aktien, Devisen, Zinsen oder Rohstoffen ableiten (lateinisch: derivare). Wenn Anleger darauf wetten, dass Automobilaktien fallen, dass ein Euro bald nur noch einen Dollar wert ist, dass sich der Preis für Kakao und Kupfer verdoppelt, wie das Wetter wird in Vietnam oder der Ölpreis im Februar, dann kaufen sie zu diesem Zweck Derivate. Vor allem seit den neunziger Jahren übernahmen die Mathematiker die Macht in diesem Marktsegment und entwickelten Finanzprodukte, die außer ihnen niemand kapiert. Hunderttausende solcher Investments werden angeboten: Discount- und Bonus-Zertifikate, Index-Tracker-Papiere, Forward Rate Agreements, Swaptions, Knock-out-Zertifikate. Es empfiehlt sich, das Kleingedruckte zu lesen: Nicht selten droht dem Investor, ob klein oder groß, der Totalverlust seines Einsatzes. Aber es ergeben sich auch verrückte Möglichkeiten: Die Commerzbank hat Papiere ausgegeben, mit denen Anleger auf den Niedergang der Commerzbank spekulieren können, die Deutsche Bank ebenso (→ Gier).

DEVISEN

Zahlungsmittel in fremder Währung. Am Wechselkurs der Währungen lässt sich das Vertrauen in eine Volkswirtschaft ablesen. Auf dem Devisenmarkt, dem größten der Finanzmärkte, werden täglich rund vier Billionen Dollar umgesetzt, im Jahr über tausend Billionen Dollar. Der Markt besteht zu mehr als 60 Prozent aus dem Handel mit Devisenderivaten, aus Wetten auf zukünftige Entwicklungen der Währungen. Fünf Großbanken teilen sich die Hälfte des Umsatzes auf den Devisenmärkten, der mächtigste Akteur ist die Deutsche Bank (→ Deutsche Bank).

DEUTSCHE BANK

Mit einer Bilanzsumme von über 2,2 Billionen Euro ist sie die größte unter den als »Systemically Important Financial Institutions« (Sifis) eingeschätzten Banken. Sie ist in mehr als 70 Ländern aktiv, keine andere Bank ist auf so vielen Märkten dominierend und – im Krisenfall – deshalb so gefährlich für das Weltfinanzsystem. Der Untersuchungsausschuss des US-Senats zur Finanzkrise bezeichnete in seinem 2011 veröffentlichten Abschlussbericht die Deutsche Bank neben den Rating-Agenturen und US-Banken wie Goldman Sachs als mitverantwortlich für das Ausmaß der Finanzkrise. Gut möglich, dass man dieses Urteil in Frankfurt als Kompliment versteht (→ Ackermann, Gier, Sifis).

EFSF

Es braucht 41 Buchstaben, um EFSF auf Deutsch auszuschreiben in »Europäische Finanzstabilisierungsfazilität«. Seit Juni 2010 gibt es diese Aktiengesellschaft in Luxemburg, die dafür sorgen soll, dass die Euro-Zone stabil bleibt. Die Konstruktion ist durchaus seltsam: Verschuldete Staaten gründen eine Art Fonds, aus dem sich die Gesellschafter bedienen dürfen, sobald sie an ihren Schulden zu ersticken drohen. Es reichen sich also Armut und Elend die Hand zur gegenseitigen Rettung.

Die Pläne für die EFSF ändern sich, getrieben von den Ereignissen, ständig. Mittlerweile darf die Fazilität nicht nur Anleihen ausgeben, sondern auch Staatsanleihen überschuldeter Länder kaufen. Und theoretisch darf sie ihr Kapital auf bis zu eine Billion Euro »hebeln«, indem sie sich weitere Großinvestoren ins Boot holt. Praktisch haben aber weder Banken, Versicherungen, Pensionsfonds, Staatsfonds oder andere Großinvestoren die Neigung, in die Euro-Rettung zu investieren. Und das könnte bald zum Problem werden: Wenn in Italien, wie einige Pessimisten annehmen, ein Schuldenschnitt von 50 Prozent wie in Griechenland anstünde, würden in Euro-Europa Hunderte Milliarden Euro gebraucht. Woher nehmen?

Ganz einfach, sagen die Regierungen: Wenn es so weit ist, haben wir längst den ESM, das steht für »Europäischen Stabilitätsmechanismus«. Mit nur 34 Buchstaben, was vielleicht ein gutes Zeichen ist.

ESM

Der »Europäische Stabilitätsmechanismus« soll den Euro sichern und Staatspleiten verhindern. Überschuldete Staaten können Notkredite und Bürgschaften erhalten, wenn sie einer gründlichen Analyse ihrer Schuldenlage und harten Sanierungsmaßnahmen zustimmen. Der ESM trat erst in Kraft, nachdem alle Parlamente der Euro-Länder im Laufe des Jahres zustimmten. In Deutschland wird der ESM von Teilen der CSU, der FDP, von der Bundesbank und vielen Ökonomen kritisiert, weil Deutschland als Hauptzahler de facto die Gewährleistung für die Schulden anderer Euro-Staaten übernähme. Nachdem aber das Bundesverfassungsgericht in Karlsruhe das Vorhaben nicht blockierte, sondern ans Parlament zurückverwies, geht alles seinen gehabten Gang. Deutschland sagt ja zum ESM, aus »europäischer Verantwortung«, wie Kanzlerin Merkel sagte.

EUROPÄISCHE ZENTRALBANK

Ursprünglich unabhängig von politischen Weisungen, entschlossene Kämpferin gegen die Inflation. Heute ist die EZB eine Giftmülldeponie für Staatsanleihen, die Banken oder Versicherungen unbedingt loswerden wollen. Seit Mai 2010 hat die EZB Anleihen kriselnder Euro-Staaten für insgesamt 211 Milliarden Euro gekauft. Innerhalb der EZB war der Ankauf lange umstritten, weil Kritiker wie etwa das deutsche Ratsmitglied Jens Weidmann Inflationsgefahren beschworen: Wenn eine Notenbank Staatsanleihen kauft, erhöht sie die Geldmenge, druckt also quasi Geld. Andere verweisen auf die amerikanische Notenbank Fed, die im Volumen von 1,67 Billionen Dollar Staatsanleihen hält, ohne dass beunruhigende Inflationstendenzen auszumachen wären. Wieder andere Ökonomen gehen noch weiter und vertreten den unbegrenzten, direkten Kauf von Staatsanleihen durch die Notenbanken, unter Ausschaltung der Banken, um so die Staaten aus dem Würgegriff der Finanzmärkte zu befreien. Ihnen schloss sich EZB-Präsident Draghi und die Mehrheit des Zentralbankvorstands an (gegen die eine Stimme von Weidmann). Seither kauft die EZB »in unbegrenztem Ausmaß« die Anleihen von Staaten auf, sobald sie offiziell unter den Rettungsschirm schlüpfen und stärkere Kontrolle von außen akzeptieren (→ Geldmarkt, Nuklearoption). Damit solle »das Vertrauen der Märkte zurückgewonnen werden«, sagt Draghi.

GELDMARKT

In ruhigen Zeiten dient der Geldmarkt der kurzfristigen Kreditvergabe zwischen den Banken. In Krisenzeiten werden Banken zu Angstsparern, leihen einander kein Geld mehr, parken es lieber verlustreich bei der EZB – am Jahresanfang 2012 lagen dort über

450 Milliarden Euro, also 150 Milliarden Euro mehr als 2008 nach dem Crash der US-Bank Lehman.

Zwar hatte die EZB den europäischen Banken in diesem und im letzten Jahr eine Billion Euro zinsgünstig zur Verfügung gestellt, aber selbst diese Summe konnte das Misstrauen unter den Banken nicht ausräumen (→ Märkte).

GIER

Auch: Habgier. Zweite der sieben Todsünden (lateinisch: avaritia), nach 1 Timotheus 6,10 gilt die Geldliebe als »Wurzel alles Bösen«. Dante (1265 bis 1321) macht Habgier für die politische und ethische Korruption seiner Gesellschaft verantwortlich. In der »Göttlichen Komödie« büßen die Gierigen im vierten Höllenkreis, wo sie verdammt sind, bis in alle Ewigkeit Felsbrocken herumzuwälzen. Zwischenzeitlich schien die Gier rehabilitiert, vor allem durch den Auftritt von Michael Douglas in dem Film »Wall Street«, der als Gordon Gekko breite Hosenträger trug und verkündete: »Greed is good.« Mittlerweile wird die Habgier als eine der Ursachen der Finanzkrise verteufelt. Schwierig ist zu definieren, wann in der Marktwirtschaft das gewünschte Gewinnstreben umschlägt und zur verdammten Gier wird. Bei 25 oder 30 Prozent Rendite? (→ Hedgefonds)

GRIECHEN

Gastfreundliches Zehn-Millionen-Volk im Südosten Europas, alte Kulturnation und »Wiege Europas«, wählt aber seit Jahrzehnten Regierungen, die die Staatsverschuldung auf über 160 Prozent der Wirtschaftsleistung getrieben haben. Ende der neunziger Jahre wollten die Griechen um jeden Preis in die Währungsunion, deren Regeln sie bewunderten. Allerdings mussten sie, um reinzukommen, fast alle diese Regeln brechen. Sie brachten das Kunststück fertig, Regeln zu bewundern, ohne an sie zu glauben, am wenigsten an die No-Bailout-Klausel des Maastricht-Vertrags, die vorsah, dass kein europäisches Land für ein anderes die Schulden übernimmt. Deshalb verschuldeten sich die Griechen und gingen im Sommer 2011 als erstes Land der EU pleite (→ Bailout, Haircut, Italiener, Japaner).

HAIRCUT

Englisch für Haarschnitt, bedeutet »Schuldenschnitt«. Umschuldung der Verbindlichkeiten durch Teilverzicht der Gläubiger. Um Griechenlands Schuldenberg von 350 Milliarden Euro zu verringern, einigten sich die EU-Partner 2011 auf einen »freiwilligen« Verzicht von 50 Prozent der Forderungen. Private Gläubiger, vor allem Banken, wurden gezwungen, sich freiwillig rasieren zu lassen. Durch die Freiwilligkeit wurde das »Kreditereignis«, ein anderes Wort für Pleite, vermieden. Dadurch fielen die Credit Default Swaps, die Kreditausfallversicherungen, stark im Wert, mit denen sich die Gläubiger Griechenlands gegen eine Pleite absichern wollten. Deshalb liehen sie fortan auch anderen wackeligen Schuldnern, etwa Spanien oder Italien, kein Geld mehr. (→ Anleihen, Troika). Viele Ökonomen gehen davon aus, dass in Europa weitere Schuldenschnitte, nicht nur in Griechenland, notwendig sind. Die Politik will das noch nicht glauben.

HEDGEFONDS

Hedge ist vom englischen Verb *to hedge*, absichern, abgeleitet. Hedgefonds sind spezielle Investmentfonds, die von wohlhabenden Privatleuten und Finanzinstitutionen Geld sammeln, um es besonders riskant anzulegen – auf dem Devisenmarkt, an den Börsen oder auf Rohstoffmärkten. Dabei nutzen sie Instrumente, die ursprünglich entwickelt wurden, um Investoren gegen Risiken abzusichern. Insgesamt verwalten die weltweit rund 7500 Fonds knapp zwei Billionen Dollar, sie versprechen den Anlegern besonders hohe Renditen, weil sie das eingesetzte Kapital durch die Aufnahme von hohen Krediten »hebeln«, also vervielfachen. Manche Hedgefonds arbeiten wie Forschungsinstitute, die verrückten Wunderformeln folgen, erdacht von Naturwissenschaftlern, die aus dem Studium der Wirtschaftsgeschichte Gewinnmodelle für die Zukunft ermitteln. Ein Fonds wie Winton Capital aus London etwa arbeitet mit rund 20 Milliarden Euro Kapital, und seine Angestellten sind in der Regel nicht Ökonomen oder gelernte Banker, sondern Biologen, Mathematiker, Physiker, die die Wechselfälle der Welt in Zahlen übersetzen können. So halten es einige der aggressiven Fonds.

Viele Hedgefonds setzen im Moment viel Geld darauf, dass der Euro-Kurs fällt: Sie verkaufen Euro, die sie nicht besitzen, auf Termin, das heißt, sie versprechen einem Vertragspartner, diese Euro erst später zu liefern, zum Beispiel in zwei Monaten. Sie hoffen, dass der Euro-Kurs sinkt. Am Fälligkeitstag kauft der Hedgefonds die Euro zum dann aktuellen Kurs; steht er tatsächlich tiefer, kassiert er die Differenz zum heutigen Kurs als Gewinn. Das heißt: Die Hedgefonds wetten darauf, dass es den Regierungen nicht gelingt, die Krise zu beenden.

Das eigentliche Geheimnis der Hedgefonds ist die Abwesenheit von Regulierung. Sie müssen nicht vielen Vorschriften folgen, sie müssen nur wenig offenlegen, Behörden bleiben weitgehend draußen und auf den Cayman-Inseln ganz. Gern werden sie als die großen Bösen der Finanzwelt hingestellt, ihre Kredite erhalten sie allerdings von den größten Banken der Welt. Sie riskieren viel, und wenn sie scheitern, gehen sie unter, ohne nach dem Staat zu rufen (→ Kredithebel, Leerverkäufe).

INFLATION

Bezeichnet einen deutlichen Anstieg des Preisniveaus, das Geld verliert an Kaufkraft, und davor haben wir Deutschen mehr Angst als alle anderen. Anfang der zwanziger Jahre herrschte in Deutschland eine Hyperinflation, die Ersparnisse und Altersgroschen von Millionen Menschen wurden vernichtet. Die D-Mark war die erste Währung in diesem Land, die, von der Bundesbank beschützt, über fünf Jahrzehnte verhältnismäßig stabil war: Das Leben wurde erstmals für die kleinen Leute berechenbar. Eine leichte Preissteigerung, unter zwei Prozent jährlich, gilt als stabil; jetzt, in der Krise, droht das Stabilitätsziel aber aus den Augen zu geraten. In Wahrheit steuert Europa auf eine Inflations-Lösung zu: Wenn morgen das Geld weniger wert ist, dann verringern sich real die Schulden, sie schmelzen ab, aber das gilt auch für die Werte, die sich Kleinsparer geschaffen haben. Harte Finanzkapitalisten plädieren für diesen Weg, weil er gewissermaßen die gerechte Strafe für Sünden der Vergangenheit darstellt. Aber auch viele Nachbarn Deutschlands, darunter Frankreich und Italien, liebäugeln mit der »heimlichen« Entschuldung. Amerikanische Ökonomen geben ihnen Recht; sie glauben, dass Europa jedenfalls für eine gewisse Zeit Inflationsraten von um die 4 Prozent ertragen sollte, weil der Schuldenberg andernfalls nicht abzutragen ist.

ITALIENER

60 Millionen europäische Bürger, die das viertgrößte Bruttoinlandsprodukt in der EU erwirtschaften, wählen aber leider seit Jahrzehnten Regierungen, die zu viele Schulden machen. Haben nach den Griechen die höchste Schuldenquote. Allein 100 Milliarden schulden die Regierung, die Banken und Unternehmen deutschen Kreditinstituten (→ Griechen, Japaner). Könnten aus langer, leidiger Erfahrung das Modell für ganz Europa werden, weil der Norden Italiens seit vielen Jahrzehnten die Rechnungen des Südens bezahlt.

IWF

Der Internationale Währungsfonds. Wenn es, abgesehen von ein paar weitblickenden Spekulanten, einen Gewinner der eurozonalen Krise gibt, dann ist es der Internationale Währungsfonds. Der IWF, 2011 erschüttert von der Hotel-Affäre seines damaligen Direktors Dominique Strauss-Kahn, steht nun endlich breit in der Tür zur Ersten Welt.

Sein Spielfeld waren bis vor kurzem die Zweite und die Dritte Welt, es ging um die Vergabe von mehr oder minder mickrigen Notkrediten für afrikanische Kleinstaaten, die Geld und kapitalistisches Know-how brauchten, um ihre Haushalte irgendwie in den Griff zu bekommen. Man stelle sich vor: Vor Beginn dieser Weltwirtschaftskrise, im Jahr 2007, verteilte der IWF gerade zwei Milliarden Dollar, weltweit. Jetzt, vier Jahre später, hantieren sie in Washington mit Beträgen von über 700 Milliarden – und die Europäer denken gerade darüber nach, dem Fonds weitere Milliarden zu beschaffen, um in die Euro-Krise einzugreifen.

So weit ist es gekommen: Die Euro-Zone tritt jetzt mit dem Hut in der Hand vor die Nationen der Welt. Werden bald IWF-Revisoren in Madrid auftauchen? In Rom? (→ Italiener, Japaner)

JAPANER

128 Millionen fleißige Menschen, die seit Jahrzehnten Regierungen wählen, die inzwischen eine Staatsverschuldung aufgehäuft haben, die mehr als doppelt so hoch ist wie die Wirtschaftsleistung der Japaner – Weltrekord! Hedgefonds wetten inzwischen auf die Verschärfung der Schuldenkrise, und der japanische Vize-Finanzminister hat davon gesprochen, Japan könne das neue Griechenland werden. Einziger Trost: Zu 95 Prozent sind die Japaner die Gläubiger ihres Staates, die Schulden bleiben also im eigenen Land (→ Griechen, Italiener). Besserung ist trotzdem nicht in Sicht: Die japanische Gesellschaft ist noch älter als die deutsche und zeigt

dabei wenig Neigung, das demographische Problem etwa durch den Zuzug jüngerer Einwanderer zu bekämpfen. Die Aussichten für Japan sind deshalb sehr trübe.

KREDITAUSFALLVERSICHERUNG

Ein Kreditderivat (englisch: CDS), das es erlaubt, Ausfallrisiken von Krediten und Anleihen zu handeln. Eine Kreditausfallversicherung ist ein Vertrag zwischen einer Bank und einem Investor oder zwischen zwei Banken, die den einen Partner A verpflichtet, dem anderen B Ersatz zu leisten, falls beim Schuldner C ein »Kreditereignis«, also ein Verlustfall, eintritt. Kompliziert? Es geht noch komplizierter: Der Partner B muss die Anleihen noch nicht einmal besitzen, die er beim Partner A versichert, die Geschäfte heißen dann »nackte« CDS. Und mit ihnen wird ständig Geld bewegt, ganz unabhängig von der Laufzeit der Verträge. Das Verdienen und Verlieren beginnt in der Regel schon dann, wenn sich Ratings oder Markteinschätzungen bewegen: Hat etwa ein Hedgefonds Ausfallversicherungen für griechische Staatsanleihen bei einer Bank abgeschlossen und das Rating Griechenlands oder andere Indikatoren der Kreditwürdigkeit verschlechtern sich, verlangt und bekommt der Hedgefonds von der Bank Sicherheiten in Cash. Zu kompliziert? Ja, aber man kann Millionen damit machen. Oder verlieren (→ CDS, Hedgefonds).

KREDITHEBEL

Das physikalische Hebelgesetz lautet »Kraft mal Kraftarm ist gleich Last mal Lastarm«, und wer hier vor allem arm und Lasten versteht, liegt nicht ganz falsch. Ein Kredithebel dient dazu, mit wenig Geld große Lasten zu stemmen. Wenn eine Bank 100 Euro in der Kasse hat, kann sie der Bürgerin Angela Mustermann 500 Euro als Kredit leihen, wobei sie als Sicherheit selbst nur 100 Euro bei der Zentralbank deponiert. Hedgefonds leihen sich vorzugsweise bei Großbanken Geld, um ihre riskanten Geschäfte zu hebeln, die EFSF möchte gern Staaten außerhalb Europas verleiten, die Milliarden ihres Rettungsfonds auf eine Billion Euro zu hebeln, mit geringem Erfolg allerdings, wie es aussieht (→ Schattenbanken).

LEERVERKAUF

Wie kann man etwas verkaufen, wenn die Regale leer sind? Auf Finanzmärkten geht das, es geht um Akteure, vor allem Hedgefonds, die sich Wertpapiere nur leihen, aber trotzdem verkaufen. Erst später müssen sie die Papiere tatsächlich kaufen, um sie dem Verleiher zurückgeben zu können.

Zum Beispiel so: Der Investor Müller glaubt am Montag, dass die Aktie der Hellas-Bank an Wert verlieren wird. Deshalb tritt er als Anbieter von 10 000 Hellas-Bank-Aktien auf, lieferbar in drei Tagen, und er verkauft die Papiere – die er noch gar nicht hat oder von einer Bank nur geliehen hat – für 20 Euro pro Aktie. Am Dienstag und Mittwoch schaut er der Hellas-Bank beim Niedergang zu. Ihr Wert sinkt wirklich auf 19,80, auf 19,50, dann auf 19,20 Euro, am Donnerstag früh gar auf 19 – und nun erst kauft sich Müller die 10 000 Aktien, die er am Montag schon für 20 Euro pro Stück verkauft hat, aber eben erst an diesem Donnerstag liefern muss. Und also macht er in diesen drei Tagen pro Aktie einen Euro Gewinn, 10 000 Euro insgesamt. Davon kann sich Müller etwas kaufen, was es wirklich gibt (→ Gier, Hedgefonds). Oder neue Wetten abschließen.

MÄRKTE

Vom Ökonomen Adam Smith im 18. Jahrhundert mit der berühmten »unsichtbaren Hand« erklärt, inzwischen allgemein mit Würgegriff assoziiert. Was auf Ebay und Gemüsemärkten noch preisbildend funktioniert, das Spiel von Nachfrage und

Angebot, hat auf den Finanzmärkten nichts mehr mit Vernunft zu tun. Obwohl es in den Lehrbüchern ganz anders steht, sind gerade Finanzmärkte in weiten Teilen intransparent, unzugänglich und irrational. Die wichtigsten Finanzmärkte: Aktienmarkt (weltweiter Umsatz 63 Billionen Dollar), Anleihenmarkt (24 Billionen Dollar), Devisenmarkt (1007 Billionen Dollar), Derivatemarkt (Wert 708 Billionen Dollar). Zum Vergleich: Der Wert aller weltweit geschaffenen Güter und Dienstleistungen liegt bei 70 Billionen Dollar. Alle Versuche, Märkte mittels mathematischer Modelle und Algorithmen, Massenpsychologie, System-, Spiel- oder Chaostheorien begreifbar zu machen, sind bislang erfolglos geblieben. Die »Märkte«: nominiert für das Unwort des Jahres 2012.

MONSTER

Vom ehemaligen Bundespräsidenten Horst Köhler geprägter Ausdruck für die Finanzmärkte. Er verschleiert jedoch, dass die bedrohlichen Gefahren der Finanzmärkte durch die politisch gewollte Deregulierung der Märkte entstanden sind und durch deren Regulierung auch wieder eingedämmt werden könnten (→ Deregulierung, Regulierung).

NUKLEAROPTION

Von Ökonomen gebrauchter Begriff für den unbegrenzten Aufkauf aller Staatsanleihen von kriselnden Euro-Staaten durch die EZB. Schon die Ankündigung dieser Maßnahme, so die Theorie, würde auf Spekulanten ähnlich abschreckend wirken wie der Besitz von Atomwaffen auf die Kontrahenten des Kalten Krieges. Ist in der sprachlichen Aufrüstung die Steigerung gegenüber der Bazooka (→ EZB). Obwohl die aktuelle Politik der EZB der Nuklearoption ziemlich nahe kommt, ist der erwartete Abschreckungseffekt allerdings ausgeblieben.

RATINGS

So etwas wie Schulnoten für Schuldner; der Versuch, etwas zu beziffern, was nicht in Zahlen zu fassen ist. Ratings drücken aus, wie wahrscheinlich es ist, dass Gläubiger ihr Geld zurückbekommen. Drei große Agenturen, privatwirtschaftliche US-Unternehmen, machen die meistbeachteten Ratings: Moody's, Standard & Poor's, Fitch. Das beste aller Ratings, AAA, wird an jene Schuldner – Staaten oder Unternehmen – vergeben, bei denen man mit nahezu hundertprozentiger Sicherheit von einer Rückzahlung ausgehen kann. Deutschland ist eines von sechs Ländern der Euro-Zone, die noch die begehrte Bewertung haben. Wird ein Schuldner herabgestuft, steigen sofort die Zinsen für die Anleihe – ein Teufelskreis kommt in Gang (→ Anleihe). Für ihr Versagen unmittelbar vor dem Krisenjahr 2008 wurden die Rating-Agenturen dafür gescholten, viel zu gute Noten zu verteilen. Seither werden sie dafür beschimpft, zu schlechte Zensuren zu verteilen, obwohl sie vermutlich viel realistischer sind.

REGULIERUNG

Das Gegenteil von Deregulierung. Seit dem Ausbruch der Finanzkrise im Jahr 2008 versuchen die Regierungen der G-20-Staaten, die entfesselten Finanzmärkte durch neue Regeln wieder in den Griff zu bekommen, was zunächst Konsens war, inzwischen allerdings so utopisch ist wie die Durchsetzung einheitlicher Steckdosen auf der Welt. Eigentlich müsste man nur die Regierungen dieser Staaten mit den 29 systemrelevanten Banken, den größten Hedgefonds, Versicherungen und Pensionsfonds in einen Saal sperren und erst wieder herauslassen, wenn die Grundregeln einer neuen Finanzordnung beschlossen wären. Besonders die amerikanische und die britische Regierung zeigen inzwischen – aus Rücksicht auf die Finanzbranche ihrer Länder – wenig Interesse daran, zu verbindlichen Regeln zu kommen. Kritiker hoffen nun auf die nächste, noch heftigere Finanzkrise (→ Deregulierung).

SCHATTENBANKEN

Hedgefonds, Zweckgesellschaften und andere Firmen, die wie Banken agieren, aber keine Banklizenz haben und deshalb von Eigenkapitalvorschriften und Auskunftspflichten befreit sind. So etwas wie die dunkle Seite der Macht: Je heller das Licht ist, mit dem der Staat die Banken ausleuchtet und beäugt, desto tiefer der Schatten. In den USA vergeben solche Finanzinstitute schon mehr Kredite als die Banken, weltweit ist das Geldvolumen dieser Schattenbanken auf 60 Billionen Dollar angewachsen – reguläre Banken verfügen über 95 Billionen. Diese lagern riskante Geschäfte zunehmend in die Schattenbanken aus, sie stellen deshalb für das Weltfinanzsystem eine große Gefahr dar. Schattenbanken sind ein schönes Beispiel dafür, dass Spekulanten bisher noch jede Möglichkeit gefunden haben, staatlicher Regulierung zu entgehen (→ Banken, Hedgefonds).

SIFIS

»Systemically Important Financial Institutions«, das sind 29 Großbanken, die im Krisenfall als bedrohlich für das Weltfinanzsystem gelten, unter ihnen die Deutsche Bank, JP Morgan Chase, die französische BNP Paribas, die britische HSBC, die niederländische ING (→ Deutsche Bank).

SPREAD

Bis vor kurzem noch für eine Art Brotaufstrich gehalten, hat sich »Spread« inzwischen im Wortschatz der Krise, im Glossar des Grauens, breitgemacht. Spread ist die Differenz zwischen zwei Größen, zum Beispiel zwischen dem Zins für eine deutsche

Staatsanleihe und dem für eine italienische. Der Spread gibt an, wie kreditwürdig ein Staat ist. Je höher der Spread, desto mieser die Lage. jedenfalls nach Meinung der Märkte. Sie schauen schon gar nicht mehr auf die Charts, die in den Zeitungen stehen, sondern berechnen ihre eigenen, durch weitere Daten angereicherten Spreads. So kann es sein, dass ein Land »offiziell« noch den AAA-Status hält, wo ganz ausgekochte Investoren nur noch Bs sehen (→ Anleihe).

TROIKA

Dreispänniges Gefährt, in Deutschland bekannt geworden durch den singenden Russen Ivan Rebroff und sein Lied »Mit der Troika in die große Stadt«. Seit Beginn der Euro-Krise reist die Troika aus Vertretern von EZB, EU-Kommission und IWF immer wieder nach Athen, um zu kontrollieren, ob die Regierung hart genug spart. So wenig Rebroff Russe war (als Hans-Rolf Rippert in Spandau geboren), so wenig findet die Troika heraus, was in der großen Stadt Athen wirklich vor sich geht (→ EZB, Griechen, IWF).

VERBRIEFUNG

Die gemütliche Mutter der Buchstabensuppe aus CDS, CDOs & Co. Nach und nach entwickelt schon seit den 1970er Jahren, pfropft sie profitable Geschäfte auf simple Kreditbeziehungen. Die Grundidee ist, aus Schulden Wertpapiere zu machen. Das geht so: Eine Bank nimmt 1000 ganz solide Kreditverträge und spaltet sie auf: Sie behält, auf dem Papier, das ursprüngliche Geschäft mit dem Kreditkunden, trennt aber alle rückfließenden Ratenzahlungen davon ab und macht diese zur Grundlage eines Wertpapiers, das von einer kleinen Zweckgesellschaft, vulgo: Schattenbank, verkauft und verwaltet wird. Dem Kunden kann das eigentlich egal sein, aber die Bank hat einen schönen Vorteil: Sie trennt sich vom Ausfallrisiko, mit dem auch die besten Kredite immer behaftet sind, und bekommt in ihrer Bilanz Mittel frei, die sie zur neuerlichen Kreditvergabe nutzen kann. Solange dieses Mittel zur Risikostreuung genutzt wird, spricht nichts weiter dagegen. In dem Moment aber, in dem die Bank (und ihre Schattenbank) möglichst viel Profit aus der Verbriefung schlagen will, werden die schuldenbasierten Wertpapiere selbst zum Risiko. Dann werden aus den »Asset Backed Securities« (ABS), wie die Amerikaner sagen, gehebelte Geldmaschinen, die eben nicht mehr auf Assets, echten Werten, basieren, sondern auf fortschreitend fiktiven Rechnereien.

VOLATILITÄT

Abgekürzt Vola, so etwas wie der Pulsschlag des Kapitalismus. Sie gibt das Ausmaß an, in dem sich Aktien, Indizes, Zinsen oder andere Kurse auf und ab bewegen. Die Volatilität (zu Deutsch: Schwankungsanfälligkeit) ist umso größer, je größer die Angst der Anleger ist, sie erreichte 2008 nach der Lehman-Pleite einen historischen Höhepunkt. In normalen Zeiten liegt der Volatilitätsindex für den Dax bei etwa 20 Punkten, in Krisenzeiten liegt er bei etwa 30, das ist ein deutlich erhöhter Bluthochdruck. Lange glaubten die Politiker, sie könnten die Schuldenkrise und die europaweite Verunsicherung einfach durch die Aufnahme neuer Schulden bekämpfen. Das ist so wie ein Arzt, der seinem Patienten gegen zu hohen Bluthochdruck Cholesterin verschreibt.

ZUKUNFT

Wie es mit der Krise weitergeht, darüber gibt es drei Auffassungen. Prognose 1: Alles wird viel schlimmer. Prognose 2: Alles wird schlimmer, bevor es besser wird. Prognose 3: Alles bleibt so schlimm, wie es ist. Einer konnte schon vor Jahrzehnten genau sagen, was die Zukunft bringt. Sein Gedicht zur Finanzkrise beginnt so:

Wenn die Börsenkurse fallen,
regt sich Kummer fast bei allen,
aber manche blühen auf:
Ihr Rezept heißt Leerverkauf.
Keck verhökern diese Knaben
Dinge, die sie gar nicht haben,
treten selbst den Absturz los,
den sie brauchen – echt famos!

Als Autor wurde auf verschiedenen Websites Kurt Tucholsky genannt, das Gedicht sollte von 1930 stammen. Tatsächlich stammt es, so trügerisch auch diese Weitsicht, von dem Österreicher Richard Kerschhofer, aus dem Jahr 2008.

REGISTER

M

N

O

Die Kapitel 1 bis 3 sowie das Glossar sind in anderer Form im SPIEGEL erschienen.

Die Autoren danken den Dokumentaren Viola Broecker, Klaus Falkenberg, Dr. André Geicke, Stephanie Hoffmann, Peter Lakemeier, Rainer Lübbert, Nicola Naber, Thomas Riedel, Dr. Regina Schlüter-Ahrens und Holger Wilkop für die Überprüfung der Fakten in diesem Buch.